国家卫生健康委员会"十四五"规划教材

全国高等学校教材

供医学检验技术专业用

临床实验室管理

第2版

主　　编　应斌武

副 主 编　郭晓临　黄宪章

数 字 主 编　应斌武

数字副主编　郭晓临　黄宪章

人民卫生出版社

·北 京·

图书在版编目（CIP）数据

临床实验室管理 / 应斌武主编. -- 2 版. -- 北京：
人民卫生出版社，2025.5. --（全国高等学校医学检验
专业第七轮暨医学检验技术专业第二轮规划教材）.
ISBN 978-7-117-37917-5

Ⅰ. R446

中国国家版本馆 CIP 数据核字第 202593GJ39 号

人卫智网	www.ipmph.com	医学教育、学术、考试、健康，购书智慧智能综合服务平台
人卫官网	www.pmph.com	人卫官方资讯发布平台

临床实验室管理
Linchuang Shiyanshi Guanli
第 2 版

主　　编：应斌武
出版发行：人民卫生出版社（中继线 010-59780011）
地　　址：北京市朝阳区潘家园南里 19 号
邮　　编：100021
E - mail：pmph @ pmph.com
购书热线：010-59787592　010-59787584　010-65264830
印　　刷：人卫印务（北京）有限公司
经　　销：新华书店
开　　本：850×1168　1/16　印张：12
字　　数：322 千字
版　　次：2015 年 11 月第 1 版　　2025 年 5 月第 2 版
印　　次：2025 年 7 月第 1 次印刷
标准书号：ISBN 978-7-117-37917-5
定　　价：46.00 元
打击盗版举报电话：010-59787491　E-mail：WQ @ pmph.com
质量问题联系电话：010-59787234　E-mail：zhiliang @ pmph.com
数字融合服务电话：4001118166　E-mail：zengzhi @ pmph.com

编委名单

编　委（以姓氏笔画为序）

马秀敏	新疆医科大学附属肿瘤医院
王利新	宁夏医科大学总医院
王忠永	温州医科大学附属第一医院
王厚照	厦门大学附属翔安医院
吕　虹	首都医科大学附属北京天坛医院
孙美艳	吉林医药学院
芮勇宇	南方医科大学南方医院
杜鲁涛	山东大学齐鲁医院
应斌武	四川大学华西医院
陈大鹏	重庆医科大学附属儿童医院
邰文琳	昆明医科大学第二附属医院
岳志红	北京大学人民医院
钟田雨	赣南医科大学第一附属医院
郭　玮	复旦大学附属中山医院
郭晓临	中国医科大学附属第一医院
黄宪章	广州中医药大学第二附属医院
蔡　蓓	四川大学华西医院
熊　燏	海南医科大学

编写秘书　严　琳　四川大学华西医院

数字编委

新形态教材使用说明

新形态教材是充分利用多种形式的数字资源及现代信息技术，通过二维码将纸书内容与数字资源进行深度融合的教材。本套教材全部以新形态教材形式出版，每本教材均配有特色的数字资源，读者阅读纸书时可以扫描二维码，获取数字资源。

获取数字资源的步骤

1 扫描封底红标二维码，获取图书"使用说明"。

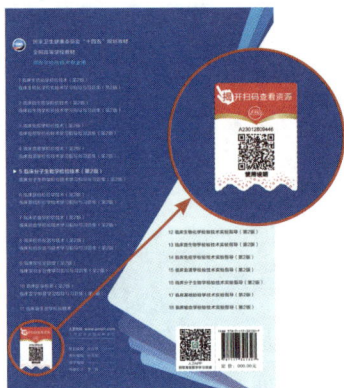

2 揭开红标，扫描绿标激活码，注册 /登录人卫账号获取数字资源。

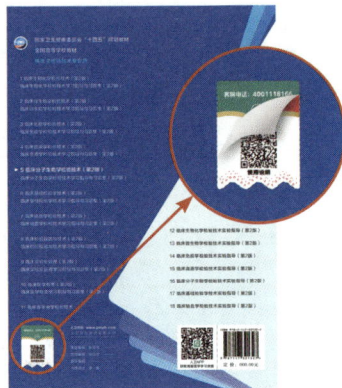

3 扫描书内二维码或封底绿标激活码随时查看数字资源。

4 登录 zengzhi.ipmph.com 或下载应用体验更多功能和服务。

扫描下载应用

客户服务热线 400-111-8166

读者信息反馈方式

欢迎登录"人卫 e 教"平台官网"medu.pmph.com"，在首页注册登录后，即可通过输入书名书号或主编姓名等关键字，查询我社已出版教材，并可对该教材进行读者反馈、图书纠错、撰写书评以及分享资源等。

全国高等学校医学检验专业第七轮暨医学检验技术专业第二轮规划教材
修订说明

我国高等医学检验专业建设始于20世纪80年代初，人民卫生出版社于1989年出版了第一套医学检验专业规划教材，共5个品种。至2012年出版的第五轮医学检验专业规划教材，已经形成由理论教材与配套实验指导和习题集组成的比较成熟的教材体系。2012年，教育部对《普通高等学校本科专业目录》进行了调整，将医学检验专业（五年制）改为医学检验技术专业（四年制），隶属医学技术类，授予理学学士学位。人民卫生出版社于2013年启动了新一轮教材的编写，在2015年推出了全国高等学校医学检验专业第六轮暨医学检验技术专业第一轮规划教材，对医学检验技术专业的发展起到了非常关键的引领和规范作用。

进入新时代，在推进健康中国建设，从"以治病为中心"向"以健康为中心"的转变过程中，医学检验技术专业的发展面临更多机遇与挑战。《国务院办公厅关于加快医学教育创新发展的指导意见》中明确指出，要推进医工、医理、医文学科交叉融合，加强"医学+X"多学科背景的复合型创新拔尖人才培养。党的二十大报告也提出，要加强基础学科、新兴学科、交叉学科建设。医学检验技术属于典型的交叉学科，医工、医理结合紧密，发展迅速，学科内容不断扩增，社会需求不断增加，目前开设本专业的本科院校已增加到160余所，广大院校对教材建设也提出了新需求。

为促进教育、科技、人才一体化发展，人民卫生出版社在与教育部高等学校教学指导委员会医学技术类专业教学指导委员会、全国高等医学院校医学检验专业校际协作理事会联合对第一轮医学检验技术专业规划教材的使用情况进行广泛调研的基础上，启动全国高等学校医学检验专业第七轮暨医学检验技术专业第二轮规划教材的编写修订工作。

本轮教材的修订和编写特点如下：

1. 坚持立德树人，满足社会需求　从教材顶层设计到编写的各环节，始终坚持面向需求凝炼教材内容，以立德树人为根本任务，以为党育人、为国育才为根本目标。在专业内容中有机融入思政元素，体现我国医学检验学科40多年取得的辉煌成就，培育具有爱国、创新、求实、奉献精神的医学检验技术专业人才。

2. 优化教材体系，服务学科建设　为了更好地适应医学检验技术专业教育教学改革，体现学科特点，提升专业人才培养质量，本轮教材将原作为理论教材配套的实验指导类教材纳入规划教材体系，突出本专业的技术属性；第一轮教材将医学检验专业规划教材中的《临床寄生虫检验》相关内容并入《临床基础检验学技术》，根据调研反馈意见，本轮另编《临床寄生虫学检验技术》，以适应院校教学实际需要。

3. 坚持编写原则，打造精品教材　本轮教材编写立足医学检验技术专业四年制本科教育，坚持教材"三基"（基础理论、基本知识、基本技能）、"五性"（思想性、科学性、先进性、启发性、适用性）和"三特定"（特定目标、特定对象、特定限制）的编写原则。严格控制纸质教材字数，突出重点；注重内容整体优化，尽量避免套系内教材内容的交叉重复；提升全套教材印刷质量，全彩教材使用便于书写、不反光的纸张。

4. 建设新形态教材，服务数字化转型　为进一步满足医学检验技术专业教育数字化需求，更好地实现理论与实践结合，本轮教材采用纸质教材与数字内容融合出版的形式，实现教材的数字化开发，全面推进新形态教材建设。根据教学实际需求，突出医学检验学科特色资源建设、支持教学深度应用，有效服务线上教学、混合式教学等教学模式，推进医学检验技术专业的智慧智能智育发展。

全国高等学校医学检验专业第七轮暨医学检验技术专业第二轮规划教材共 18 种，均为国家卫生健康委员会"十四五"规划教材。将于 2025 年出版发行，数字内容也将同步上线。希望广大院校在使用过程中能多提供宝贵意见，反馈使用信息，为第三轮教材的修订工作建言献策，提高教材质量。

主编简介

应斌武

男，1978年9月出生于浙江省永康市，医学博士，博士后，工商管理硕士，教授/主任技师，博士研究生导师，教育部"长江学者奖励计划"特聘教授，国家科技重大专项首席科学家。现任四川大学华西临床医学院（华西医院）医学技术学院副院长，华西医院门诊医技党委书记，华西临床医学院医学检验系/华西医院实验医学科/华西医院临床检验医学研究中心主任，四川省医学检验临床研究中心主任。中国医师协会检验医师分会第五届委员会副会长，中华医学会检验医学分会第十一届委员会常务委员兼临床微生物学组组长，中国抗癌协会第二届肿瘤临床检验与伴随诊断专业委员会候任主任委员，中华预防医学会血液安全专业委员会常务委员，第二届全国高等学校医学检验技术专业教学教材建设指导委员会委员，中国医师协会毕业后医学教育检验医学科专业委员会委员。

从事医学检验临床、教学、科研工作19年，为2022年教育部"宝钢优秀教师奖"获得者，第三届"国之名医（青年新锐）"获得者，四川省抗击新冠肺炎疫情先进个人，第四届"健康四川—大美医者"获得者，四川大学第六届"德渥群芳"育人文化建设标兵科研团队获得者，四川大学优秀青年学者基金获得者，四川大学"五粮春优秀青年教师奖"获得者。作为副主编、编委参编教材《临床检验医学》《临床分子生物学检验》和专著《临床分子诊断学》《免疫检测原理与应用》《医学检验项目选择与临床应用》《医学检验项目选择与临床应用路径手册》等。从事感染性疾病的分子诊断学研究，负责国家科技重大专项、国家自然科学基金（区域创新重点项目、面上项目等）等30余项国家、省部级基金项目，累计科研经费5 500余万元。已发表论文300余篇，其中SCI收录杂志论文187篇（40篇中科院一区，27篇IF＞10），累计影响因子达1 196分，总他引6 819次，H指数42。获国家发明专利10项。获四川省科学技术进步奖一等奖1项，四川省医学会医学科技（青年奖）一等奖1项，成都市科学技术进步奖二等奖1项。

副主编简介

郭晓临

女，1963年2月出生于辽宁省北票市，医学博士，教授／主任医师。现任教育部高等学校医学技术类教学指导委员会秘书长，辽宁省医师协会检验医师分会会长。

从事教学工作39年，主要致力于血液、肿瘤学、检验医学等相关领域的医教研工作。主持国家卫生健康委行业科研基金专项课题，国家"十二五""十三五"重大专项子课题及辽宁省创新团队课题等。获教育部科学技术进步奖一等奖和中华预防医学会科学技术奖二等奖。主编、副主编、参编国家"十二五""十三五"规划教材及专著等9部，获辽宁省教学成果奖一等奖。

黄宪章

男，1970年2月出生于湖北省黄冈市，博士，教授，博士生导师。广州中医药大学医学检验技术国家一流专业建设点负责人，临床生物化学检验技术省一流课程负责人。现任广州中医药大学第二临床医学院（广东省中医院）检验医学部主任。兼任中华医学会检验医学分会委员，中国医师协会检验医师分会常务委员，中国医院协会临床检验专业委员会常务委员等。

自1999年开始从事本科生教学工作，主持省级和校级教学课题7项。主编、副主编和参编教材13部。获第25届"新南方教学奖励基金"优秀教师、广州中医药大学教学名师称号。

前　言

随着现代医学和科技的高速发展,临床实验室已逐步迈向检验自动化和标准化,临床实验室服务已覆盖预防、早筛、诊断、治疗、预后等疾病诊疗及健康管理全过程,实验室工作人员也更加专业化和学术化,临床实验室管理已形成包括医疗、教学、科研在内的全面管理体系。为适应现代检验医学的发展需要,实验室工作人员需要深刻理解实验室文化内涵,学习临床实验室质量管理体系的概念和全貌;需要通过高效的医疗资源管理,形成持续优化的科学管理体系;需要具备创新求实的精神,不断思考和学习最新的临床实验室管理理念和方法;通过不断发现和解决问题,推进检验服务质量持续改进,推进检验医学向标准化、精准化、智能化、同质化发展。

本次教材修订围绕临床实验室管理各环节中的基本理论和知识展开,根据国家有关规定和最新检验行业标准更新调整了教材内容,按照管理概要、实验室布局、资源管理、过程管理和风险管理对本书章节顺序进行了调整。检验方法性能评价、室内质量控制、室间质量评价等相关内容均自成一章,便于质量与过程管理的系统性学习。重新梳理检验项目诊断效能评价的基本概念、指标和公式,便于有针对性地学习检验项目的评价方法。总章节数从上一版的 10 章扩展到 13 章,章节分类逻辑更加清晰,内容分布更加合理,更加符合现代化实验室管理的新要求,主要包括概论、临床实验室设计基本原则、安全管理、实验室信息系统管理、人员管理、设备与试剂耗材管理、检验前质量管理、检验方法性能评价、检验项目诊断效能评价、室内质量控制、室间质量评价、检验后质量管理和风险管理。新增风险管理是本次教材修订的重要内容和特色,系统阐述了风险管理在临床实验室的应用,包括风险管理过程与工具、实验室安全和质量风险管理。

本次教材的修订采用纸质教材和数字资源结合的方式。数字资源内容可以通过扫描每章二维码的方式学习。数字资源包含教学课件、练习题和思维导图等。教学课件凝练了章节重要概念和内容,方便读者学习和巩固知识要点,练习题可以帮助自我检查学习成效,思维导图可以帮助理解本章内容概况。本教材适用于四年制本科医学检验技术专业学生,也适用于从事临床实验室工作的人员,以及拟进行实验室认可工作筹备的人员。

为了做好修订工作,人民卫生出版社精心组建了修订团队。参加本次教材编写的编委都是从事检验医学临床、教学和管理一线工作,且具备丰富经验的专家教授。他们在短时间内共同完成了全书编写任务,在此向他们严谨治学的求实精神与集智攻关、团结协作的协同精神表示敬意。同时,也非常感谢本书第 1 版和《临床实验室管理学》(第 3 版)的各位编者及帮助过此书编写的所有老师们。由于检验医学发展迅速,认识也有局限,对知识点的描述若有遗漏或不足之处,希望广大读者多提宝贵意见和建议,批评指正。

应斌武

2024 年 9 月

目　录

第一章 概 论

通过本章学习，你将能够回答下列问题：

1. 什么是临床实验室？
2. 临床实验室的功能是什么？
3. 什么是临床实验室管理？
4. 常见的临床实验室管理法规和依据有哪些？
5. 什么是质量和质量指标？
6. 什么是临床实验室质量管理体系？
7. 什么是 PDCA 质量改进循环？
8. 什么是实验室认可？
9. 如何因地制宜构建临床实验室质量管理体系？

临床实验室管理是以质量管理为核心目标的综合性学科，基于临床诊疗需求，通过整合现代管理理论与检验医学专业技术，构建覆盖检验全流程、试剂和设备、人员、环境控制、教学和科研等的全方位管理体系。临床实验室管理强调在满足临床诊疗需求的基础上，持续提升检测结果的准确性、报告的及时性、专业性、临床的满意度，具体涵盖从标本采集到报告发放的全过程控制，临床实验室管理的有效运行与全体成员对岗位职责的深刻认知和认真履行密切相关。

第一节 临床实验室

一、概述

临床实验室（clinical laboratory）又称医学实验室（medical laboratory），是以提供人类疾病诊断、监测、预防、治疗或健康评估的相关信息为目的，对来自人体的材料进行生物化学、免疫学、血液体液学、微生物学、分子生物学、细胞学或生物物理学等检验，出具检验报告，并提供检验咨询及结果解释等服务的实验室。

临床实验室活动包括检验前、检验和检验后过程。某些机构仅采集或准备标本，仅提供邮寄或分发服务，但不进行检验，不能称为临床实验室，只能作为大型实验室网络或系统的一部分。从事法医检验的实验室和从事科学研究的实验室不属于临床实验室。根据上述定义，公立或私立医疗机构的临床实验室、采供血机构的实验室、独立医学实验室、各级疾病预防控制中心的实验室和海关总署卫生检疫相关实验室均属于医学实验室的范畴。

二、功能

临床实验室的功能是以科学的方式收集、处理、检测和分析服务对象提供的血液、体液、分泌物、排泄物和其他标本等，并将检验结果信息准确地提供给申请者，为临床诊断、筛查、监测疾病以及观察疗效、判断预后等方面提供科学的参考依据。临床实验室的服务对象包括医生、患者及其家属、健康体检者,以及医院感染管理部门、各级疾病控制中心、社会福利机构等医疗相关管理部门。随着检验医学的飞速发展和服务范畴的扩展,临床实验室同时承担了为健康管理提供检验相关信息、检验医学的教育、科学研究等重要任务。

(一)医疗活动

临床实验室在医疗活动中发挥的功能涵盖从临床医生提出需要解决的问题开始,到获得实验室的检测报告,并根据检测结果作出正确的临床决策的全过程。该过程可以分为以下 11 个阶段(图 1-1)。

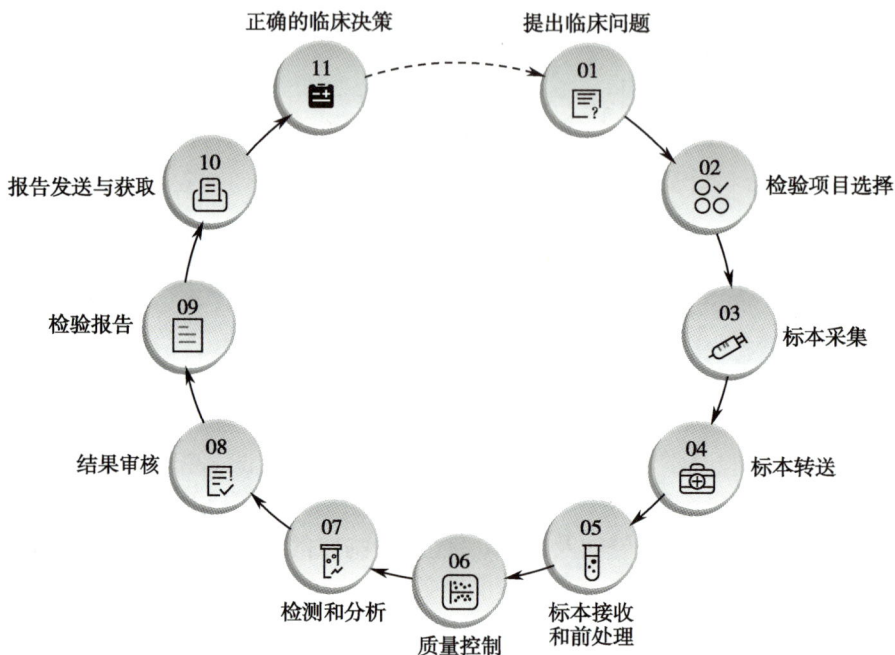

图 1-1　临床实验室发挥医疗功能的全过程

1. 提出临床问题　临床医生根据患者主诉、病史和体格检查,结合前期实验室和辅助检查结果,提出需要进一步解决或明确的临床问题。临床实验室在该过程中的主要功能是参与临床病例讨论,为临床医生提供恰当的试验选择建议。

2. 检验项目选择　临床实验室针对需要解决的临床问题,提供科学的试验选择方案、方便的试验申请平台和患者准备的指导。

3. 标本采集　临床实验室应规定检验申请的方式和要求,以及标本采集时间、地点,采集管类型,采集量,采集后的混匀和放置条件,采集后到检测前的稳定时间等,并将这些要求文件化,以电子或纸质的形式发放到医护人员手中,培训并监督他们的使用。

4. 标本转送　临床实验室应确定标本转运方式和运送条件。标本转运可以由轨道系统或专门的物流人员完成,特殊情况下可由实验室专人收取或医护人员送达。

5. 标本接收和前处理　标本到达实验室后,实验室人员应当对标本质量和安全、申请单信息等进行核查和评估,接收合格标本并按照规定的方法和条件进行预处理和保存。对于评估不合格的标本,应当按照规定的方式及时反馈和处理。

6. 质量控制　主要涉及分析中的质量控制。临床实验室应当对包括人员、设备、试剂、方法、环境等在内的整个检测系统进行性能验证,并保持结果的准确性。

7. 检测和分析　实验室人员将标本中的病理生理信息,转化为临床医生可识别的检验信息和报告的过程。

8. 结果审核 实验室人员以分析中的质量控制结果为依据,判定检测结果是否可信。

9. 检验报告 实验室人员将可信的检验结果按照规定的方式形成检验报告,并评估该报告中各项检验结果是否符合患者的病理生理状况、有无危急值、有无进一步检查建议等。

10. 报告发送与获取 实验室人员以医生和患者方便获取的方式发出检验报告,如用户终端显示、自主打印或电话通知等方式。口头报告时一定要求接收方复读报告信息,双方均应做详细记录,之后仍须发送正式报告。

11. 正确的临床决策 该过程需要实验室人员积极主动参与临床多学科交叉会诊,对现有检测结果进行正确的解释,对影响检验结果的内在和外在因素进行合理的分析,对检验项目的诊断效能进行恰当的评价,为疾病诊治、疗效监测和预后评估等方面提供科学的参考信息,辅助临床医生进行正确的临床决策。

(二)健康管理和预防医学

在人民群众健康管理和疾病预防中,临床实验室提供重要检验信息,发挥筛查、监测等重要作用,帮助健康管理医生作出更准确的诊断和干预决策,提高全民健康管理水平和疾病预防质效。

1. 健康监测 临床实验室通过检测健康相关指标,监测个体健康状况,及时发现潜在的健康问题,指导个体采取更健康的生活方式,如改善饮食习惯、增加运动等,为健康管理提供依据。

2. 疾病早筛 通过实验室相关指标,可以在疾病症状出现之前发现异常,帮助评估个体患某种疾病的风险,特别是肿瘤、心血管疾病、糖尿病等,帮助疾病早期发现和早期干预。

3. 遗传病检测 实验室检测技术为遗传疾病的孕前检查、产前筛查与诊断提供了有力支持,帮助家庭实现优生优育,减少新生儿出生缺陷。

4. 疾病流行趋势分析 临床实验室的数据是监测和分析疾病流行趋势的重要资源,为公共卫生决策提供了科学支撑,有助于制订更为精准的预防策略。

5. 传染病控制 实验室检测技术能够迅速识别传染病病原体,为及时、有效地控制疫情传播提供关键信息,从而保障公众健康安全。

(三)教育培训

临床实验室在医学工作中,特别是检验医学各阶段教育培训中发挥重要作用,主要体现在以下几个方面。

1. 实践操作能力培训 临床实验室为学习人员提供实践操作平台,将理论知识与实际操作相结合,让医学生等在真实的工作环境中更好地理解检验医学的基本原理、实验方法等,快速掌握各种检验技术、实验操作等,加深对理论知识的理解和应用,提高临床实践能力。

2. 专业能力提升 通过系统培训,巩固和提升临床生物化学检验、微生物学检验、免疫学检验、血液学检验、基础检验及输血等领域的专业知识,学习掌握最新的检验技术、检验标志物及管理理念等前沿动态,提高专业素养,以更好地适应并满足临床工作持续发展的需求。

3. 质量与安全意识培养 临床实验室强调质量管理和安全规范,通过培训使医务人员了解实验室安全操作规程、生物安全防护、质量控制措施等,提升质量意识和安全意识。

4. 临床思维训练 结合临床病案分析,深入解读实验室检测数据,培养医学生对疾病诊断、治疗和预后的研判能力,促进系统整合医学知识,强化临床思维。

5. 沟通能力培训 临床实验室工作需要团队协作完成,通过日常工作的沟通锻炼和培养,有助于提高医学生的沟通协作能力,为未来的临床工作打下坚实基础。

(四)科学研究

临床实验室是连接医学研究与临床实践的桥梁,其具有的技术、设备和人才为开展研究提供了良好的基础。通过精准的检测技术和先进的实验方法，临床实验室为科学家和医生提供了大量可靠的数据支持，有助于揭示疾病的发生机制、发现新的治疗靶点以及评估治疗效果。

1. 新标志物探索　临床实验室通过高通量测序技术、质谱技术、单细胞测序技术和生物信息学分析等先进手段，对疾病状态下的生物标本进行深入分析，发现和验证生物标志物，整合大数据和人工智能技术，建立疾病精准诊疗模型。实验室不仅为疾病的早期诊断、治疗策略的制订和治疗效果的监控提供了科学依据，还为个性化医疗和精准医学的发展奠定了坚实基础。

2. 检验新技术研发　临床实验室承担检验新技术的探索研究和验证推广任务，通过不断创新检验方法，提高检测速度和准确性，为疾病的早期发现、诊断和治疗提供有力支持。

3. 基础医学研究　临床实验室为科学研究提供分子生物学、微生物学、免疫学、化学等领域的实验数据。这些数据是基础医学研究的重要支撑。实验室的检测结果可以帮助研究人员发现发病机制和治疗策略新方向。

第二节　临床实验室管理

一、临床实验室管理概述

临床实验室管理（clinical laboratory management）是管理者在特定的环境下，以实现实验室优质服务质量为目标，对临床实验室的人力、财力、物力、时间、方法、信息等资源进行有效计划、组织、领导和控制的活动过程。临床实验室管理主要包括组织管理、安全管理、资源管理、过程管理、风险管理，其中资源管理包括环境、实验室信息系统、人员、设备与试剂耗材管理，过程管理包括检验前过程、检验中过程、检验后过程的质量管理。

（一）组织管理

临床实验室的组织管理旨在建立合理的组织机构和良好的运行制度，确定阶段目标和长期目标，准确、及时地提供检验信息，为临床医疗、科研和教学服务。根据既定目标细化工作内容，对工作人员进行合理分工，明确相互间的关系，赋予相应的权利和责任。同时，结合环境变化及时对工作内容、人员分工等进行动态调整，通过组织把各层次、各部门工作人员结成一个有机的整体，以保证目标的实现。

（二）安全管理

因接触可能含有致病微生物的标本，临床实验室属于二级生物安全防护实验室。严格执行实验室安全管理不仅保护实验室人员的人身安全，而且可以维护标本和环境的安全。实验室应当在风险评估的基础上，依据国务院发布的《病原微生物实验室生物安全管理条例》和原卫生部印发的《医疗机构临床实验室管理办法》等规定，建立并严格遵守生物安全管理制度与安全操作规程，定期举办生物安全防护知识培训，加强实验室人员的生物安全意识，配备必要的安全设备和个人防护用品，妥善处理医疗废物；同时，临床实验室应加强危险化学品、水电安全、消防安全管理，制订生物安全事故及危险品、危险设施等发生意外事故的预防措施和应急预案。

（三）环境管理

临床实验室检测结果不仅受设施设备、检测方法、人员操作等因素影响，还与所处环境状态密切相关。实验室的环境应适合其所从事的工作。实验室应对地面承重、能源、光照、电力供应、实验室对外通道、通风、供水、废物处理、微生物、灰尘、电磁干扰、辐射、湿度、温度、声音和振动水平等环境因素进行有效管理,使环境因素处于在控状态,以保证标本、设备、试剂、操作者和检测结果等不受影响。

(四)实验室信息系统管理

信息系统管理是在整个临床实验室管理过程中,收集、加工、输入和输出信息等活动的总称。实验室信息系统已经成为临床实验室的重要组成部分,它可对检验申请、标本接收和识别、标本检测、结果报告、质量控制、实验室资源等各个方面的实验室数据进行管理。实验室信息系统可简化工作流程,减少人为差错,不仅可以提高工作效率和质量,而且促进实验室的科学化、规范化、标准化、自动化和智能化管理。

(五)人员管理

人员管理是指运用现代化的科学方法,对与物力相结合的人力进行合理的组织、规划、培训和调配,使人力、物力保持最佳比例,同时对人的思想、心理和行为进行正确的引导,使人尽其才,事得其人,人事相宜。在临床实验室所拥有的资源中,人力资源是第一位。临床实验室应建立高效的人力管理制度,明确分工和岗位职责,以量化的形式对人员的业务水平、工作能力及工作作风等进行考核评估,以此作为人员晋升、奖惩和接受培训等的有效依据,充分激发人员的主观能动性,保证组织目标的实现。

(六)设备与试剂耗材管理

检验仪器与设备、试剂与耗材是临床实验室正常开展检验工作的重要资源,直接影响检验工作的结果和质量,也关系着临床实验室的成本核算和效益。因此,仪器设备的规范采购和科学维护、试剂耗材的严格管理也是临床实验室质量管理的重要组成部分。

(七)质量管理

质量管理是指确定质量方针、目标和职责,并在质量体系中通过策划、控制和改进等措施使其得到实施的活动。我国的《医疗机构临床实验室管理办法》针对质量管理,从标准操作规程、检测系统、室内质量控制、室间质量评价、方法性能评价和质量管理记录等方面制定了详细的规定。临床实验室质量管理具有循序渐进和持续改进的特性,其管理效果与出具的检验报告可信度密切相关,直接反映临床实验室水平的高低,是临床实验室管理的核心内容。主要包含方法的选择和评价、试验的性能评价、统计质量控制、分析前和分析后的质量保证等。实验室认可是对实验室质量进行监督的有效手段。

(八)风险管理

风险管理是通过对风险的识别、分析、评价,适时采取及时、有效的方法进行防范和控制,用最经济、合理的方法处理风险和控制风险,以实现安全保障的一种科学管理方法。临床实验室的风险管理是针对检验前、中、后全过程的质量管理和安全管理等工作中可能出现的风险因素进行识别、评估、控制和持续改进,消除风险因素或使其降低到可以接受的水平。2024 年开始实施的国家标准《医学实验室——风险管理在医学实验室的应用》(GB/T 43278—2023)明确了临床实验室质量和安全风险的管理过程。

二、临床实验室管理相关法规和依据

(一)国际法规和标准

实验室管理必须有切实可行的法规或标准作为依据以规范实验室行为。20 世纪 60 年代,美国由于没有相关的法律来规范实验室行为,不同实验室的结果一致性差,美国公众和国会质疑临床实验室报告的质量。1967 年美国国会通过了《临床实验室改进法案》(*Clinical Laboratory Improvement Act 1967,CLIA'67*),主要针对独立、商业性大实验室的管理,在人员资格、质控标准、室间质评以及进行现场检查等方面作出规定;1988 年通过了 CLIA'67 的修正案《临床实验室改进法案修正案》(*Clinical Laboratory Improvement Amendment 88,CLIA'88*),

对实验室的各个方面都作出了详细的要求和规定,管理的对象扩大到所有临床实验室,于1992年正式实施。2003年通过的第5次修订版被称为"最终法规"(CLIA Final Rule)。法国于1999年发布了《关于正确实施医学生物分析实验的决议》(NOR:MESP9923609A),德国、日本等国家也都制定了临床实验室管理的相关法规。

(二)国内法规和标准

1. 医疗机构临床实验室管理办法 我国的临床实验室管理法规制定起步较发达国家晚,但发展迅速。为加强医疗机构临床实验室管理,提高临床检验水平,保证医疗质量和医疗安全,原卫生部于2006年印发了《医疗机构临床实验室管理办法》(卫医发〔2006〕73号)(以下简称《办法》)。该《办法》是我国临床实验室管理的基本准则,包括总则、医疗机构临床实验室管理的一般规定、质量管理、安全管理、监督管理、附则等六章五十六条,明确了临床实验室应具备与临床检验工作相适应的专业技术人员、场所、设施、设备等条件,须建立健全并严格执行各项规章制度,加强临床实验室质量控制和管理,加强临床实验室生物安全管理等。

2. 医疗机构注册的等级医院评审 医院评审是卫生健康行政部门履行监管职能,是推动医院高质量发展的重要抓手,对促进医院提高自我管理水平,实现医疗服务高质量发展有重要作用。2022年,国家卫生健康委在既往工作的基础上,修订三级医院评审标准及实施细则,形成《三级医院评审标准(2022年版)》及其实施细则(国卫医政发〔2022〕31号),旨在指导各地持续做好医院评审工作,保障医院评审标准与现行政策的一致性,发挥医院评审工作在推动医院加强内涵建设、完善和落实医院管理制度、提高管理水平及保障医疗质量安全中的重要作用。

临床实验室在三级医院评审标准中占据着重要的地位。临床实验室的质量指标也被纳入三级医院的绩效考核指标体系,用于评价检验科的工作质量和效率。这些指标包括但不限于检验项目的周转时间、检验结果的准确性、室内质控和室间质评结果等。临床实验室在三级医院评审标准中不仅要关注技术层面的质量指标,还要重视管理层面的规范性和效率,以确保为患者提供高质量、高效率的检验服务。

3. 国家卫生行业标准 是指由国家卫生健康委发布的,针对医疗卫生领域中的特定问题或活动制定的技术规范和准则,旨在指导医疗卫生机构、专业人员以及相关行业在预防、诊断、治疗和康复等方面的工作,以保障人民群众的健康权益。国家卫生健康委发布的临床检验、血液相关的卫生行业标准,作为推荐性标准,促进了临床实验室质量管理规范化,提升了临床实验室检验结果的正确性和质量。各临床检验行业标准详见国家卫生健康委员会官方网站。

三、临床实验室质量管理体系

(一)质量

1. 质量(quality) 是客体的一组固有特性满足要求的程度。

"质量"可使用形容词例如差、好或优秀来修饰。"固有"(其对应的是"赋予")是指存在于客体中。质量的定义高度抽象和概括,但只要把握"特性"和"要求"二者的关系就容易理解,即固有特性满足用户要求的程度。所以,从临床医生提出检验申请开始,到获得检验报告,并根据该检验报告产生临床诊疗决策的全过程具有各种各样的特性,这些特性满足临床医生进行正确临床决策的程度和患者满意的程度即检验质量。一个注重质量的临床实验室应当倡导通过满足临床需求和期望来实现其价值,这种文化将反映在其行为、态度、活动和过程中。每个临床实验室因为人、机、料、法和环等各个方面不同,其检验质量也有差异,满足程度越高,检验质量就越高或越好。

2. 质量特性

（1）技术特性：指具有满足要求的资质和能力的实验室人员，采用先进的检验仪器设备，按照规范流程，提供精准的检测结果。

（2）时间特性：指按照不同的检验项目和病情轻重缓急的优先顺序，控制检验报告的周转时间。

（3）安全特性：指在检验的医疗服务全过程中，需要保证患者的隐私安全及医务工作人员的生物安全、消防安全等。

（4）社会特性：指检验的医疗服务须满足当地法律、法规和社会伦理等要求。

（5）监督特性：指需要不断地、主动地通过各种途径，识别遇到的各种问题和采取可改进的方法。对于识别出的问题，采取有效的纠正措施和/或预防措施，并在一定的时间周期中跟踪措施是否有效。

3. 过程（process） 是利用输入实现预期结果的相互关联或相互作用的一组活动。过程的"预期结果"根据具体语境可被称为"输出""产品"或"服务"。临床实验室过程的预期结果包括检验结果、临床决策等医疗服务全过程中可能涉及的结果。临床实验室通过对实验室过程进行策划，使其在受控条件下运行，以增加价值。优秀的质量在实验室的服务满足或超越医生、患者等用户需求的完整医疗服务过程中产生。

（二）质量指标

1. 质量指标（quality indicator） 是指一组内在特征满足要求的程度的度量。质量的测量指标可表示为产出百分数（在规定要求内的百分数）、缺陷百分数（在规定要求外的百分数）、百万机会缺陷数（defects per million opportunities，DPMO）或六西格玛级别等。质量指标可测量一个机构满足用户需求的程度和所有运行过程的质量。如"要求"为实验室接收的所有尿液标本未被污染，则收到被污染的尿液标本占收到的所有尿液标本（此过程的固有特性）的百分数就是此过程质量的一个度量。

2. 质量指标的意义 质量是由服务提供者和服务使用者（用户）之间的医疗过程中的交互作用（事物处理，交易）决定的，也取决于用户的期望是否被满足。这些期望可能在服务提供者和用户之间既不清楚，又不被意识到。质量评价是服务性机构如临床实验室或医疗机构面临的固有挑战，质量的量度更是临床实验室质量体系是否健全的标志。质量指标就是从实验室服务的各个分过程中挖掘出来用以评价质量过程好坏的量度。临床实验室可通过对质量指标的检测来识别、纠正和持续监控服务中的质量问题，从而实现对质量进行控制和改进，同时也可以实现临床检验关键过程质量一致性的提高和标准化。国家卫生健康委员会发布的临床实验室质量指标，详见《临床实验室质量指标》（WS/T 496—2017）。

（三）临床实验室质量管理体系

质量管理体系（quality management system，QMS）是指组织建立质量方针和质量目标，并实现这些目标的过程中相互关联或相互作用的一组要素。质量管理体系是通过周期性改进，随着时间的推移而进化的动态系统。质量是临床实验室的生命线。临床实验室管理的核心是质量管理，质量管理体系具有质量的所有特性。质量管理体系的重要性可以用著名管理学家戴明的85/15法则来概括：一个个体的工作效果85%取决于该个体所在工作机构的管理体系，仅15%的贡献与该个体自身的本领或能力有关。

实验室应当通过建立、运行、审核和改进质量管理体系，维持优质服务质量的稳定和持续性质量改进。PDCA循环是常用的质量管理工具，它是美国质量管理专家沃特·阿曼德·休哈特（Walter A. Shewhart）首先提出，由戴明采纳、完善、宣传并普及，又称戴明环。全面质量管理的思想基础和方法依据就是PDCA循环。PDCA循环（plan-do-check-act）将质量管理分为四个阶段，即计划（plan，P）、执行（do，D）、检查（check，C）和措施（act，A）（图1-2）。

在质量管理活动中,要求把各项工作按照作出计划、计划实施、检查实施效果,然后将成功的案例纳入标准,不成功的案例待下一个循环去解决的步骤来进行。每一次的循环都助推质量持续改进。

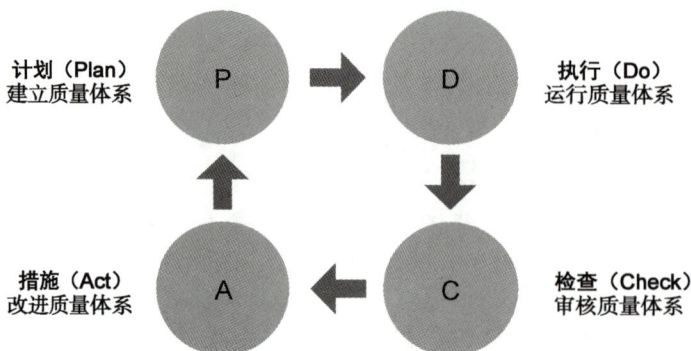

图 1-2 PDCA 质量管理循环

1. 计划(plan,P),建立质量体系

(1)前期准备:临床实验室应选择或确定一个包含临床实验室所有管理要素的质量评估和改进标准,如国际标准化组织(International Organization for Standardization,ISO)制定的《医学实验室 质量和能力的要求》(ISO 15189:2022)或美国病理学家协会(College of American Pathologists,CAP)认可标准等,调查明确现有法律法规、国内和国际行业标准等,作为建立质量体系的依据。统一实验室员工思想,组织员工参加质量管理相关培训,分析现阶段质量管理的期望目标,评价现有质量管理体系的不足。通过建立、改进和优化质量管理体系,与国内和国际行业标准接轨,并接受外部的审核和认证,提升实验室的信誉和竞争力,为患者提供更高质量的医疗服务。

(2)组织结构和职责设计:临床实验室组织结构和管理是将实验室员工组成一个团队,组建组织架构,设置不同岗位,制订岗位职责,设定人员配备,制订规范化的质量管理体系程序,设计一个高效运行、质量可控的临床实验室组织机构和职责分配方案,按照程序控制每个检测活动。这要求临床实验室合理利用资源,充分发挥检测业务链条上每个成员的主观能动性,优质、高效地完成各项检测相关工作,实现设定目标,也要求成员之间有效沟通和协作,实现各检测流程之间的有效衔接。

(3)质量方针和质量目标的确定:①质量方针通常是纲领性文件,是由实验室的最高管理者正式颁布的实验室总的质量宗旨和方向,是实验室秉承的专业化精神或价值观。最高管理者应确保质量方针适应组织的宗旨,包括对满足要求和保持质量管理体系的有效性承诺,为制订和评审质量目标提供框架等。②质量目标是在质量方针的框架下,在相关职能和层次的基础上,实验室追求的可实现、可量化及可考核的具体内容。质量方针通常是抽象的描述,如准确的结果。质量目标通常使用简单的术语或质量指标描述,如室间质评成绩达 100% 的检测项目占所有检测项目比率大于 95%,患者满意率大于 90%,不合格标本小于 0.1% 等。质量方针和质量目标体现了实验室对质量的追求、对患者的承诺,是实验室工作人员的质量行为准则和质量工作方向。

(4)质量管理体系程序的搭建、批准和发布:质量管理体系程序,也称质量管理体系文件,是质量管理体系的载体和工具,是质量管理体系的文件化形式,记载质量管理体系的组织结构、实验室资源和检验过程,为质量管理体系提供改进的工具。质量管理体系文件包括质量手册、程序性文件、作业指导书、表格和记录等(图 1-3):①质量手册是指按规定的质量方针和目标以及适用的国内外标准描述质量体系,核心是质量方针目标、组织机构和质量体系要素描述；②程序性文件是对完成各项质量活动的方法所作的规定，是质量手册中原则性要求的开展和落实，具有承上启下的作用；③作业指导书，也叫标准化操作程序（standard operating procedure，SOP），规定了某项检验工作的具体操作程序；④制订表格是为了记录实验室操作过程中的有关数据，以证实满足了质量管理体系的要求，为质量管理体系的检查和改进提供依据。

实验室应成立质量管理体系文件编制小组，负责编制质量管理体系文件，对质量管理体系进行试运行、审核和修改，最终对文件进行批准和发布。

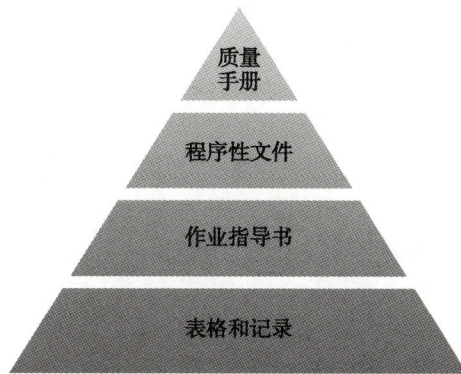

图 1-3 质量管理体系文件

2. 执行（do，D），运行质量体系 运行文件化的质量体系，并记录运行的过程（图 1-4）。

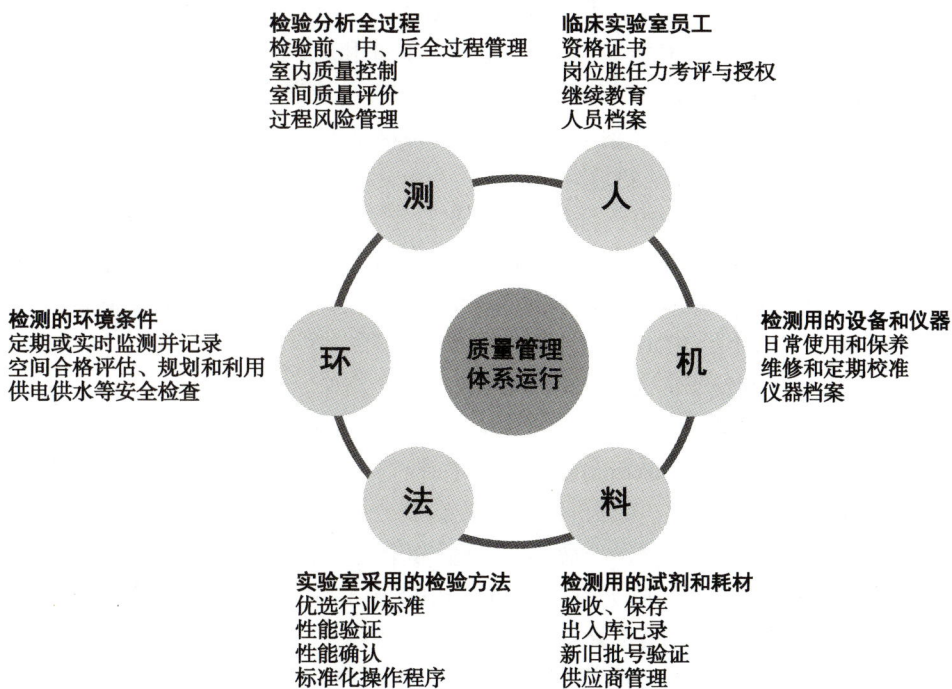

图 1-4 质量管理体系的运行

临床实验室质量管理体系的运行包括"人机料法环测"各个部分，也可概括为资源管理和过程管理两部分。

（1）人：临床实验室员工，包括检验医师、检验技师、管理人员及后勤支持人员等在内的所有实验室人员。负责临床标本检测的实验室人员须具备检验技师资格证，特殊岗位员工须持特殊岗位资格证上岗。员工须定期接受继续教育培训和岗位胜任力考评等,实验室应对人员档案存档。

（2）机：检测用的设备和仪器,包含配套的软件。临床实验室仪器设备须有完善的仪器设备档案、日常使用记录、维护和保养记录、维修记录、定期校准记录等。

（3）料：检测用的试剂和耗材。试剂和耗材须有规范的验收记录和出入库记录。临床实验室须具备合格的试剂耗材保存条件,对新旧批号试剂进行批号验证,对外部供应商的服务进行管理和评价等。

（4）法：实验室采用的检验方法。临床实验室检验方法优选行业标准推荐方法,实验启动前和过程中应定期进行检验方法的性能评价,确保检验方法性能可靠稳定。

（5）环：检测的环境条件。临床实验室应对所处环境进行空间合格评估、科学规划和利用,定期或实时监测并记录,如温度和湿度,以及供电供水等安全检查等。

（6）测：检验分析全过程。临床实验室应进行检验前、中、后全过程管理,并对检验结果的有效性进行监控。方法包括室内质量控制和室间质量评价等。

3. 检查（check，C），审核质量体系　定期对质量体系运行情况进行审核,系统地监控、收集数据和分析实验室服务的全过程,主动发现已经或可能存在的不合格。

不合格（nonconformity）也叫不符合,指未满足要求,是 ISO 管理体系标准中的通用术语及核心定义之一。临床实验室常用的未满足要求的其他术语包括事故、不良事件、差错、事件等。不合格可发生在图 1-1 所示的各个环节。识别不合格的检验或活动是启动质量管理和质量监督体系的核心。检查或监督就是要求实验室制订文件化程序以主动地、定期地识别质量管理体系各方面发生的不合格,包括检验前、检验中和检验后过程。识别不合格的方式包括但不限于审核实际操作与标准之间的符合程度、医患投诉处理、临床满意度调查、质量指标监测、设备定期校准、方法性能评价、试剂和耗材检查、实验室间比对、员工意见反馈、报告和证书核查、实验室管理层评审、内部和外部审核等。

4. 措施（act，A），改进质量体系　对发现的不合格采取消除根本原因的纠正措施,对潜在的不合格采取消除原因的预防措施。

对识别出并可能再次发生的不合格,或对实验室与其程序的符合性有疑问时,实验室应采取纠正措施,消除根本原因,记录不合格事项并文件化。同时实验室应按规定的周期对临床实验室的记录进行评审,以发现趋势和潜在的不合格并启动预防措施。实际上,消除不合格的过程是一个小的 PDCA 循环。PDCA 每循环一次,质量和管理水平就提升一步。对于没有解决的问题,提交下一个 PDCA 循环去解决。

（四）临床实验室认可

实验室认可（laboratory accreditation）是经过授权的认可机构对实验室服务的质量和能力按照约定的标准进行评价,并将评价结果向社会公告以正式承认其能力的合格评定活动。医学实验室认可准则本质上是对医学实验室质量和能力的评价要求,是医学实验室质量管理的基本标准。这些要求或准则适用于任何形式的医学实验室,包括独立实验室、医疗机构实验室和医生诊所检验室的质量管理体系的建立、评价和改进。

临床实验室认可组织是负责评估和认可临床实验室的专业机构,其目的是确保实验室运行符合标准和质量要求,提高实验室测试结果的准确性和可靠性,主要对实验室的设备、人员、质量管理体系和实验室流程等进行审核和评估,并颁发认可证书以证明实验室符合相关标准。通过获得认可,实验室可以提升声誉和信誉,同时也为患者和医疗机构提供信心和保障。临床实验室认可组织有中国合格评定国家认可委员会（China National Accreditation Service for Conformity Assessment，CNAS）、美国病理学家协会（CAP）等。

实验室认可根据不同机构检验检测活动的特点以及国际标准的适用性,采用不同的认可准则。《医学实验室　质量和能力的要求》(ISO 15189:2022)是国际标准化组织(International Organization for Standardization，ISO)发布的临床实验室质量管理体系标准，用于评估和认证临床实验室的质量管理体系是否符合国际标准要求，以确保测试结果的准确性和可靠性，是目前进行医学实验室认可的通用国际标准。CNAS 于 2023 年 6 月发布《医学实验室质量和能力认可准则》(CNAS-CL02:2023)，等同采用 ISO 15189:2022，规定了 CNAS 对医学实验室质量和能力进行认可的要求，是目前国内实验室认可的常用标准。

实验室认可是临床实验室质量和能力提升的有效监督工具，有助于促进临床实验室的标准化和改进，建立对医学实验室质量和能力的信心，提升医疗保健服务的质量、实验室用户的满意度及经济效益。

本章小结

临床实验室是以提供人类疾病诊断、监测、预防、治疗或健康评估的相关信息为目的，检验来自人体的材料，出具检验报告，并提供检验咨询及结果解释服务的实验室，同时承担了健康管理、医学教育和科学研究等重要任务。临床实验室管理是管理者以实现优质服务质量为目标，对临床实验室资源进行有效计划、组织、领导和控制的活动过程，主要包括组织管理、安全管理、资源管理、过程管理、风险管理等。临床实验室管理需要依据相关法规和行业标准。质量是临床实验室的生命线，临床实验室管理的核心是质量管理。PDCA 循环是常用的质量管理工具。实验室应当通过建立、运行、审核和改进质量管理体系，维持优质服务质量的稳定和持续性质量改进。实验室认可是临床实验室质量和能力提升的有效监督工具。

（应斌武）

第二章 临床实验室设计基本原则

通过本章学习，你将能够回答下列问题：

1. 临床实验室设计的基本原则是什么？
2. 临床实验室按照生物安全要求划分的三个区域是什么？
3. 临床实验室设计中应考虑哪些基本因素？
4. 临床实验室如何进行功能分区？
5. 分子诊断实验室的设计和空间利用应考虑哪些因素？
6. 标本采集室的设计和空间利用有哪些要求？
7. 在临床实验室设计中，如何有效空间布局实现流程优化？

临床实验室设计（clinical laboratory design）是针对临床实验室活动的专业（特殊）要求，对实验室的空间布局与功能分区、空气流向、供电系统、给排水系统及生物安全等关键要素进行规划和设计的过程，其中包括临床检验、生化和免疫等常规实验室以及微生物、分子诊断和质谱等特殊实验室的设计。设计的基本原则为适合临床实验室活动，不应对结果的有效性及人员和环境安全产生不利影响。临床实验室的设计结果直接影响实验室的检测质量、人员安全和环境安全，是质量管理的硬件保障之一。

第一节 总体布局和设计

临床实验室总体布局直接影响实验室的工作流程、工作效率、生物安全和可持续发展。现代化的临床实验室，不论是新建、扩建还是改建，都要综合考虑实验室的总体规划和合理布局，主要包括临床实验室功能分区、供电、供水、供气、通风、空气净化、安全措施和环境保护等。建设布局合理、安全舒适的实验室环境，目的在于保证临床实验工作的流程合理和工作效率提升。

一、生物安全要求

为保证临床实验室的人员安全和环境安全，实验室在设计和建设时，应严格遵循《病原微生物实验室生物安全管理条例》（国务院令第 424 号）、《微生物和生物医学实验室生物安全通用准则》（WS 233—2017）、《医疗机构临床实验室管理办法》（卫医发〔2006〕73 号）和《临床实验室生物安全指南》（WS/T 442—2024）等要求。在充分评估生物安全风险水平的基础上，通过分区域设计的建筑规则，配备恰当的安全设备和设施，避免危险生物因子造成实验室人员职业暴露和向实验室外扩散导致危害。

（一）生物安全分区设计

生物安全分区设计是指将不同生物污染级别或风险的活动区域集中设置，合理安排和控制人员、标本、物品和空气流向。临床实验室功能分区按照清洁区、缓冲区和污染区有效分隔，检测区中的微生物实验室和分子诊断实验室与其他检测区应有效分隔，危险化学品储存柜（区）应当与普通化学品储存柜（区）有效分隔。

（二）生物安全设备和设施

临床实验室应配备的生物安全设备和设施至少包括门禁系统、非手接触式洗手池、紧急洗眼装置、紧急喷淋装置、通风柜和生物安全柜等。其他的安全设备和设施详见本书第三章"安全管理"。

二、空间布局

临床实验室空间布局要符合实验室活动要求和检验流程要求，最大限度地保护人员和环境的安全，同时要充分考虑患者的就医舒适性和流程合理性。依据实验室的位置、结构和面积的大小，可以采用分隔式或开放式等实验室布局模式。原则上分为三大区域（图 2-1）：清洁区（办公室、会议室、休息室、学习室等）、缓冲区（储存区、供给区及清洁区与污染区之外的区域等）和污染区（检测区、洗涤区、标本储存区等）。

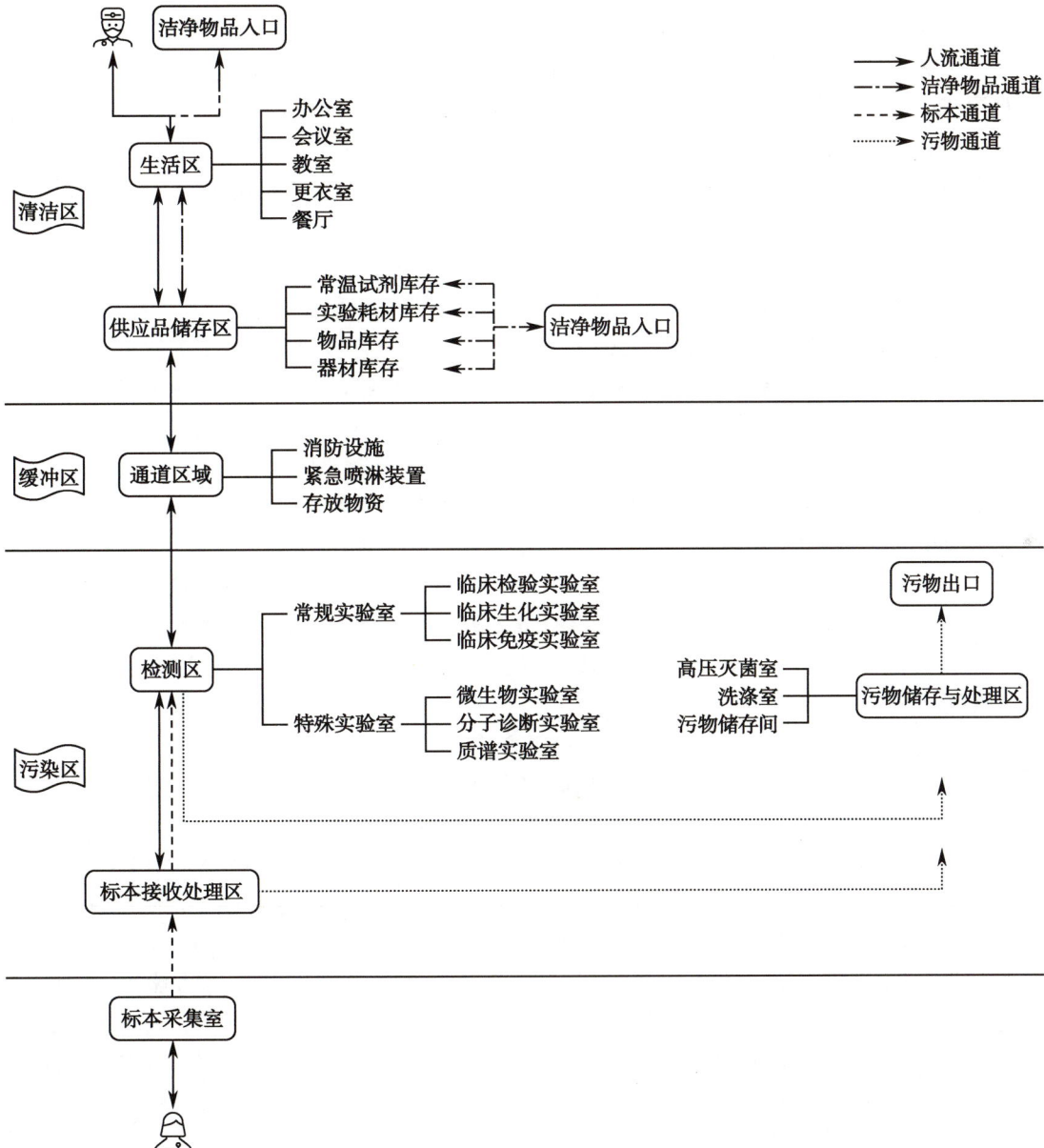

图 2-1 临床实验室三大区域划分的示意图

（一）通道设计

按照三大区域划分原则进行通道设计，清洁区、缓冲区和污染区应有效分开，应充分考虑工作人员、患者、标本的转运和医疗废物等流向合理，做到人流、物流分开，人流、物流合理，污染物品与洁净物品分离，避免交叉污染。

人流通道包括实验室生物安全和消防逃生通道。物流通道包括物资、标本和污物流向通道。

1. 人流通道 ①生物安全通道：实验室工作人员通常经过门禁系统进入清洁区→缓冲区，再根据工作权限分别进入相应的实验工作区域，如临床血液体液组、临床生化组、临床免疫组、分子诊断室和临床微生物室等。②消防逃生通道应符合《中华人民共和国消防法》的相关要求。在醒目位置设置紧急逃生标识和示意图。消防通道设置的数量、位置和宽度要符合相关要求。应配备消防设施如消防门、喷淋器和消火栓等。

2. 物流通道 应符合医院感染控制及相关法律、法规要求：①标本流向通道及标本流向设计为单向性，临床标本可通过气动物流、轨道小车传输，也可以通过人工送检，宜设置独立的临床标本接收窗口或房间；标本分拣后根据检验目的送至各个检验组（室），检验后样品送至标本储存室（库），其位置应尽可能紧邻无害化处理区和污物出口；标本弃用前进行消毒或灭菌，通过医疗废物专用通道转运至医疗机构的医疗废物暂存处，或运送至实验室所在行政区指定的医疗废物处理机构进行处理。②实验用试剂、设备和耗材等物资可按照洁净物品从人流通道进入，也可单独设置进入通道进入储存室或指定地点。

（二）分区设计

临床实验室无论大小，原则上需要按照清洁、缓冲和污染三区规划出相应的功能区，包括生活区、检测区、标本储存和处理区及物品储存区等。完善的临床实验室总体布局应呈现完整高效的实验室功能链。实验室功能决定其结构，结构决定其安全与效能。

1. 清洁区（clean area） 是指未被致病因子污染的区域，主要包括：①生活区，如更衣室、餐厅、教室、会议室、办公室等，应集中设置，远离污染区，与实验室的其他功能用房分开设置。②供应品储存区及清洁物资库房等，主要储存清洁物品，包括常温试剂、实验耗材库存及物品、器材库存等。此区域设置应方便库存物品的取用和补充；储存总空间应占实验室净面积的12%～17%，以满足未来发展的需要。

2. 缓冲区（buffer area） 指介于清洁区和污染区之外的缓冲区域及通道，通常有物理隔断将清洁和污染区分开。此区域可安装消防设施、紧急喷淋装置及存放物资等。

3. 污染区（contaminated area） 是致病因子污染风险最高的区域，主要包括检测区、标本接收处理区、污物储存与处理区。

（1）检测区：包括实验室的工作台面及工作人员活动区域。检测区通常按专业进行划分。可以采用开放式模式，如操作模式相似、使用共同的资源（如共用标本、水、电、废液处理系统等）、仪器间相互干扰少、不容易产生交叉污染的项目，如生化、免疫和血液检验的大部分项目可以放在相对开放的空间进行检测；也可采用分隔、封闭式模式，如微生物、分子检测以及一些免疫检测的手工项目。分隔、封闭式模式具有空间相对独立，人员、噪声、温湿度和电磁等相互干扰少，不容易产生交叉污染等优点，但也存在工作沟通协调困难、公用资源浪费等不足；开放式布局可以集中调配人员，优化工作流程，在实验室的扩展方面也更具灵活性，但由于操作空间增大，需要有控制噪声、温湿度和电磁相互干扰等的处理设置。根据检验专业的特点，临床实验室更趋向采用封闭式和开放式相结合的布局，依据国家或行业的相应法规和标准，严格地进行功能性区域设置，同时注意开放式和封闭式区域之间通道的合理衔接，做到协调统一。

设计和建设时还需要考虑如下因素：①实验室空间应保证最大数量的工作人员能在同

一时间工作。保证仪器设备、工作台的合理摆放，并预留出设备工程师维修的空间。空间不足是实验室的安全隐患，并影响实验室的工作质量。②实验室的温湿度。实验室内温度、湿度、气流速度等微小变化，会影响仪器设备的正常运行，特别是部分精密仪器，对此应有严格要求。③实验室的电磁屏蔽。由于部分仪器对外来的电磁干扰特别敏感，所以一定要避免电磁辐射，保证检测仪器的正常运行。④实验室的洁净度。临床实验室含尘量过高，会导致仪器运行障碍或存在潜在风险，并可能影响以颗粒作为检测指标的检验结果的准确性。对于一些洁净度要求较高的特殊实验室，应安装过滤装置以减少空气中的尘粒，室内墙面、地面和顶棚等也应有相应的要求。⑤检测区的空间设计应预留有向外扩展的空间，以满足在较长时间内能容纳新添置的仪器和设备、新增检测项目甚至检测专业等发展空间，适应未来工作量增长的需要。

（2）标本接收处理区：见本章第二节。

（3）污物储存与处理区：包括标本储存室和无害化处理区（污物储存间、洗涤室、高压灭菌室）等，其大小和位置对实验室的正常运行和安全有重要的影响。标本储存室应紧邻无害化处理区，后者应紧邻实验室的污物出口，微生物实验室应紧邻无害化处理区。

标本储存室主要用于储存冷藏或冷冻的标本：①冷藏温度是 2～8℃，需要借助冰箱或配置压缩机组的冷库实现，一般用于储存实验室检测后的样品，其储存时间为 1 周，之后无害化处理。冷冻温度是指 -80～-20℃，须配置专门的冰柜、-20℃冰箱及深低温冰箱，用于储存数月至几年的物品，如需要长期储存的血清、细胞、组织等标本，以及实验室用于性能验证、质量控制和医学研究等使用的非高致病性菌株标本。温度达到 -196℃ 的超低温储存，如液氮中储存，可以长期储存细胞或组织等标本。湿度也是需要监控的重要因素，低于 20% 的湿度水平可增加静电产生机会，高于 60% 的湿度水平可引起结霜。②标本储存空间。冷冻柜、冰箱和其他储存设备可大量产热，必须在通风和空气循环方面充分考虑放置这些设备所需的空间大小和设备的数量。冷藏、冷冻和超低温储存的区域宜彼此分离。

三、通风和空气流向

临床实验过程中，可能会产生有生物危害的气溶胶或者具有刺激性，甚至有毒或具有腐蚀性的物质。它不仅会造成空气污染，危及实验人员的健康和安全，还可能影响设备的正常运行和检测结果的准确性。因此，实验室须保持良好的通风和空气流向。应在风险评估的基础上，对实验室通风和空气流向进行设计，提供安全、舒适的工作环境，尽可能减少工作人员暴露在生物或化学危险空气中的可能。

（一）通风

应根据操作对象的危害程度、平面布置、风险评估结果等情况，选择自然通风或机械通风。临床微生物、分子诊断等实验室应根据工作需要设置局部通风排风设备。

1. 自然通风 对于二级生物安全临床实验室，自然（开窗）通风是最基本的，也是最可行、最实用的方法。实验室采用自然通风时应保证良好通风，并充分考虑室内外温差、湿度、空气质量、风速及实验室的朝向等对实验的影响。有防止昆虫、鼠等动物进入实验室的防护措施，如窗户应设置纱窗等。

2. 机械通风 对于没有条件采用自然通风或有明确负压设计要求的实验室，应设置机械通风系统。当采用机械通风系统时，首先应保证实验室有足够的新风进入及足够的换气次数，通常不小于 12 次/小时。实验室防护区内送风口和排风口的布置应符合定向气流的原则，减少房间内的涡流和气流死角。应避免气流流向导致的污染和污染气流在实验室之间或与其他区域之间串通而造成交叉污染。有负压要求的实验室，其机械通风系统应独立于所在建筑的通风系统，以防止空气传播的感染因子、气态污染物或气味向其他工作区扩散。

不同防护区应设置各自独立的通风系统。机械通风系统的设计应保障生物安全柜、排风柜（罩）等的正常使用条件。新风口处应安装防鼠、防昆虫、防挡绒毛等保护网，且易于拆装。

3. 局部通风排风 局部通风多使用通风柜或生物安全柜，通过排气扇将产生的有毒、有害气体立即就近排出。此方式能以较少的风量排走大量有害物质，是改善现有实验室条件经济、有效的方法。

通风柜是最常用的一种局部排风设备。其结构材料应具有适当的耐火能力，以保证通风柜的适用性和安全性。生物安全柜是具备气流控制及高效空气过滤装置的操作柜，可有效降低实验过程中产生的有害气溶胶对操作者和环境的危害。实验室中涉及产生高风险气溶胶颗粒的操作应在生物安全柜内完成。临床微生物和分子诊断实验室需要设置生物安全柜等局部排风系统，详见本章第二节。

（二）空气流向

为保证实验室安全，有条件的实验室可安装中央空气处理系统，控制空气流向和每小时室内空气更换次数。避免使用电扇等设备，因其可能导致实验室传染性疾病的传播，特别是微生物实验室。

实验室内空气流向应从清洁区流向非清洁区，结核实验室需负压。在所有的工作区保证100%新鲜空气摄入和100%排送到外部。分子诊断实验室等特殊空气流向要求详见本章第二节。

四、供电系统

临床实验室建设应充分考虑供配电、动力、照明、防雷接地等系统设计。供电系统设计时要科学计算照明用电、动力用电和设备用电负载，计算与之相匹配的网管、电线、开关、插座，配备应急电源系统，设置切断电源的总闸和电源安全保护；要有合理的用电回路，满足设备对电压的要求；要有防雷及接地系统，避免严重的用电安全隐患；符合国家生物二级实验室供配电标准。

（一）电源合理布局

电源合理布局不仅要满足目前的用电需要、使用方便和用电安全，更要为今后的发展预留空间，满足未来发展的需要。

1. 电量和电压 估算实验室所有仪器所需总电量和电压（220V或380V），特别要充分考虑今后发展的用电量增长，设计总的用电功率。

2. 供电安全 实验室供电设计中应考虑人员安全，应设置保护接地；还应保证设备电路系统工作的稳定性，静电泄放，为信号电压提供一个稳定的零电位参考点和屏蔽保护作用，为工作人员提供安全保障。

3. 电插座 实验室仪器和计算机所需电插座数量应充足。在实验台或工作区，一般每米选用一组万能插座，约每3～5个插座为一组，方便目前和今后的安全使用。对于大型综合性三甲医院等高度复杂型实验室，可增加每组的插座数量。

4. 开关 照明设备的开关应安装在每个工作室的出口或入口处。日光灯应安装双开关，每个开关控制其中一组灯管的照明，方便实验室选择性地打开开关，为实验室提供适宜的照明度。

（二）不间断电源系统

不间断电源系统（uninterruptible power system，UPS）是一种以逆变器为主要组成部分的恒压恒频的不间断电源设备，是保障任何情况下连续、稳定供电的重要储电装置（备用电源设备）。UPS可以在交流电断开的情况下，提供一定时间的供电，使自动化仪器正常运行或安全关机，防止意外断电而导致计算机数据丢失。UPS电源系统主要分两大部分，即主机和储能电池。UPS 电源系统本身出现故障时有自动旁路功能,当需要检修时可采用手动旁路,使检修、供电互不影响。UPS 电源系统还具有对质量不良的电源进行稳压、稳频、净化滤除噪声、防雷击等特点,为使用者提供稳定纯净的电源,是保证临床实验室正常运行的必备应急电源系统。

UPS 电源系统可以集中设置,如大型实验室;也可以跟随仪器设备提供分体式的 UPS 系统,即一台仪器配备一台 UPS 电源,如小型实验室。

五、水质管理与给排水系统

水是实验室最常用的溶剂,实验过程离不开水,如器皿的洗涤、仪器运行过程中比色杯清洗、冻干品复溶、试剂配制以及标本稀释等都需要水。水的质量直接影响临床检验结果。

(一)实验用水的等级和制备方法

2008 年,国家质量监督检验检疫总局修订了我国《分析实验室用水规格和试验方法》(GB/T 6682—2008),规范了我国分析实验室用水,并将其分为三个等级(表 2-1)。正确选择和合理使用不同级别的实验用水是保证检验质量的基础。

1. 一级水 适用于最严格的分析试验,如高效液相色谱分析。由二级水经过石英玻璃蒸馏或离子交换处理后,再经 0.2μm 微孔滤膜过滤处理,基本上去除了溶解或胶状的离子和有机污染物。

2. 二级水 适用于较灵敏的无机痕量分析试验,如大部分生化、免疫项目的检测。由多次蒸馏、离子交换或反渗透制备而成,无机物、有机物或胶体污染物含量很低。

3. 三级水 适用于大部分实验室的化学分析试验或试剂制备,如一般的化学分析试验、自动化分析仪器的清洗、普通洗涤、配制微生物培养基和高压灭菌等。由蒸馏、离子交换或反渗透制备而成。

表 2-1 分析实验室用水规格

名称	外观	pH 范围(25℃)	电导率(25℃)/(mS/m)	可氧化物(以 O 计)/(mg/L)	吸光度(254nm,1cm 光程)	蒸发残渣(105±2℃)含量/(mg/L)	可溶性硅(以 SiO₂ 计)含量/(mg/L)
一级水	无色透明	—	≤0.01	—	≤0.001	—	≤0.01
二级水	无色透明	—	≤0.10	≤0.08	≤0.010	≤1.0	≤0.02
三级水	无色透明	5.0～7.5	≤0.50	≤0.40	—	≤2.0	—

注:"—"代表无。

此外,我国卫生行业标准《临床实验室试剂用纯化水》(WS/T 574—2018)对如下指标提出了具体要求:①电阻率应≥10MΩ•cm(25℃),或者电导率≤0.1μS/cm(25℃);②总有机碳(TOC)<500ng/g(ppb);③微生物总数<10CFU/ml;④直径 0.22μm 以上的微粒数量<1 个(不可检出)。此标准适用于临床实验室一般实验试剂配制、校准品和质控品复溶等所用的纯化水。

(二)实验用水管理

临床实验室须建立实验用水检查制度,明确规定水质检测的标准及频度,每个月进行 1 次纯水的质量检测。水质检测应有完整的记录,并能体现水质达到每个使用目的所需的规格。当水质不符合要求时,应有纠正措施并记录。

1. 实验用水的质量监控 通过检测电导率、pH、菌落计数、有机物和内毒素等指标反映实验用水的质量。

(1)电导率:水导电能力的强弱程度称为电导率,常用单位为 mS/m 或 μS/cm,电阻率是电导率的倒数,单位为 Ω•cm(25℃),即 0.1μS/cm = 10MΩ•cm(25℃)。电导率用电导仪测定,可与电阻率进行换算。电导率受温度影响,一般将温度补偿到 25℃作为衡量标准。一级水、二级水的电导率须用新制备的水"在线"测定。

（2）pH：三级水 pH 为 5.0～7.5,一级水、二级水 pH 范围不作规定。

（3）菌落计数：菌落总数＜10CFU/ml。被细菌污染的水可通过酶的作用使试剂失活、基质或代谢物改变,使水中总有机物含量增加,改变水的光学特性,引起背景吸光度增加,并可产生热原或内毒素。通过平板法、过滤法和细菌采样法等常规菌落计数法检测水质中细菌、酵母和各种杂质污染情况。

（4）有机物：紫外分光光度计或高效液相色谱法可被用于评估水中有机物的污染情况,但不适合临床实验室日常使用。有条件者可定期使用。

（5）内毒素：指由革兰氏阴性菌细胞壁产生的热稳定代谢物。实验用水中内毒素的存在对实验结果有影响。可用鲎试剂（LAI）测定水中内毒素的含量。

2. 实验用水的储存管理 临床实验室对用水质量和监控应有明确规定,并对水质的监控有完整的记录。水质不符合标准时,应有纠正处理措施和整改记录。

大容量盛水容器多使用不锈钢、聚偏氟乙烯、玻璃纤维强化树脂等材质,小容量容器多为玻璃容器。盛水容器应有定期消毒的标准化程序和记录。水质质量包括水机出水口的水质和盛水容器内的水质。实验室用水须标明启用时间,无菌操作使用后应及时对容器进行封闭,确保纯水不被污染。没用完的水不能倒回原容器。一级水须用前制备,不可储存。二级水、三级水可预先制备,储存于预先经同级水清洗过的相应容器中。

（三）实验室给水系统的设计

实验室内部给水管道线应尽可能短,同时避免交叉,使供水更加安全、可靠。室内给水管材宜采用不锈钢管、铜管或无毒塑料管等,管道应可靠连接。详细技术要求应符合《医学生物安全二级实验室建筑技术标准》（T/CECS 662—2020）。给水排水管应敷设在技术夹层内,实验室防护区应少敷设管道,与本区域无关管道不应穿越。进出实验室防护区的给水排水管道系统不应渗漏,应耐压、耐温、耐腐蚀。临床实验室应设置洗手池,水嘴开关宜为非手动式,并设置在靠近出口处；工作区应配置洗眼装置,风险较大时应设置紧急喷淋装置。

（四）实验废液和污水的管理

临床实验室排出的废液要符合国家标准《综合医院建筑设计规范》（GB 51039—2014）、《污水综合排放标准》（GB 8978—1996）、《城镇污水处理厂污染物排放标准》（GB 18918—2002）、《医院污水处理设计规范》（CECS 07:2004）等规定。

1. 实验室废液的处理 实验室废液的成分复杂,依废液的成分不同,有不同的处理方法,如物理法、化学法、生物法等。污染区废液通过以下流程灭菌处理：污染区废水→集水灭菌罐→污水管道。消毒杀菌的装置应设置在最低处,既方便污水的收集,也便于检查和维修。

2. 实验室污水的排放 按污水性质、成分及污染程度的不同,设置不同的排水系统。一般情况下,经稀释后无害的污水可直接排入医院的污水管网集中处理。对于被化学物质污染、含有对人体有害有毒物质的污水,应设置独立的排水管道,经局部处理才能排入室外排水管网。疑被致病性体液污染的污水则应经过无害化处理后才能排放。

第二节 特殊实验室设计基本原则

随着科学技术的发展和临床对医学检验的需求增加,临床实验室不断引进新技术、开展新项目以满足临床诊断的需要。在这些检查项目中,有的涉及技术水平层次的高要求,有的需要严格的生物安全管理。根据特殊实验室的安全要求和使用要求,这些实验室须具有不同于一般的实验室分区工程或净化工程,以确保人员安全和环境安全,同时还须为实验室工作人员提供一个舒适、良好的工作环境。

一、标本采集室设计基本原则

标本采集室(blood drawing room)主要是指血液标本的采集区(图 2-2)。住院患者原则上不需要到采集室;门诊和急诊患者的血液标本采集适宜在独立的标本采集室内完成。临床标本采集室对面积没有强制要求,但应能满足标本采集流程工作和功能分区的需要,平面与空间设计应舒适合理,有利于进行实验室安全管理。

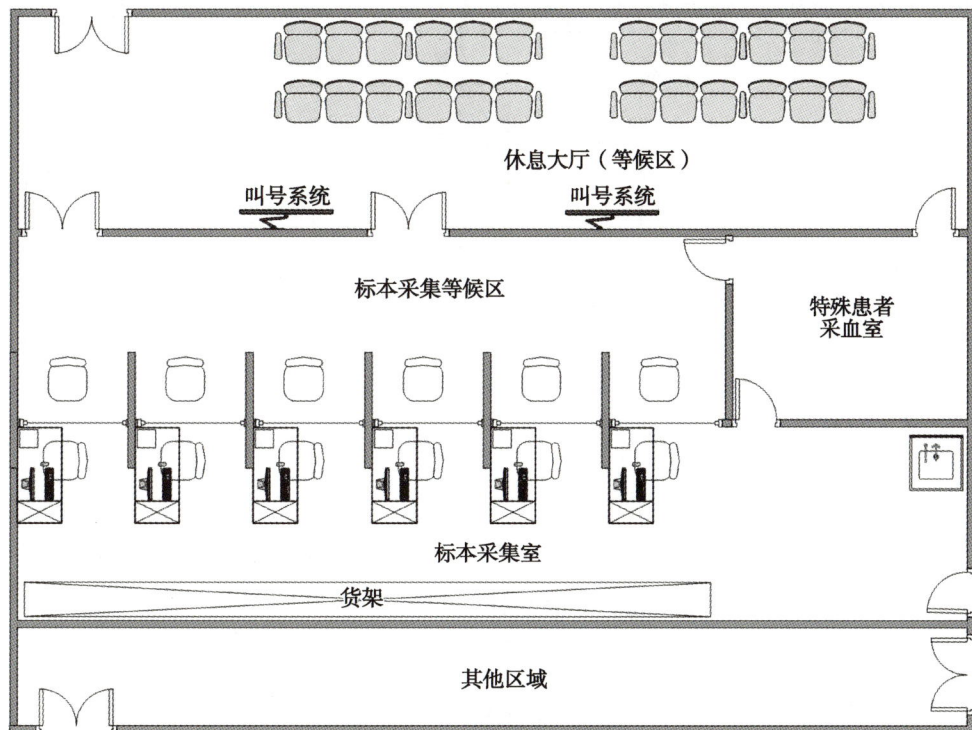

图 2-2 标本采集室示意图

(一)标本采集室的布局和设施

标本采集室的空间设置应有足够的空间和不同的区域。一般通过玻璃挡板把工作人员和患者分隔在不同的房间,玻璃挡板下面设置有足够的空间,方便工作人员采血和患者交流。患者等候区一般在标本采集室外的大厅,大厅中一般设置有成排的舒适座椅,供患者及家属休息,为其等候抽血和取检验结果提供方便。标本采集窗口处设置有带安全装置(如扶手)的可调节静脉穿刺座椅。应有足够的采血窗口,窗口处设置有叫号系统或采血顺序指示,窗口之间宜相互隔开,以避免窗口之间的相互干扰并保护患者的隐私。特殊患者可在特殊患者标本采集室采集标本。

(二)标本采集室的相对位置

标本采集室一般设置在门诊,处于临床实验室的最外部。为了统一资源、优化流程,可根据各个单位的具体情况进行整合。

(三)标本采集室的生物安全

标本采集室应配备必要的个人防护用品、消毒用品和锐器盒等医疗废物处理容器。工作人员也应增强生物安全防护意识,定时对室内物品和空气进行消毒灭菌,医疗废弃物处置按《静脉血液标本采集指南》(WS/T 661—2020)执行,消毒后再进行无公害化处理。

二、微生物实验室设计基本原则

微生物实验室（microbiology laboratory）应有足够的空间进行试验操作和结果报告，设置防虫纱窗和门禁，并按检测功能进行相对分区（图 2-3），如分为标本处理、涂片镜检、分离培养、鉴定/药敏、培养基制备和结果报告等区域。

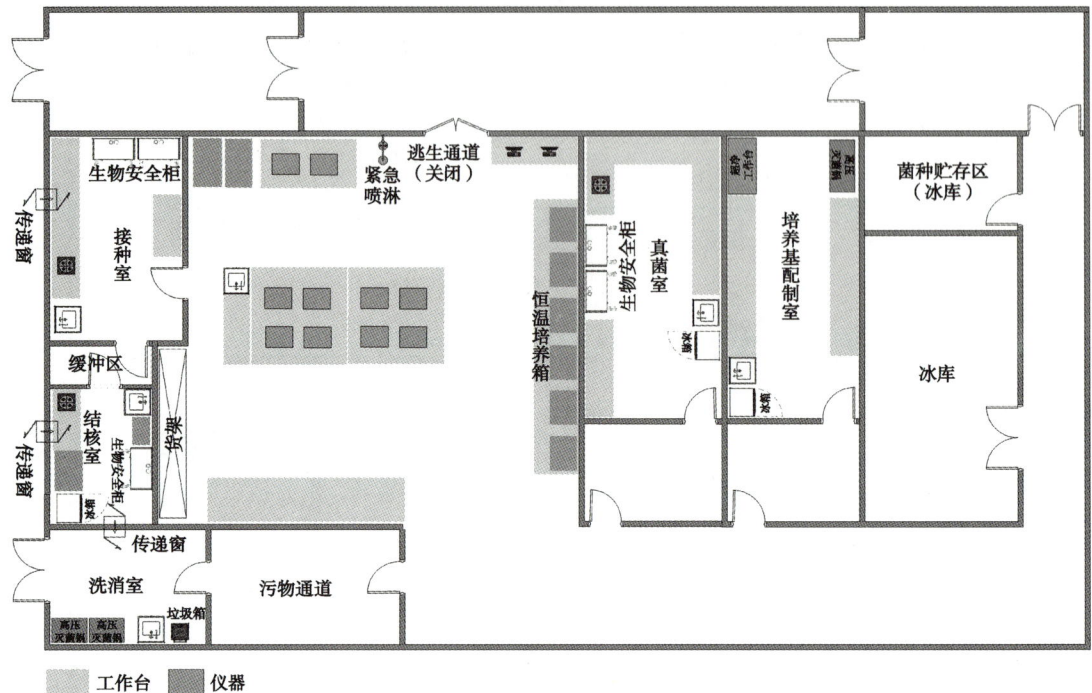

图 2-3　微生物实验室示意图

（一）微生物实验室功能分区

微生物实验室的主要功能区域包括标本接收和接种、涂片镜检、分离培养、鉴定及药物敏感性检测、培养基制备、菌株保存、结果报告以及洗消室等。三级医院应有独立的分枝杆菌和真菌检测室，符合生物安全防护二级（BSL-2）实验室要求。

1. 标本接收和接种区　负责接收和处理临床标本，进行初步的微生物接种，应配备生物安全柜（至少 A2 型号）。

2. 涂片镜检区　通过不同的染色方法识别常见病原菌形态。

3. 分离培养、鉴定及药物敏感性检测区　应配备二氧化碳培养箱、生物安全柜（至少 A2 型号）。

4. 特殊病原菌检测区　分枝杆菌和真菌检测应设置独立区域。

5. 培养基及试剂配制区　配制培养基和其他试验所需的试剂，应配备超净工作台和压力蒸汽灭菌器。

6. 菌株保存区　存放微生物菌株的专用区域，应配备超低温冰箱，并有专人负责菌株的管理，包括存储、使用、转运和销毁记录。

7. 结果报告区　同一般临床实验室的设置要求。

8. 洗消室　同一般临床实验室的设置要求。

9. 其他功能区域　可按需设置试剂耗材管理室、准备室、标本保存室等。

（二）特殊病原菌检测实验室

特殊病原菌检测实验室包括分枝杆菌实验室和真菌实验室，其功能区域包括涂片、培养鉴定和药敏。特殊病原菌检测实验室设备基本要求包括：生物安全柜（至少 A2 型号）；紫外灯；洗眼器；调节室内温湿度的设备（不得使用风扇）；压力蒸汽灭菌器；实验室出口处有洗手池；各功能区域可设置独立房间。根据我国《病原微生物实验室生物安全管理条例》《临床实验室生物安全指南》（WS/T 442—2024）和《实验室生物安全通用要求》（GB 19489—2008）等相关法规和条例要求，这些区域应具备负压环境，其中分枝杆菌实验室应设置缓冲区。

三、分子诊断实验室设计基本原则

临床基因扩增检验不同于常规检验项目。该技术敏感性强，可将微量目的核酸片段扩增一百万倍以上，因此该技术的应用对实验室的环境条件、仪器设备、试剂耗材、人员技术能力和质量控制等方面也都有严格要求。2002 年卫生部发布了《临床基因扩增检验实验室管理暂行办法》和《临床基因扩增检验实验室工作规范》，对分子诊断实验室（molecular diagnostic laboratory）的各个环节均作出了明确的要求；2010 年卫生部又制定了《医疗机构临床基因扩增检验实验室管理办法》，对临床基因扩增检验实验室区域的设计原则、审核、质量管理和监督管理等作出了严格的要求。

（一）分子诊断实验室的空间布局

临床基因扩增检验实验室应当设置试剂储存和准备区、标本制备区、核酸扩增区、扩增产物分析区（图 2-4）。这些区域必须有明确的标记，根据使用仪器的功能，区域可适当合并，例如：若使用实时荧光聚合酶链反应（PCR）仪，核酸扩增区和扩增产物分析区可以合并；若采用标本处理、核酸提取及扩增检测为一体的自动化分析仪，则标本制备区、核酸扩增区和扩增产物分析区可以合并。不同工作区域内的仪器设备和所用物品（包括记号笔等小物件）都必须标有不同区域的醒目标记，不能混用。不同工作区域使用不同颜色的工作服，工作人员离开各工作区域时，不得将工作服带出。

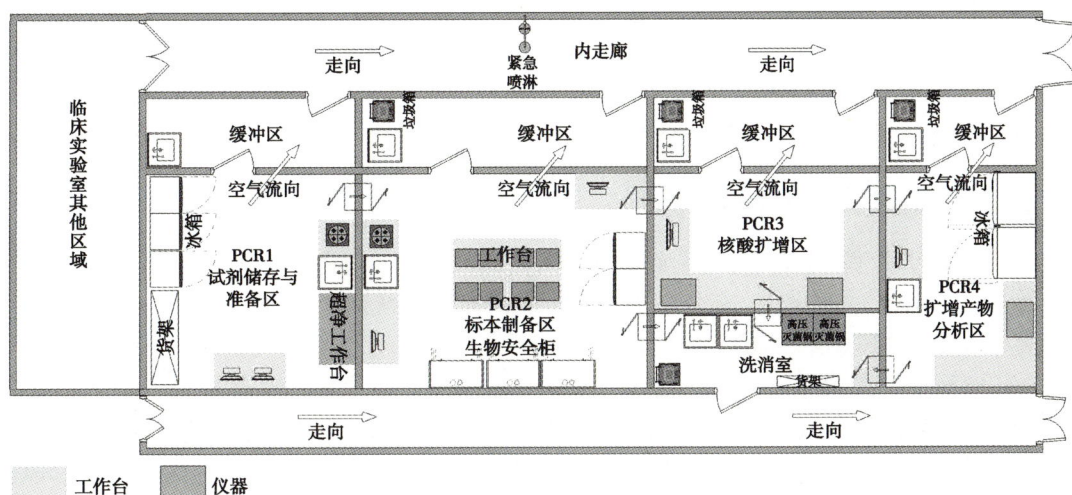

图 2-4　分子诊断实验室示意图

1. 试剂储存和准备区　用于试剂的储存、制备、分装和扩增反应混合液的准备，以及离心管、吸头等消耗品的储存和准备。

2. 标本制备区　用于核酸（RNA、DNA）提取、储存及其加入至扩增反应管中。对于涉及临床标本的操作，应符合 BSL-2 实验室规定的防护设备、个人防护和操作规范的要求。

3. 核酸扩增区　用于互补 DNA（cDNA）合成、DNA 及 RNA 的扩增和检测。

4. 扩增产物分析区　用于扩增片段的进一步分析测定，如杂交、酶切电泳、变性高效液相分析和测序等。

（二）分子诊断实验室的标本流程设计

按照实验室的安全工作制度或安全标准操作程序，所有操作符合《实验室生物安全通用要求》（GB 19489—2008）。分子诊断实验室的标本进入各工作区域应当严格按照单一方向进行，流程如下：标本制备区→核酸扩增区→扩增产物分析区。每个区域均应配备紫外线消毒装置。

1. 试剂储存和准备区 为了实验室的规范化管理，必须购置和使用有国家批准文号和注册证的合格产品储存于该区，不能直接放入扩增检测区，并且试剂盒中的阳性对照标本及质控品应当保存在标本制备区。

2. 标本制备区 为避免标本间的交叉污染，加入待测核酸后，必须盖好含有反应混合液的反应管。对具有潜在传染危险性的材料，必须在生物安全柜内开盖，并有明确的标本处理和灭活程序。

3. 核酸扩增区 此区容易产生扩增产物的污染源。因此，为避免气溶胶所致的污染，应当尽量减少在本区内走动，应制订严格的防污染措施并严格执行。

4. 扩增产物分析区 本区是最主要的扩增产物污染区域，应尽可能地避免通过本区的物品及工作服将扩增产物带出。由于本区可能存在某些可致基因突变和有毒的物质，如溴化乙锭、甲醛、丙烯酰胺或放射性核素等，应注意实验人员的生物安全防护。

（三）分子诊断实验室的空气流向设计

分子诊断实验室的空气流向应按如下方向进行：试剂储存和准备区→标本制备区→核酸扩增区→扩增产物分析区。为防止扩增产物顺空气气流进入扩增前的区域，从试剂准备区到扩增产物分析区应形成空气压力梯度，从高到低，实现单向气流，避免不同功能区域间的交叉污染。同时，分子诊断实验室门上应贴有生物安全和行走方向的警醒标识，工作人员进入各工作区域也必须严格按照单一方向进行。

（四）分子诊断实验室的清洁流程

全部工作结束后，必须立即对分子诊断实验室工作区进行清洁处理，应当按试剂储存和准备区→标本制备区→核酸扩增区→扩增产物分析区的方向进行清洁。不同的实验区域应当有其各自的清洁用具，以防止交叉污染。

四、质谱实验室设计基本原则

临床质谱实验室（clinical mass spectrometry laboratory）应设置在空间充足、通风良好且符合生物安全要求的区域内，充分考虑色谱 - 质谱检测系统对于通风、温湿度、供电供气系统的要求及其与周边实验室的兼容性。

（一）质谱实验室的空间布局

根据《质谱仪通用规范》（GB/T 33864—2017），质谱实验室建设时要考虑海拔、空气质量、温湿度、振动、辐射、仪器的尺寸重量、噪声、产热、电源、供气和排废等诸多因素。根据质谱分析流程至少需要设置 3 个区域，标本前处理区、仪器分析区和结果报告区，有条件者可设置气体发生区（图 2-5）。

1. 标本前处理区 此区进行标本制备、试剂配制，以手工操作为主，有条件的可以配备半自动 / 全自动前处理设备，需要足够的实验台面。因质谱标本制备通常需要有机溶剂，应配备通风柜和化学试剂存放柜。

2. 仪器分析区 液相色谱串联质谱（LC-MS/MS）分析仪相比常规实验室检测仪器有更高的噪声和产热，并且液相色谱常规使用有机溶剂，因此实验室墙体与门应有较高的隔音和密封效果，并配备足够的制冷空调。电感耦合等离子体质谱（ICP-MS）仪器因产热量大，建议单独分区放置。液相色谱串联质谱分析仪具有特殊的供气、排废要求；供电要求应

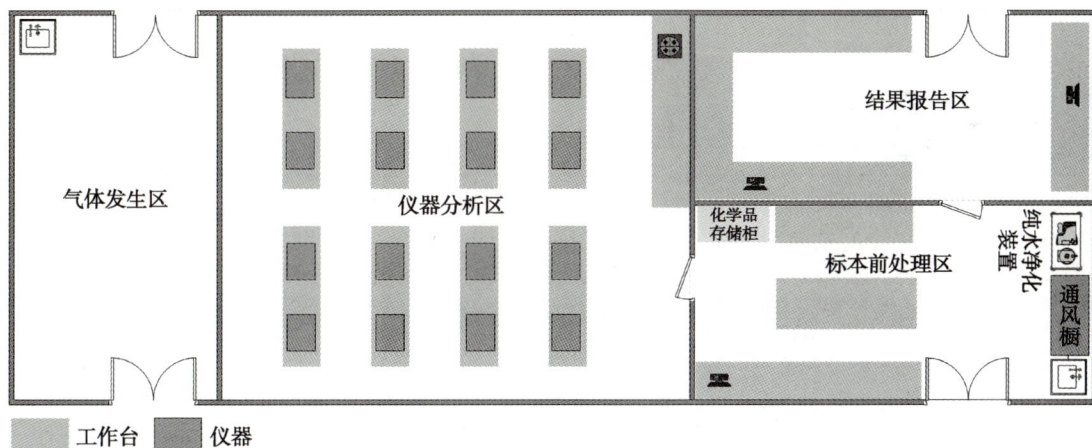

图 2-5　质谱实验室示意图

依照厂家提供的仪器用电需求设置，另外须配备不间断电源（UPS）以防止突然断电导致的仪器损坏，并确保有足够的电源插座供正常使用。

3. 结果报告区　同一般临床实验室的设置要求。

4. 气体发生区　质谱分析仪根据制造商品牌及型号不同有不同的供气需求，常用气体包括氮气、压缩空气和一些惰性气体（如氩气）。根据仪器需要的供气量测算所需的供气系统，需求量大的气体需要配置专门的气体发生装置。由于气体发生装置有较高的噪声，如有条件，可设置专门的房间放置，通过传输管道供气。

（二）质谱实验室的实验室安全

除临床实验室常规要求外，质谱实验室应重视废液和气体的排放。高效液相色谱串联质谱排废包括：液相色谱流动相的废液、液相色谱流动相的挥发气体以及质谱分析仪排气。液相色谱流动相的废液需要收集在有机溶剂瓶中，由医院化学试剂管理部门进行统一回收处理，不可直接排入下水系统。

实验室内产生的气体包括液相色谱流动相的挥发气体和质谱分析仪排气。可在液相色谱仪流动相试剂的上方安装万向抽吸罩排放挥发气体，或经由实验室排风系统排出室外。质谱分析仪排出的气体为无毒无害的气体，可通过管路直接排出室外。

本章小结

临床实验室的建设是一项系统工程，它在医院总体规划中扮演着关键角色。设计时，必须对空间需求进行细致的评估，全面分析仪器设备、辅助工具、工作人员数量、工作量、试验方法以及实验室的供给和流向等因素，以确保空间分配能够满足实际工作需求。实验室的建设应考虑位置、空间分区与布局、标本采集室设计、检测区设计、用水用电、通风系统、患者和标本流动、信息系统、储存系统以及工作条件等基本因素。总体布局应遵循安全性、灵活性、适应性和可扩展性原则，有效利用空间，融入医院文化，为未来发展留出空间。同时，应考虑各专业工作的特殊性，进行功能分区和资源配置，兼顾快速检测、污染防控、自动化、环境舒适度以及符合国家规范等因素，确保实验室内部工作流程的合理性、通畅性和高效性。此外，外部服务流程也应得到优化，特别是标本采集室的设计，应便于患者进行标本采集、送检、等候、获取报告、咨询和投诉等，促进实验室与患者及医护人员之间的沟通和交流，改善服务流程，营造一个安全、舒适、和谐的医患环境。

（郭晓临　郭　玮）

第三章 安全管理

1. 我国实验室生物安全管理组织由哪些层面构成？
2. 生物安全风险如何识别和防护？
3. 如何处理实验室的各种感染性废物？
4. 如何进行危险化学品的分类、安全存储、使用及风险防范？
5. 如何进行强电风险的识别、评估及风险防范？
6. 如何进行消防风险的识别、评估及风险防范？
7. 如何进行实验室日常安全检查？

　　临床实验室的安全管理是维护实验室正常运转和保障人员安全的关键。它涵盖了生物安全、化学品安全、水电安全以及消防安全等多个方面。这些管理措施不仅确保了实验室内部工作人员的安全，也保护了实验室外部人员免受潜在风险。此外，实验室安全还是确保实验室质量控制和实验结果准确性的重要保障，对于提升实验室整体管理水平和服务质量具有重要意义。严格执行安全规范，可以预防和减少事故的发生，为实验室创造一个安全、高效的工作环境。

第一节　生物安全管理

　　临床实验室是医疗机构病原体最集中的区域，也是临床检验和传染病防治必备的实验场所。这些病原体对实验室工作人员、周围人员及环境具有一定的潜在危害，甚至可以造成疾病的流行，危及广大群众的生命健康和安全，妨碍社会经济发展及和谐社会的建设。因此，实验室生物安全管理是临床实验室安全管理工作的核心。掌握生物安全的相关知识及防护措施，对每个实验室工作人员都至关重要。

一、组织

　　我国的实验室生物安全管理组织由国家、地区、实验室所在单位的上级卫生行政主管部门、实验室所在单位和实验室五个层面构成。为实施对病原微生物实验室生物安全管理的职责，各级、各部门均应成立相应的实验室生物安全专家委员会和管理机构，如国家病原微生物实验室生物安全专家委员会、地区病原微生物实验室生物安全专家委员会、医疗机构（或上级主管部门）生物安全管理委员会、实验室负责人与安全管理员等。2021年4月15日，《中华人民共和国生物安全法》正式施行，生物安全实验室的内涵和外延进一步拓展，对生物安全实验室的管理制度、标准体系、设计建造技术、关键防护装备的研究和运行维护等方面提出了更多的要求。

二、生物危害等级

　　《实验室生物安全通用要求》（GB 19489—2008）、《病原微生物实验室生物安全通用准则》(WS 233—2017)、《人间传染的病原微生物目录》(国卫科教发〔2023〕24 号)等中,根据生物因子对个体和群体的危害程度将其分为 4 个危害等级。

1. 危害等级 Ⅰ(低个体危害,低群体危害) 指不会导致健康工作者和动物致病的细菌、真菌、病毒和寄生虫等生物因子。

2. 危害等级 Ⅱ(中等个体危害,有限群体危害) 指能引起人或动物发病,但一般情况下对健康工作者、群体、家畜或环境不会引起严重危害的病原体。实验室感染不导致严重疾病,具备有效治疗和预防措施,并且传播风险有限。

3. 危害等级 Ⅲ(高个体危害,低群体危害) 指能引起人或动物严重疾病,或造成严重经济损失,但通常不能因偶然接触而在个体间传播,或能用抗生素、抗寄生虫药治疗的病原体。

4. 危害等级 Ⅳ(高个体危害,高群体危害) 指能引起人或动物非常严重的疾病,一般不能治愈,容易直接、间接或因偶然接触在人与人,或动物与人,或人与动物,或动物与动物之间传播的病原体。

我国根据传染性、感染后对个体或者群体的危害程度把病原微生物从高到低分为四类,第一类最高,第四类最低。

第一类病原微生物,是指能够引起人类或者动物非常严重疾病的微生物,以及我国尚未发现或者已经宣布消灭的微生物,如类天花病毒、天花病毒、猴痘病毒等。

第二类病原微生物,是指能够引起人类或者动物严重疾病,比较容易直接或者间接在人与人、动物与人、动物与动物间传播的微生物,如人类免疫缺陷病毒(Ⅰ型和Ⅱ型)、高致病性禽流感病毒、严重急性呼吸综合征(SARS)冠状病毒、新型冠状病毒等。

第三类病原微生物,是指能够引起人类或者动物疾病,但一般情况下对人、动物或者环境不构成严重危害,传播风险有限,实验室感染很少引起严重疾病,并且具备有效治疗和预防措施的微生物,如肝炎病毒、麻疹病毒、流行性感冒病毒等。

第四类病原微生物,是指在通常情况下不会引起人类或者动物疾病的微生物,如金黄地鼠白血病病毒、小鼠白血病病毒和豚鼠疱疹病毒等。

其中,第一类、第二类病原微生物统称为高致病性病原微生物。通常临床实验室检测的病原微生物主要为第三类。

三、生物安全风险评估

临床实验室的特殊环境,不可避免会造成不同程度的生物污染,按照《实验室生物安全通用要求》(GB 19489—2008)、《临床实验室生物安全指南》(WS/T 442—2024)等规定,需要进行实验室生物安全风险评估。通过开展风险评估分析实验室风险的来源和程度,制订相应标准操作程序与管理规程,确定实验室防护级别、个人防护程度、应急预案等安全防范措施。

(一)实验室生物安全防护分级

实验室安全防护级别与其可能受到的生物危害程度相互对应。根据所操作的生物因子的危害程度和采取的防护措施,将生物安全防护水平(bio-safety level,BSL)分为四级,一级防护水平最低,四级防护水平最高。生物安全实验室以 BSL-1、BSL-2、BSL-3、BSL-4 表示仅从事体外操作的实验室的相应生物安全防护水平。一级、二级实验室不得从事高致病性病原微生物培养等相关实验活动。三级、四级实验室可以从事高致病性病原微生物的实验活动。与危害程度等级、病原微生物类别相对应的生物安全水平、操作和设备选择见表 3-1。

1. 一级生物安全防护(BSL-1)实验室 实验室结构和设施、安全操作规程、安全设备适用于对健康成年人无已知致病作用的微生物及非常熟悉的致病因子,对实验人员和环境潜在危险小的微生物,如大肠埃希菌、枯草杆菌,可从事第四类病原微生物的实验操作,适用于教学的普通微生物实验室等。实验室和建筑物中的一般行走区不用分开。一般按照标

表 3-1　与风险等级、病原微生物类别相对应的生物安全水平、操作和设备选择

危害等级	病原微生物类别	生物安全水平	实验室类型	实验室操作	安全设施
Ⅰ	四类	BSL-1	基础教学、研究	GMT	不需要，开放实验室
Ⅱ	三类	BSL-2	初级卫生服务、诊断、研究	GMT、防护服、生物危害标志	开放实验室，同时需要 BSC 用于可能生成的气溶胶
Ⅲ	二类	BSL-3	特殊的诊断、研究	在 BSL-2 上增加特殊防护服、进入制度、定向气流	BSC 和／或其他所有实验室工作所需的基本设备
Ⅳ	一类	BSL-4	危险病原体研究	在 BSL-3 上增加气锁入口、出口淋浴、污染物的特殊处理	Ⅱ级或Ⅲ级 BSC 并穿着正压服，双开门高压灭菌器（穿过墙体），经过滤的空气

注：GMT（微生物学操作技术规范）；BSC（生物安全柜）。

准的操作规程，在开放的实验台面上开展工作。一般不要求也不使用特殊的安全设备和设施。实验人员在实验操作方面受过特殊训练，由受过病原微生物或相关学科一般训练的工作人员监督管理实验室。

2. 二级生物安全防护（BSL-2）**实验室**　实验室结构和设施、安全操作规程、安全设备要满足初级卫生服务、诊断及研究，使人或环境免受具有中等潜在危害的致病因子危害的要求，可从事第三类病原微生物的实验操作。实验人员均接受过致病因子处理方面的特殊培训，并由有资格的工作人员指导。进行实验时，限制人员进入实验室。

3. 三级生物安全防护（BSL-3）**实验室**　实验室结构和设施、安全操作规程、安全设备要达到特殊诊断和研究的安全水平，主要用于防护能通过呼吸途径使人传染上严重的，甚至可导致生命危害的致病微生物及其毒素（通常已有预防传染的疫苗）。可从事第二类病原微生物的活体培养等相关实验操作，一般在二级生物安全防护水平上增加特殊防护服、进入制度及定向气流。

4. 四级生物安全防护（BSL-4）**实验室**　实验室结构和设施、安全操作规程、安全设备要满足防护对人体具有高度危险性的致病微生物及其毒素的要求，如通过气溶胶途径传播或传播途径不明、目前尚无有效的疫苗或治疗方法的致病微生物及其毒素，如埃博拉病毒、拉沙热病毒及 SARS 病毒等。可从事第一类病原微生物的活体培养等相关试验操作，在三级生物安全防护水平上增加气锁入口、出口淋浴、污染物品的特殊处理。设施应在独立的建筑物内，或在建筑物的一个控制区内，但应和建筑物内的其他区域隔离；应制订和实施特殊设施操作手册。

（二）风险评估

临床实验室生物安全管理工作的宗旨是减少或避免实验室感染事件的发生，保障工作人员的健康和生命安全，保护环境，维护社会稳定。因此，风险评估是实验室生物安全的核心工作。

1. 风险评估定义　风险评估（risk assessment）是指评估风险的大小以及确定风险是否可接受的全过程，包括风险识别、风险分析和风险评价。为降低风险而采取的综合措施称为风险控制（risk control）。

2. 风险评估范围

（1）生物安全风险评估：涉及病原微生物危害评估、实验室实验活动风险评估、设施设备安全风险评估和人员健康监测等多方面内容。

（2）风险评估内容：至少包括生物因子已知或未知的生物学特性，生物因子的种类、来源、传染性、传播途径、易感性、潜伏期、剂量 - 效应（反应）关系、致病性（包括急性与远期

效应)、变异性、在环境中的稳定性、与其他生物和环境的交互作用、相关实验数据、流行病学资料、人员安全状况评估、预防和治疗方案等。

（3）风险评估时间：风险评估始于实验室设计建造之前，实施于实验活动之中，是定期的阶段性再评估。实验室因工作条件、人员变动等方面的变化而发生条件改变，安全风险的来源和程度会随之变化，应及时对实验室生物安全风险进行重新评估，保证风险评估报告的及时性，保证有关管理规程、标准操作程序的可行性。

（4）评估人员：因实验室生物安全工作涉及病原微生物、建筑设计工程、防护材料、空气动力等不同的专业领域，是管理与研究并重的综合性工作，所以需要由对该领域及实验研究有经验、有资历的专家或科学家进行评估工作。

（5）制订评估报告：应重点分析评估实验室应予关注的事件或风险及其风险等级，并提出有针对性的风险控制措施建议。风险评估报告可包括目标及范围、事件及风险等级、管理建议及结论等。

（6）评估办法：具体评估办法应按照国家标准《实验室生物安全通用要求》(GB 19489—2008)严格实行。

四、生物安全防护设施

为了临床实验室生物安全，需要配备必要、足够的安全设施和防护用品，同时要有专业知识和技能的人员正确地使用这些安全设施和防护用品。

（一）生物安全柜

生物安全柜是在操作具有感染性的实验材料时，为保护操作者本人、实验室内外环境以及实验材料，使其避免在操作过程中可能产生的感染性气溶胶和溅出物而设计的一种实验室安全防护设备。工作人员在操作过程中可能产生感染性气溶胶。由于肉眼无法看到直径小于 5μm 的气溶胶以及直径为 5～100μm 的微小液滴，所以实验人员通常意识不到有这样大小的颗粒生成，并可能吸入或污染工作台面的其他材料。对于直径为 0.3μm 的颗粒，高效空气过滤器（HEPA）可以截留 99.97%，而对于更大或更小的颗粒则可以截留 99.99%。HEPA 的这种特性使得它能够有效地截留传染因子，经 HEPA 过滤的空气输送到工作台面上，从而保护工作台面上的物品不受污染。正确使用生物安全柜可以有效减少由气溶胶暴露所造成的实验室感染以及培养物交叉污染，同时也能保护环境。

生物安全柜有三种级别：Ⅰ级生物安全柜、Ⅱ级（Ⅱ-A1、Ⅱ-A2、Ⅱ-B1、Ⅱ-B2、Ⅱ-C1）生物安全柜和Ⅲ级生物安全柜。其中Ⅰ级生物安全柜用于对人员和环境的保护，不提供标本保护。Ⅱ级生物安全柜依赖气流形成的部分屏障系统提供人员、环境和标本保护，所有Ⅱ级生物安全柜都适用于开展 BSL-1 至 BSL-3 的实验操作。Ⅲ级生物安全柜专为具有高度传染性的微生物和其他危险操作设计，可为环境和工作人员提供最大的保护。

（二）超净工作台

超净工作台与生物安全柜相比，无论是在工作原理上还是在实际的用途方面都有本质的区别。这两种设备工作时的气流模式截然不同。超净工作台的气流是由外部经 HEPA 过滤后进入操作区，通过操作区后由超净工作台前、侧开口区流向操作者一侧而进入实验室。生物安全柜不但能保护实验材料免受污染，还可保护操作人员及环境；而超净工作台只能保护实验材料，不能保护操作人员及环境。超净工作台只适用于无毒、无味、无刺激性挥发气体以及无感染性的实验材料操作。

（三）通风橱

通风橱是可以有效遏制毒性、刺激性或者易燃材料的安全设备。在实验操作时往往会产生各种有害气体、臭气、湿气以及易燃、易爆、腐蚀性物质。为了保护使用者的安全，防止实验中的污染物质向实验室扩散,在污染源附近要使用排风设备,保障实验室操作人员免受危险化学制剂危害。

(四)紧急喷淋

临床实验室应有可供使用的紧急喷淋装置,一般安装在使用苛性碱、腐蚀性化学品等附近的地方。定期测试喷淋装置以保证功能正常,其次数依实验室的复杂程度和规模而定。尽可能提供舒适的水温。地面排水通常设在紧急喷淋装置附近。

(五)洗眼器

洗眼器是安全和劳动保护必备的设备,是接触酸、碱、有机物等有毒、腐蚀性物质以及感染性样品场合必备的应急和保护设施。当现场作业者的眼睛或者身体接触有毒、有害以及具有其他腐蚀性化学物质或者污染性样品溅入眼睛或破损伤口的时候,洗眼器可对眼睛和身体进行紧急冲洗或者冲淋,主要是避免化学物质和感染性样品对人体造成进一步伤害。

(六)工作服

工作服有一般工作服、隔离衣、连体衣等。一般工作服应该能完全扣住。长袖、背面开口的隔离衣和连体衣的防护效果较一般工作服好,因此更适用于在病原微生物学实验室以及生物安全柜中的操作。

(七)面罩和护目镜

要根据所进行的操作来选择相应的防护用品,从而避免实验物品飞溅对眼睛和面部造成的危害。护目镜应该戴在常规视力矫正眼镜或隐形眼镜的外面来对飞溅和撞击提供保护。采用防碎塑料制成,形状与脸型相配,通过头带或帽子佩戴。护目镜、安全眼镜或面罩均不得戴离实验室区域。

(八)手套和手卫生

1. 手套 在进行实验室一般性操作,以及在处理感染性物质、血液和体液时,应使用一次性手套。在操作完感染性物质、结束生物安全柜中工作以及离开实验室之前,均应该摘除手套并彻底洗手。用过的一次性手套应该与实验室的感染性废弃物一起丢弃。戴手套不能代替手卫生,摘手套后应进行手卫生。

2. 手卫生 为医务人员在从事职业活动过程中的洗手、卫生手消毒和外科手消毒的总称。按照《医务人员手卫生规范》(WS/T 313—2019),临床实验室工作中在下列情况下应洗手:脱隔离衣前后;接触传染病患者的血液、体液和分泌物以及被传染性病原微生物污染的物品后。大多数情况下,用洗手液(肥皂)和水彻底冲洗对于清除手部污染就足够了。推荐使用感应、脚控或肘控的水龙头。

(九)垃圾箱

生活垃圾应放黑色专用袋内。感染性试验污染物应弃置于有"生物危害"标识的垃圾桶或黄色专用袋内。利器(包括针头、小刀、金属和玻璃等)应直接弃置于防渗漏、耐刺的锐器收集容器内进行无害化处理。

(十)急救箱

急救箱应置于显著位置并易于识别。根据国际惯例,急救箱用绿色背景下的白十字来加以标识。急救箱内应装有下列物品:单独包装的不同尺寸无菌包扎敷料,带有绷带的无菌眼垫,三角绷带,无菌创伤敷料,安全别针,可选择的无菌的非医用的创伤敷料,急救手册等。

(十一)压力蒸汽灭菌器

临床实验室的生物危害主要来源于病原微生物。为了防止污染和感染,可以采用物理、化学及生物学方法来抑制或杀死外环境中的各种病原微生物。高压灭菌是对实验材料进行灭菌的最有效和最可靠的方法,适于耐高温和不怕潮湿的物品。通常在103.4kPa压力下,温度可达121.3℃,维持15~30分钟,可杀灭包括细菌芽孢在内的所有微生物。使用压力蒸汽灭菌器时须注意以下事项：①负责压力蒸汽灭菌器的操作和日常维护的人员应受过良好训练。②定期由有资质人员检查灭菌器内腔、门的密封性以及所有的仪表和控制器。③应使用不含腐蚀性或其他化学品的饱和蒸汽。④所有要高压灭菌的物品都应放在空气能够排出并具有良好热渗透性的容器中；灭菌器内腔装载要松散，以便蒸汽可以均匀作用于装载物。⑤当灭菌器内部加压时，要互锁安全装置，而对于没有互锁装置的高压灭菌器，应当关闭主蒸汽阀并待温度下降到80℃以下时再打开门。操作者打开门时也应当戴手套和面罩进行防护。⑥注意压力蒸汽灭菌器的安全阀可能被高压灭菌的物品堵塞。⑦高压灭菌操作应有灭菌效果的监测（化学监测法和生物监测法），一旦发现异常情况，立即报告安全负责人。应严格地记录并妥善保存记录。

五、感染性废物储存和处理

临床实验室的废弃物管理属于医疗废弃物管理范畴。近年来我国政府对医疗废弃物的管理十分重视，原卫生部颁发了《医疗卫生机构医疗废物管理办法》，国家卫生健康委颁布了《医疗废物分类目录（2021年版）》《危险废物识别标志设置技术规范》(HJ 1276—2022)等一系列法规性文件，这些文件是临床实验室废弃物管理的法律依据。医疗废弃物是指医疗卫生机构在医疗、预防、保健以及其他相关活动中产生的具有直接或者间接感染性、毒性以及其他危害性的废物。感染性废物是指携带病原微生物的具有引发感染性疾病传播危险的医疗废物。废弃物处理的首要原则是所有感染性材料必须在实验室内清除污染、高压灭菌或焚烧。加强医疗废物的安全管理，才能有效防止疾病传播，保护环境，保障人体健康。

（一）常见感染性废物组分及收集方式

1. 被患者血液、体液、排泄物等污染的除锐器以外的废物，收集于符合《医疗废物专用包装袋、容器和警示标志标准》(HJ 421—2008)医疗废物包装袋中。

2. 使用后废弃的一次性使用医疗器械，如注射器、输液器、透析器等，收集于符合《医疗废物专用包装袋、容器和警示标志标准》(HJ 421—2008)医疗废物包装袋中。

3. 病原微生物实验室废弃的病原体培养基、标本、菌种和毒种保存液及其容器，其他实验室及科室废弃的血液、血清、分泌物等标本和容器，应在产生地点进行压力蒸汽灭菌或者使用其他方式消毒，然后按感染性废物收集处理。

4. 隔离传染病患者或者疑似传染病患者产生的废弃物，应当使用双层医疗废物包装袋盛装。

（二）废水的储存和处理

临床实验室产生的污水、废液（包括放射性废液）未处理前应放置在防渗漏的容器内，经适当的无害化处理（可使用化学消毒方法等）后排放或由医院统一无害化处理。

六、生物安全培训和应急预案

实验室或者实验室的设立单位应当每年定期对工作人员进行培训，保证其掌握实验室技术规范、操作规范、生物安全防护知识和实际操作技能，加强对实验室业务人员在法治化管理和法律责任方面的培训，并进行考核。工作人员，特别是实验室新入人员，经考核合格的，方可上岗。对实验室相关人员，包括实验室操作人员、进入实验室并参加实验活动的外单位人员（包括进修、实习、工作等人员）和保洁人员等也要进行岗前培训和考核，持证上岗。同时要进行周期性生物安全知识的继续教育，并记入个人技术档案。

为了有效预防微生物实验室生物污染及应对实验室突发污染事件，保证实验结果的科学、准确，保障实验室工作人员的健康和生命财产安全，防止实验室污染对周围环境造成严重污染，加强检验工作的质量控制和实验室的管理，每一个从事感染性微生物工作的实验室都应当制订针对所操作微生物危害的安全防护措施和应急预案，确保一旦发生实验室污染事件及安全事故时能及时、规范、科学、迅速、有效地控制。主要针对锐器伤、感染性物质溢出、危险品泄漏事件、高致病性病原微生物、院内感染流行事件等制订。当实验室生物安全事件发生后,应立即启动预案应急机制。在安全小组的指挥下,进入应急状态,对突发事件进行调查后综合评估,采取相应的应急处理措施,控制危害蔓延,并建立监督检查制度,定期自查。

每年组织实验室人员进行应急预案的演练,演练工作应根据性质的不同分类进行,例如职业暴露演练、感染性物质溢出演练等。由实验室安全负责人组织实施,实验室工作人员包括外单位学习、进修人员全员参与,按照应急预案模拟意外事故组织演练,通过演练强化学习应急预案相关知识。

(一)锐器伤

受伤人员应当脱下防护服,清洗双手和受伤部位,在伤口旁端轻轻挤压,尽可能挤出损伤处的血液,再用肥皂液和流动水进行冲洗,禁止进行伤口的局部挤压。受伤部位的伤口冲洗后,应当用消毒液,如75% 乙醇或者1% 碘伏进行消毒,并包扎伤口;被暴露的黏膜,应当反复用生理盐水冲洗干净。要记录受伤原因和相关的微生物,并应保留完整、适当的医疗记录。

(二)感染性物质溢出

发生感染性物质溢出时,应当立即用布或纸巾覆盖受感染性物质污染或受感染性物质溢洒的破碎物品。倒上2 000mg/L 含氯消毒剂,作用30～60 分钟后,将布、纸巾以及破碎物品清理掉,玻璃碎片应用镊子清理,然后再用2 000mg/L 含氯消毒剂擦拭污染区域。如果用簸箕清理破碎物,应当对它们进行高压灭菌或放在有效的消毒液内浸泡。用于清理的布、纸巾和抹布等应当放在盛放污染性废弃物的容器内。所有操作过程都应戴手套。如果实验表格或其他打印或手写材料被污染,应将这些信息复制,并将原件置于盛放污染性废弃物的容器内。

第二节　危险化学品安全管理

危险化学品是指具有毒害、腐蚀、爆炸、燃烧、助燃等性质,对人体、设施、环境具有危害的化学品。人们可能通过吸入、接触、食入、针刺和通过破损皮肤等方式暴露于危险化学品中。

实验室应对化学危害有足够可行的控制措施:要求所有人员按安全操作规程操作,包括知晓化学品分类,知晓化学品储存、使用、废弃和安全处置,以及使用安全的装备或装置。定期对这些措施进行监督以确保其有效、可用,保存监督记录。

一、危险化学品分类

根据《化学品分类和危险性公示通则》(GB 13690—2009),化学品按理化、健康和环境危害分三大类。其中,根据化学品的理化危害可分为16 个小类,包括爆炸物、易燃气体、气溶胶、氧化性气体、加压气体、易燃液体、易燃固体、自反应物质和混合物、自燃液体、自燃固体、自热物质和混合物、遇水放出易燃气体的物质和混合物、氧化性液体、氧化性固体、有机过氧化物和金属腐蚀物。

1. 爆炸物　包含以下三类:爆炸物质和混合物;爆炸品;前面两项均未提及的,而实际上又是以产生爆炸或焰火效果而制造的物质、混合物和物品,如烟火制品。

2. 易燃气体　一种在20℃和标准压力101.3kPa 时与空气混合有一定易燃范围的气体。

3. 气溶胶　指喷雾罐内装压缩、液化或加压溶解的气体,配有释放装置以使内装物喷射出来,在气体中形成悬浮的固态或液态微粒或形成泡沫、膏剂或粉末,或者以液态或气态形式出现。

4. 氧化性气体 一般通过提供氧气，比空气更能导致或促使其他物质燃烧的任何气体。

5. 加压气体 20℃下，压力等于或大于200kPa（表压）下装入贮器的气体，或是液化气体或冷冻液化气体。加压气体包括压缩气体、液化气体、溶解气体、冷冻液化气体。

6. 易燃液体 指闪点不大于93℃的液体。

7. 易燃固体 容易燃烧的固体，通过摩擦引燃或助燃的固体。

8. 自反应物质和混合物 即使没有氧（空气）也容易发生激烈放热分解的热不稳定液态或固态物质或者混合物。

9. 自燃液体 即使数量小，也能在与空气接触后5分钟之内着火的液体。

10. 自燃固体 即使数量小，也能在与空气接触后5分钟之内着火的固体。

11. 自热物质和混合物 除自燃液体或自燃固体外，与空气反应不需要能量供应就能够自热的固态或液态物质或混合物。

12. 遇水放出易燃气体的物质和混合物 通过与水作用，容易具有自燃性或放出危险数量的易燃气体的固态或液态物质和混合物。

13. 氧化性液体 指本身未必可燃，但通常会放出氧气，可能引起或促使其他物质燃烧的液体。

14. 氧化性固体 指本身未必可燃，但通常会放出氧气，可能引起或促使其他物质燃烧的固体。

15. 有机过氧化物 含有二价—O—O—结构和可视为过氧化氢的一个或两个氢原子已被有机基团取代的衍生物的液态或固态有机物。

16. 金属腐蚀物 通过化学作用会显著损坏或甚至毁坏金属的物质或混合物。

17. 物质安全数据表 在实验室中，应有可方便查阅的物质安全数据表（material safety datasheets，MSDS），或可将其作为安全手册或操作手册的一部分。让操作者充分了解化学品的理化特性、危害特性、暴露途径以及可能与操作、储存有关的关键信息。

二、化学品储存和使用

（一）储存

1. 设置专门储存地点，标志清楚 实验室应该仅保存满足日常使用量的危险化学品。危险化学品应储存在专门指定的房间或建筑物内，储存点严禁吸烟和使用明火，并设置明显的标志。警示标签和警示性说明应符合《化学品分类和标签规范》（GB 30000.2—2013）至（GB 30000.17—2013）的规定。

关于加压气体的储存注意事项见表3-2。当储存加压气体的设备及房间不使用时，应该关闭主高压阀门，使用和/或存放易燃气体钢瓶的房间应在门上用警示标志标明。

表3-2 加压气体储存注意事项

容器	储存要求
压缩气体钢瓶和液化气容器	应该安全地固定（例如用铁链锁住）在墙上或坚固的实验台上，以确保钢瓶不会因为自然灾害而移动； 运输时必须戴好盖帽，并用手推车运送； 大储量钢瓶应存放在与实验室有一定距离的适当设施内，存放地点应上锁并适当标识； 不应放置在散热器、明火或其他热源或会产生电火花的电器附近，也不应置于阳光直晒下
小型、单次使用的气体钢瓶	不得焚烧

注：摘自《实验室生物安全手册》，世界卫生组织（WHO）第3版。

2. 根据化学品性能分区储存 不应按字母顺序存放,应避免将不相容的化学品混合存放。表 3-3 中左边一栏的物质在储存和操作中应避免接触右边一栏里的物质,否则容易发生火灾和/或爆炸。严禁氧化剂与易燃剂存放在一起。

表 3-3 关于不相容化学品的一般原则

化学品类别	不相容化学品
碱金属,如钠、钾、铯以及锂	二氧化碳、氯代烃、水
卤素	氨、乙炔、烃
醋酸、硫化氢、苯胺、烃、硫酸	氧化剂,如铬酸、硝酸、过氧化物、高锰酸盐

注:摘自《实验室生物安全手册》,WHO 第 3 版。

3. 危险化学品应专人管理,并实行双人收发、双人保管制度。

（二）使用

实验室应遵循危险化学品使用的相关法律、法规和国家标准的规定,建立和健全危险化学品使用的安全管理规章制度和安全操作规程,从而保证危险化学品的安全使用。

1. 操作时根据化学品特点做好个人防护,应有化学品溅溢处理程序,可参考《实验室生物安全手册》(WHO 第 3 版)准备化学品溢出处理工具盒、防护服、中和酸及腐蚀性化学品和不可燃的清洁剂等物品,用于处理化学品溅溢。

2. 当发生大量化学品溢出时,应该采取下列措施。

（1）立即停止操作,疏散现场无关人员。

（2）迅速通知实验室安全负责人和相关部门,妥善处理事故。

（3）评估溅溢情况,关注受暴露风险人员。

（4）如果溢出物是易燃性的,应熄灭明火,关闭煤气和电器,必要时开窗通风。

（5）避免吸入溢出物品所产生的蒸气。

（6）如安全条件允许,开启排风系统。

（7）提供必要的个人防护装备和清理溢出物的工具。

（三）失效及废弃化学品的处理

对实验室内所用化学制品的废弃和安全处置应有明确的书面程序,以保证完全符合要求。对于失效的化学品,应进行无害化处理,可交由环境保护主管部门组织其认定的专业单位进行处理并有相关记录。

（四）易制毒化学品的管理

易制毒化学品是指国家规定管制的可用于制造毒品的前体、原料和化学配剂等物质。根据《易制毒化学品管理条例》,易制毒化学品分为三类:第一类是可以用于制造毒品的原料或配剂,例如麻黄素类物质;第二类是指相对第一类管理较宽松,但仍有可能用于非法制造毒品的化学品,例如苯乙酸、醋酸酐、三氯甲烷、乙醚和哌啶等;第三类是可能用于制造毒品但用途更广泛的化学品,例如甲苯、丙酮、甲基乙基酮、高锰酸钾、硫酸和盐酸等,相比前两类,其管制相对宽松。

根据《易制毒化学品管理条例》《危险化学品安全管理条例》和实验室质量体系的要求,建立易制毒化学品管理制度,明确职责,对所涉化学品的购买、存放、使用等环节,采取多项措施,防患于未然,保障化学品的安全使用。

1. 设置管理人员 指派专人负责易制毒试剂的申购、管理,并由实验室负责人复核。

2. 核对与登记 管理员应注意核对实物与购买计划的一致性;验收后应登记领用记录,包括名称、批号、规格、毛重、购回日期、保管人等。

3. 存储和记录 易制毒化学品存放于专用库房或专柜内,实行双人双锁管理。易制毒化学品实行专账管理,每次开启和存放时,均至少有两人在场,称取、领用并完成登记,记录内容应包括名称、批号、取用日期、重量、使用量、剩余量、用途、取用人和复核人签字。

4. 处置和销毁 过期报废的易制毒化学品或检验剩余的少量毒性化学品应按要求处理;报废销毁处理由实验室负责人批准后,由管理员按批准方法销毁,并详细记录和保存。

三、危险化学品安全培训和应急预案

(一)培训和监督

应对新进人员进行化学品安全管理培训准入;定期对实验室成员进行危险化学品知识的相关培训和考核;制订化学品泄漏事故的相关应急预案,进行化学品溢出事故演练,保留相关记录;有专人负责定期监督,保证实验室的化学品使用安全。

(二)应急预案

应急预案包括预警监测、应急响应、救援处置、后期恢复等各个环节。预案要求定期进行安全培训和应急演练,提高员工的安全意识和应急反应能力。

应急预案旨在通过明确各级职责、规范操作流程、强化应急响应机制,一旦发生危险化学品泄漏,预案能够迅速启动,指导实验室人员采取正确的紧急措施,有效控制事态发展,最大限度地减少事故损失,保障实验室的安全与稳定。

第三节 水电安全管理

一、实验室用水安全

实验室用水安全是实验室安全管理的重要组成部分,它是保证实验室检测结果准确性的基础,更关系着工作人员的生命安全和实验室的稳定运行。因此,必须对可能出现的用水安全风险进行评估和预防,降低潜在的安全风险。

(一)用水的风险识别

用水风险评估中可能出现的意外,包括但不限于以下几点。

1. 水源污染 实验室使用的水源如果受到外部污染,如化学泄漏、管道破损等,可能导致实验用水被污染,进而影响检测结果,甚至对实验人员健康造成威胁。

2. 设备故障 实验室的水处理设备(如离子交换器、反渗透装置等),如果发生故障或维护不当,可能导致出水质量不达标,影响检测结果。

3. 操作不当 实验人员在取水、用水过程中,如果未按照规范操作,如未佩戴防护设备、误操作致使水与其他物质混合等,可能引发安全事故。

4. 意外泄漏 实验室中的水管、储水设备若发生泄漏,泄漏物可能与其他物质发生反应而引发火灾、爆炸等事故。

5. 生物安全风险 实验过程中,如果用水不慎接触到含有病原体的标本,可能导致病原体的扩散。

(二)用水的风险防范

实验室可从以下几个方面加强用水风险的防范,包括但不限于:①每日监控实验室用水的水质;②定期对水处理设备进行维护和检修;③加强实验人员的安全教育和培训;④建立健全安全管理制度和应急预案。

二、实验室用电安全

实验室须重视工作电压在交流 220V 以上的强电安全管理。实验室中使用的各种仪器设备及电脑打印机等均属于强电电气设备,若使用不当,容易引起触电和火灾事故,造成生命和 / 或财产损失。

(一)强电的风险识别与评估

根据强电风险危害程度,将风险从小到大分为五级(稍有风险、一般风险、显著风险、高度风险、极高风险),评估和处置措施见表 3-4。

表 3-4 强电的风险识别与评估

风险等级	风险描述	风险评估	处置措施
稍有风险	插座插头松动,电灯闪烁	设备非正常断电,设备损坏	维修
一般风险	电线部分裸露,接线板被腐蚀	人员触电,设备短路或损坏	部分断开电源,维修,不良事件登记
显著风险	用电设备短路,电线插头腐蚀严重,电线完全裸露,UPS 电池过期,天花板渗水,线路超负荷	人员触电,设备损坏	同一般风险
高度风险	重要设备线路短路或断电,有明显焦煳气味或明火明烟,医院限电	设备损坏或烧毁,人员触电	关闭总电源,必要时采取灭火措施,维修,不良事件登记
极高风险	UPS 电源故障,总电源停电,重要设备短路,天花板管道爆裂浇灌供电设施,总线路超负荷,明烟、明火	人员伤亡,设备损坏或烧毁	人员撤离,关闭上级电源,报警,不良事件登记

(二)强电风险防范

从个人防护及实验室配供电两方面防范强电风险。

1. 个人防护

(1)认识电源总开关,在紧急情况下切断总电源。

(2)不用手或导电物去接触、探试电源插座内部。

(3)不用湿手触摸通电设备,不用湿布擦拭通电设备。

(4)设备使用完毕后应及时关闭电源;若电线的绝缘皮剥落,要及时更换新线或者用绝缘胶布包好。

(5)发现有人触电时,要设法及时切断电源,或者用干燥的木棍等物将触电者与带电的设备分开,不要用手去直接救人。

(6)不随意拆卸、安装电源线路、插座或插头等。

2. 实验室供配电要求 见本书第二章《临床实验室设计基本原则》相关章节内容。

三、实验室水电安全培训和应急预案

(一)培训和监督

应定期对员工进行水电安全培训和考核。新进员工的安全培训应作为后续技术培训的准入。培训可以邀请专业人员就实验室安全用电原则、触电的原理、预防人身触电和触电救治等方面进行培训。实验室须设用水电安全监督员,配合专业人员,定期检查实验室安全用水、用电情况。

（二）应急预案

应针对水电使用的风险制订应急预案，内容着重在应对紧急突发事件的一般措施。应定期组织应急预案演练，例如，每1～2年参加或单独组织停电应急演练。演练由实验室安全负责人组织实施，员工、进修人员、实习生等均应按照应急预案模拟意外事故参加演练，通过演练强化学习应急预案相关知识，增强人员的应急能力和意识。

第四节　消防安全管理

实验室中大型电气设备繁多、耗电量大和火灾荷载高，易引发电气火灾；同时易燃易爆化学危险品也众多，如有操作和保管不当，极易引发火灾事故。所以实验室必须时刻保持消防安全意识。

实验室的消防安全管理工作开始于实验室设计和建造之前，随后贯穿于实验室日常工作的全过程。实验室的建设布局及消防设施布局应符合相关消防管理要求，这是做好消防安全管理的前提条件。然后必须通过严格的消防安全管理程序管理实验室安全。

一、消防安全组织

消防安全组织是指为了实现临床实验室消防安全环境而设立的机构或部门，根据《中华人民共和国消防法》规定的"政府统一领导、部门依法监管、单位全面负责和公民积极参与"的原则，实验室消防安全组织由实验室消防安全工作领导小组、消防安全归口管理部门和其他部门组成，是实验室内部消防管理的组织形式，是负责本单位防火灭火的工作网络。

消防安全组织的职责是贯彻"预防为主、防消结合"的消防工作方针，贯彻执行国家消防法规和单位各项规章制度，推行逐级防火责任制和岗位防火责任制，制订科学合理的、行之有效的消防安全管理制度和措施，落实消防安全自我管理、自我检查、自我整改和自我负责的机制，做好火灾事故和风险的防范，确保本实验室的消防安全。

二、消防安全制度

为了预防和减少火灾事故的发生，保障人身、财产和设备的安全，根据实验室自身特点制订并严格执行标准化消防安全管理制度格外重要。消防安全制度将指导消防安全管理工作的全部过程，应主要包含以下内容。

1. 建立落实防火安全责任制　明确全体成员的职责，确定各实验室的安全责任人。明确突发火警的报警机制和流程。

2. 义务消防队的组织管理制度　成立实验室义务消防员队，并由专业人员对其进行培训，配合实验室消防安全管理工作的开展。

3. 消防安全自查机制的建立　主要包括防火巡查管理制度、消防设施和器材维护管理制度、用火和用电设备管理制度、易燃易爆物品管理制度、隐患整改制度等，定期组织实验室安全检查。

4. 消防安全宣传教育培训机制的建立　根据实验室自身需要制订消防安全手册，明确相关法律法规，加强实验室用电及其他安全操作规程意识。由实验室义务消防员或专业消防人员定期对全体成员进行教育、培训和考核。对重点人员进行专门培训和做到持证上岗。对所组织培训的时间、内容和接受培训人员进行详细记录并存档。

5. 消防安全紧急预案和消防演习机制的制订　由实验室消防安全组织及相关消防安全专业人员定期组织全体成员进行消防演练，总结并记录，形成档案专人管理。消防档案应当包括消防安全基本情况和消防安全管理情况。消防档案应当翔实、全面地反映实验室消防工作的基本情况,并附有必要的图表,如实记录,根据情况变化及时更新。

三、消防设施维护和使用

1. 由消防员等专门人员负责消防器材的分布管理、检查、保管、维修和使用。

2. 定期对各类消防设施进行巡视,确保消防设施是否在位并完好有效,完整、准确地记录并存档。

3. 保障消防疏散指示图中的疏散路线、安全出口和人员所在位置等说明文字的准确性和清晰性。

4. 由义务消防员或专业人员进行培训,所有成员必须明确各类消防设施的组成和部署位置,并熟练掌握各类消防设施的使用特性和注意事项。

四、消防通道

1. 全体成员必须明确本实验室的消防通道的布局,一般有疏散楼梯和楼梯间、疏散走道和安全出口等,超高层建筑还有避难层、直升飞机停机坪和消防电梯等;人人有责任保持消防通道的畅通性。

2. 每天由专人负责巡视和保障消防通道的畅通。

五、消防安全培训和应急预案

实验室消防安全是对实验室内火灾和其他突发事件进行防控和处理的一项重要工作。通过开展消防安全培训及演练,可以提高实验室员工的消防安全意识和应急处置能力,确保实验室内人员和设备的安全。每个临床实验室均应制订一套科学、系统、实用的实验室消防培训方案及应急预案。培训内容应至少包括消防常识、消防器材的使用、应急疏散演练、火灾报警和扑救流程以及消防逃生知识等。通过制订培训流程及对培训过程的评估,制订培训周期及宣传计划等,加强实验室消防安全培训及演练,能够提高实验室工作人员的消防安全意识,有效预防和控制火灾事故的发生。

消防演习的主要目的在于提高消防安全知识宣传教育培训能力,检查和消除火灾隐患能力,扑救初期火灾能力,组织引导人员疏散逃生能力和检验各级安全管理人员对突发事故的应对能力和协调程度。主要内容包括火警处置程序,应急疏散的组织程序和措施,扑救初起火灾的程序和措施,通信联络、安全防护和人员救护的组织与调度程序和保障措施。应定期组织实验室全体成员参加消防演习,总结演习报告,逐步修改完善,并记录归档。

本章小结

本章立足于实验室安全这一实验室管理的核心要素,从临床实验室生物安全、化学安全、水电安全以及消防安全等角度阐述了安全管理的组织、生物安全危害等级、实验室生物安全防护以及生物安全培训等内容,强调了合理组织、准确识别、有效评估、提前防范以及周期性演练培训和监督等在安全风险管理中的重要作用,介绍了安全相关的设施、制度、应急预案以及演练等具体内容,其目的在于让学生能够理解安全管理质量体系是如何建设和运行的,实际工作中应该如何面对医源性损伤、污染品处理、化学品储存等实际问题,树立"安全是质量的保障、安全重于一切"的理念。

(马秀敏　郭　玮)

第四章 实验室信息系统管理

通过本章学习,能回答下列问题:

1. 什么是实验室信息系统?
2. 实验室信息系统结构、组成和功能是什么?
3. 实验室信息系统管理的职责和权限是什么?
4. 实验室信息系统管理要求是什么?
5. 实验室信息系统的检验全过程管理主要内容是什么?
6. 如何识别实验室信息系统失效?
7. 实验室信息系统停机时的应急预案是如何执行的?
8. 如何利用实验室信息系统管理有效保护患者隐私?

实验室信息系统(laboratory information system,LIS)是以实验室科学管理理论和方法为基础,借助计算机、网络、通信、数字化和人工智能等现代化技术,对临床实验室检验全过程,包括检验申请、标本识别和处理、质量控制、检验信息(采集、传输、存储、处理、发布)以及设备试剂的接收与使用、人力资源、实验室环境监测等各方面相关数据进行综合管理的信息系统。LIS在不同的端口根据管理部门的要求有不同的呈现方式,如临床LIS工作站、体检LIS工作站或者采用嵌入式搭载于其他系统等。

第一节　实验室信息系统结构和功能

LIS是医院信息系统(hospital information system,HIS)中的一个重要组成部分,集现代化管理思想和自动化分析、数据处理及存储、信息网络等技术于一体,监控和管理临床实验室检验全过程的数据信息,进而推动临床实验室的自动化、标准化、智能化和数字化建设。LIS主要包括信息系统和管理系统两部分。信息系统以实验室标本检测全过程中产生的数据管理为主,管理系统以实验室的经济、物资、人事、临床和科研等办公信息化和管理决策为主。LIS的建设应符合《国家医疗健康信息医院信息互联互通标准化成熟度测评方案(2020年版)》《电子病历系统应用水平分级评价管理办法(试行)》(国卫办医函〔2018〕1079号)中关于实验室信息系统建设的相关要求。

一、实验室信息系统结构和组成

LIS建立在局域网以及互联网基础上,通过主服务器与医院信息系统进行联网,完成检验及临床医疗信息的传输。LIS与大多数检验仪器建立双向通信,能向仪器发出检验指令,仪器能提供检验过程的数据参数及结果回传,能通过局域网与多种传感器交互温湿度等数据。此外,LIS还能够通过互联网为患者提供检验进度、报告查询及远程诊断等功能。

1. 实验室信息系统的结构　LIS包括计算机网络结构和数据库结构,在遵循标准化的通信协议下,计算机网络与数据库之间可以进行高效的信息交换和数据处理。

（1）计算机网络结构：计算机网络（computer network）由计算机和通信系统组成，通过通信设备和线路连接多个功能独立的计算机应用模块，实现不同地点数据信息传输和网络资源共享。计算机网络可按照其通信范围、网络拓扑结构、信息传输介质带宽、信息交换方式、网络传输介质、使用目标等特点来进行分类，其中以网络通信范围分类最常见，可分为局域网、城域网、广域网等。LIS 绝大多数应用的计算机网络为局域网。

（2）数据库系统结构：数据库系统（database system）是由数据库及管理软件组成的软件系统，是介质存储、数据分析和综合管理的集合体，具有接收、存储、维护等数据管理功能，由单个数据库或者分布式集群数据库构建而成，能为临床实验室的数据处理提供必要的支持。数据库系统结构主要有主/从式结构、分布式结构、客户/服务器模式、浏览器/服务器模式。

2. 实验室信息系统的组成 LIS 由计算机、通信系统和网络相关的软件、硬件及通信协议组成。

（1）LIS 的硬件组成：LIS 硬件主要包括网络服务器、网络适配器、交换机、工作站、中继器、网桥、网关、网络传输介质及条形码或二维码打印设备等。

条形码（barcode）是将宽度不等的多个黑条和白条，按照一定的编码规则进行排列，用以表达信息的提醒标识符。使用条形码可以对待测标本进行唯一性标识，在检验前、检验中和检验后的检验全过程中，包括从标本采集、运送、接收、预处理，到分析检验、结果审核和后处理等所有过程，均可以对标本进行追踪和查询，能有效降低出现差错的可能性，提高标本回溯的精确性。条形码技术是 LIS 核心技术之一，集编码、印刷、识别、数据采集和处理于一身，具有输入速度快、可靠性高、灵活实用、易于制作等特点，大大提高了临床实验室的自动化程度和工作效率。

（2）LIS 的软件组成：LIS 软件主要包括计算机网络操作系统、网络应用软件、网络数据库软件和网络通信软件等。由于各仪器厂商的不同系统以及管理政策的区别，LIS 软件系统也无法集成所有功能，所以部分信息的管理其实是独立于 LIS。LIS 除了包括目前各实验室日常使用的商品化 LIS 管理软件，还包括仪器厂商配套的信息管理软件，如各仪器的中间件。通常来说这些系统由仪器厂商协助管理，但是其服务器中存储有检验相关数据，涉及信息安全以及检测结果的溯源，应该纳入 LIS 管理范畴。

二、实验室信息系统功能

LIS 具有检验流程信息化、检验数据信息化、实验室管理信息化等功能。在此基础上，随着信息技术的发展，其功能也不断拓展。

1. 检验全过程信息化

（1）检验前过程的信息化：检验前过程涉及医院医、护、工、信息等多部门，应由 HIS 建设领导小组牵头协调共同做好这一工作，包括检验申请、检验计费、标本采集、标本转运等过程的信息化。

（2）检验中过程的信息化：检验中过程的信息化管理包括标本接收、标本检测、结果复核、质量控制等内容。

（3）检验后过程的信息化：检验后过程的信息化管理包括结果报告、报告打印、危急值发布、标本管理等内容。

2. 检验数据信息化

（1）检验数据的查询：通过 LIS 能够从多个维度和关键词对数据进行快速查询。

（2）检验数据的共享：检验数据存储在医院信息系统的服务器中并定期备份，并在各个次级服务器中进行数据交换。检验数据面向临床医生和患者本人，通过云服务构建基于医院内网及移动互联网的双重信息传递途径,医生和患者可通过电脑或手机快速查阅检验数据。

（3）检验数据的统计分析:实验室在日常工作中积累大量的检验数据,通过大数据分析和人工智能可以更好地挖掘检验数据的综合价值。

3. 实验室管理信息化　LIS还可以实现实验室资源及文件体系管理的信息化。

（1）人员管理信息化,如实验室工作人员的档案、权限、绩效的电子化管理等。

（2）试剂和耗材管理信息化,如出入库管理、使用效率、成本核算的智能化管理等。

（3）仪器设备管理信息化,如实现仪器基本状态、维护保养情况的实时监控和通信。

（4）文件体系或记录管理信息化,实验室工作人员定期对文件体系进行修订并及时在LIS更新相应文件,在LIS填写各项记录并定期分析,实现无纸化管理文件体系。

第二节　实验室信息系统的日常管理与维护

实验室信息系统管理（laboratory information system management）是实验室质量控制管理体系的重要组成部分。通过对信息系统的有效管理,能够规范实验室行为,保证检测数据的准确性。因此,所有涉及实验室信息系统数据收集、处理、记录、报告、存储或检索的活动过程均应该按照一定的原则进行管理和控制。

一、实验室信息系统管理职责和权限

根据国际标准化组织对职责和权限的规定,最高管理者应确保组织内的职责、权限得到规定和沟通。首先,应明确规定实验室LIS管理者的职责和权限,以及规定所有使用LIS人员的职责和权限。其次,要确保实验室LIS运行相关的职责和权限得到"沟通",可以通过会议、培训、发放规定职责权限的文件等形式使LIS管理和使用人员熟知本部门和岗位应承担的职责和权限,以及相关部门及岗位的职责和权限,使LIS得到有效运行。

1. 实验室信息系统管理的职责

（1）实验室主任:是LIS管理的责任人,负责制订各级LIS管理和使用人员的岗位职责和权限。

（2）实验室检测人员:负责数据的采集、处理、记录、审核和签发。

（3）医院信息管理部门:应成立医院LIS管理中心,指定负责实验室LIS的工程师,负责计算机硬件和信息系统的安装、维护、升级以及网络的管理工作。

（4）实验室LIS管理小组:由实验室主任和实验室各专业组LIS负责人组成,负责系统的日常数据维护和一致性验证,收集使用中的意见和建议,反馈给医院LIS管理中心和LIS工程师,并对系统升级内容进行验证。

（5）LIS公司维护人员:定期对LIS进行维护、升级、功能验证。在LIS出现紧急事件时,及时对LIS进行维护和功能验证。

2. 实验室信息系统管理的权限　权限管理是LIS管理最重要的组成部分之一,担负着用户分类管理、系统和数据的访问及控制权限管理等重要职责。通过权限设置,既可以在网络上实现信息资源共享,又可防止未授权的用户登录LIS进行修改和破坏。根据权限的角色可以分为系统管理员、科室管理员、检验操作员、临床医生、护士、系统维护员,其中系统管理员拥有最高权限,可以进行账户管理、权限分配、系统配置、数据备份与恢复等。LIS管理的权限主要包括以下方面。

（1）由实验室主任授权各级人员使用LIS的权限,授权前应确保被授权人具备相应的专业能力和资质。

（2）只有经授权的本实验室工作人员可凭个人密码或密钥进入 LIS，按照相应权限访问患者数据，进行数据处理。

（3）人为修改患者数据应由相关授权人员执行，并由系统记录，且在必要时录入更改数据的原因。

（4）只有 LIS 管理人员可以在实验室主任授权后更改系统。

（5）所有检验结果应只报告给授权接收和使用信息的用户。

（6）医院 LIS 工程师和 LIS 公司维护人员，需要在实验室 LIS 管理小组和医院 LIS 管理中心同意后，对 LIS 进行维护、升级、功能验证。

二、实验室信息系统管理要求

LIS 应满足用户对检验医嘱和报告单查询，实验室检验前、检验中与检验后的信息化、标准化，实验室数据统计分析等需求。LIS 管理要求主要包括以下方面。

1. 实验室须对 LIS 的引入和变更授权和验证。新 LIS 引入前，实验室须完成供应商确认和实验室的运行验证；使用 LIS 中的任何变更（如增加检验新项目或增加新功能，修改程序，系统升级，LIS 与 HIS 数据传输变化等），均须通过授权，验证这些变化的正确性，并做好可供后期查询的记录。

2. 实验室应设置 LIS 访问和使用权限。设置登录账号和密码使用权限，设置使用系统超时自动退出功能，防止系统被非授权人员使用。设置密码有效期，并要求员工定期更换密码，防止密码被非授权人员盗用。

3. 实验室应对 LIS 数据进行安全保护，防止数据篡改或丢失。LIS 数据保护的主要要求包括以下方面。

（1）实验室及网管中心应确保建立和实施程序，始终保护所有计算机和信息系统中数据的完整性；确保计算机程序设置足以保护检验数据和信息的收集、处理、记录、报告、储存或恢复，防止意外或被非法人员获取、修改或破坏。

（2）不应在实验室计算机中非法安装软件；USB 接口和光驱使用宜授权。

（3）应设有适当的计算机安全措施，防止通过其他计算机系统（如药房或病历记录）非授权获得或更改实验室信息。

（4）应设有适当的网络通信安全措施，保护通过内部和外部网络传输的 LIS 数据，避免非法接收或拦截。

（5）LIS 应能识别和记录接触或修改过患者数据、控制文件或计算机程序的人员信息。

（6）实验室应建立有效的数据备份措施，规定备份周期及保存期限，定期检查备份的有效性，防止硬件或软件故障导致患者数据丢失。LIS 应记录数据备份期间检测到的错误以及所采用的纠正措施。

（7）应监控计算机的报警系统（通常是主计算机的控制台、硬件和软件性能），并定期检查，确保正常运作。

（8）应建立程序文件对数据存储媒体正确标识、妥善保存，防止数据存储媒体被未授权者使用。

4. 实验室应进行所有信息系统及数据的一致性验证。

（1）定期核查和维护在不同系统中表格的多个副本（例如实验室信息系统和医院信息系统中的生物参考区间表），确保在使用过程中所有副本的一致性；应有适当的复制或对照程序，并定期核查。

（2）如果 LIS 中的报告模板、项目设置或者参考区间等并非由一台服务器的一个文件或程序设置，而是由多个文件或多个终端电脑控制，这些文件或终端控制生成的患者报告应进行定期的比对，保证一致性。以实验室内终端电脑的时间为例，如果这个时间并非由系统主机统一管理，那么一旦报告审核电脑的时间出现提前，而标本接收电脑的时间正常，就有可能在报告中出现标本审核时间提前于标本接收时间的不合理情况。

（3）实验室应验证外部信息系统从实验室直接接收的电子及相关硬拷贝（如计算机系统、传真机、电子邮件、网站和个人网络设备）的检验结果、相关信息和注释等的正确性。

（4）当开展新的检验项目或应用新的自动化注释前，实验室应验证从实验室直接接收信息的外部信息系统再现这些变化的正确性。

5．实验室应对计算机处理患者数据的过程及结果进行定期审核并记录。处理患者数据的过程及结果是指任何根据录入数据对患者记录所作的修改，包括数值计算、逻辑函数、自动核对结果和添加备注。

6．LIS应设置报告拦截规则。实验室应设置合理性识别规则、报告审核拦截规则，减少错误报告发送风险。

7．LIS须确保已审核报告的所有内容被锁定和存档。实验室对参考范围、项目名称，甚至报告格式等内容进行的任何修改都不应该在已审核的报告中体现。实验室要完全复现存档的检验结果及其他必要的附加信息，包括测量不确定度、生物参考区间、检验结果所附的警示、脚注或解释性备注。

8．实验室应允许在规定的时限内"在线"检索患者和实验室数据。

9．实验室应有程序规定关闭和重启所有或部分LIS的管理要求。实验室应确保数据的完整性，尽量减少对实验室提供服务的影响，并确保重启后系统正常运行。

10．实验室应制订程序处理LIS或其他系统（如HIS）突发事件、系统失效或停机故障。实验室应分析与记录故障原因和所采取的纠正措施，验证故障恢复后患者数据的完整性。

11．实验室应定期维护LIS，以保证数据和信息完整性。对定期维护、服务和维修的记录文档进行保护，以便操作人员追踪到任何计算机所做过的工作。

三、实验室信息系统检验全过程管理

LIS对检验全过程管理包括检验前、检验中和检验后的信息化管理三部分。

1．检验前的信息化管理　检验前过程是指从医师开具检验申请到患者标本进行检测前的一系列过程。它涉及检验医嘱开具、标本采集、标本运输、标本签收、标本处理、仪器与试剂准备等多个环节，参与其中的有临床医生、护理人员、物流人员、检验人员等多种人员。此过程出现的差错占总体检验差错比例较大，是实验室需要重点管理的阶段。检验前的LIS管理内容主要包括以下方面。

（1）在LIS医生工作站设置检验适应证和检验禁忌证的智能提示；设计规范的检验申请单，让临床医生熟悉检验项目的临床意义，选择最有效、最经济的项目和组合；当信息不完整时，系统拒绝生成医嘱。

（2）在LIS护士工作站，将临床标本采集手册程序化、电子化、智能化，培训采集人员相关知识，使其能正确使用采集容器、抗凝剂，告知患者标本采集前应注意事项，注意标本采集的部位、体位、止血带、输液、药物对检验结果的影响等。

（3）在LIS物流工作站，实时提示患者标本转运需求，按检验目的和标本种类提示运送所需的载体工具、最迟送达时间，制订拒收不合格标本的标准等。

（4）实验室标本接收区设置无人值守的标本接收站，送检人员可自助扫描标本条码，按系统提示，分检验专业放置标本，完成实验室对标本的签收。

（5）LIS检验工作站制订采集标本标准化操作程序（SOP）文件，将其智能化、自动化，提示检验人员对检验标本进行前处理，以及判断标本合格与否、是否拒收。检验前质量管

理是医院质量管理体系的重要组成部分,要多部门的支持配合。

2. 检验中的信息化管理 检验过程是指从标本开始检测到出具检验报告前的过程。这一过程涉及标本检测的标准化操作、检验项目质量控制等步骤。LIS 对检验程序的质量保证中要求实验室应设计内部质量控制体系以验证检验结果是否达到预期的质量标准,如开展检测系统的性能验证,仪器设备的校准、维护保养,试剂、材料、消耗品的质量监控、室内质控、室间质评等。检验中的 LIS 管理内容主要包括以下方面。

(1)室内质控:检验过程中检验质量控制是最重要的。LIS 中可以进行同类检验仪器的质控比较功能,将同类仪器的质控情况展现在同一个平台上,使它们的质控情况一目了然,能及时分析比对。可以充分运用 Westgard 质控规则,帮助操作人员快速识别失控点;可迅速了解偏差趋势、系统误差和随机误差。LIS 中质控数据的自动传输避免了手工输入的差错,减轻了工作量,提高了工作效率。

(2)标本条码化:LIS 无需人工干预和操作,仪器自动读取标本条码所带信息进行自动检测,并将检测数据直接回输到该标本信息之下形成检验报告,实现检测数据信息传递瞬间完成以及准确无误地与患者信息相对应。

(3)工作流程再造与控制:LIS 按照流程最简、差错最低、效率最大、利于统计和总结的原则制订了生化、免疫、微生物、临检标本流程,急诊标本流程,以及试剂、材料、消耗品的领用流程。这些流程应从实验室现有的硬件和软件资源分析入手,从实验场地设施、仪器设备、试剂消耗品供应、技术人员、质量控制等各个环节入手,充分了解和利用实验室现有的各种资源,完善 LIS,建立室内登记系统、批量登记系统、条码阅读系统,开发所有仪器的双向通信功能,配置与工作量相当的各专业分析仪器,并配备完善的仪器、试剂备份系统,建立健全全面质量管理体系。

3. 检验后的信息化管理 检验后过程包括检验结果审核、结果报告、报告发布、检测后样品保存、仪器使用记录、仪器维护保养、临床咨询等。利用中间软件,统一检验项目的审核规则,审核通过的数据直接传输至 LIS。同时,建立检验结果定期上传至医院信息网络的制度,建立各工作站检验结果自助打印系统,建立危急值自动报告系统,建立检验结果解释系统等,以便为临床提供最快捷的服务。为了提高结果复核效率,可使用电子签名,实现检验全流程的无纸化。通过 LIS 的开发应用,优化患者标本的检验流程,提高检验报告的时效性。检验后的 LIS 管理内容主要包括以下方面。

(1)检验结果的智能审核:LIS 通过综合同一患者不同检验结果,智能判断矛盾结果并加以提示。出现急诊和危急值时,自动向检验人员提示紧急报告检验结果,自动记录结果审核和更改情况,自动保存结果便于查询等。智能审核可以根据当时实时质控情况判断结果可靠性;可以根据同一实验室内相同项目不同仪器间的比对结论,提示系统偏差;还可作为疾病的智能判断和进一步检查的基础。

(2)检验信息向临床发布有多种形式:常规检验结果通过 LIS 与 HIS 系统对接,写入电子病历中;通过与医生工作站的实时对话框,与临床医师交流检验信息和要求。在检验出现危急值时,LIS 报警提示,审核人员使用 LIS 通过网络上报、短信上报、电话语音等形式及时向医生、护士和患者发送检验危急值。

(3)标本的保存:LIS 可以将已完成检验的样品按日期加流水号的形式将其编制存放,包括存放架号、位置号、冰箱等,并自动判断每个样品须存放的时间,其后样品处理功能根据识别到的存放时间提示需要处理的样品信息。通过条码号查询需要重新从后处理冰箱找出的条码试管的位置信息,可通过反向定位迅速找出样品进行处置。如需要再次保存,则可通过再存放登记的功能对从后处理模块取出的样品进行再次登记并存放。

(4)仪器使用和保养:仪器的使用记录是每个检验人员在完成检验工作后必须填写的

记录之一。在仪器正常使用情况下,LIS 可以自动生成仪器使用记录,检验人员只需登录"仪器使用和维护专用模块"确认即可。在出现仪器故障、更换部件等情况时,检验人员将故障情况手工录入,LIS 会自动生成仪器的使用记录表。LIS 可以根据仪器保养的要求,在检验完成后仪器保养和维护时间段自动出现提示框,提醒检验人员按仪器保养维护条款逐条完成,同时自动记录完成情况。若未完成保养,LIS 不产生记录,这也为内部评审提供依据。

(5)检验数据统计:检验完成后存在大量的检验数据,LIS 可以充分发挥其统计功能,将检验数据进行多种统计,方便实验室负责人管理以及检验人员对检验数据的查询和统计分析。通过 LIS 可以统计每个标本的检测周转时间(turn-around time,TAT)。TAT 指临床科室提出检验申请到患者得到检验报告的时间,可以统计每个检验专业组和每个工作人员TAT 完成合格率、检验收费和检验支出情况、检验质控完成情况、仪器使用及维护保养情况等。

第三节　实验室信息系统失效或停机时的处理程序和能力培训

随着信息化的不断进展,LIS 在实验室的应用范围也随之不断扩大。计算机网络技术的普遍应用,在给实验室管理带来许多便利的同时,也存在一定的安全隐患。作为一个联机事务系统,LIS 要求一天 24 小时、每周 7 天不间断运行,而且绝不能丢失数据。LIS 失效或停机造成的损失是用户不能接受的,因此,信息系统失效或停机时的处理程序和能力培训对 LIS 管理来说至关重要。

一、实验室信息系统失效的识别

实验室信息系统失效(laboratory information system failure)是信息系统实际行为与期待行为的偏离,是缺陷和错误在系统运行过程中的彰显,造成系统不能提供正确的服务。失效包括提供不正确的服务、不提供服务(系统瘫痪)。实验室信息系统使用中的变化,如系统升级、增加新项目、修改程序引发的变化或系统接口间数据传输可能导致的变化均可导致 LIS 的失效,因此失效的识别对 LIS 连续稳定运行具有重要意义。

二、实验室信息系统停机的应急预案

LIS 停机应急预案的主要内容包括以下方面。

1. 建立健全信息安全监督机制,并执行相关制度　应当建立的信息安全相关制度主要包括以下内容。

(1)建立信息安全领导小组和安全责任管理制度:明确应急预案启动的责任者和执行者;对故障进行分类分级,明确启动不同等级应急预案的具体情况;明确应急预案触发条件。

(2)建立完备的应急预案手册制度:制订核心服务器和核心网络设备的应急预案,关键业务的手工应急预案,规定在系统瘫痪后的职责、工作方式、注意事项与善后工作等,指导各部门如何协调配合,共同保障实验室工作正常有序进行;宜对计算机的所有非程序性停机、系统周期(响应时间)降级、计算机的其他问题以及故障的原因和所采取的纠正措施文件化。

(3)建立信息安全定期培训制度:对信息系统的不同层面的管理与应用对象,开展信息安全概念分层培训,并组织不同形式的演练与模拟演练。

(4)强化安全产品升级与报废制度:对系统中使用的一些设备及软件,定期进行检查与整理,督促做好设备与产品的升级、更换等工作。

（5）建立应急事件的通报制度：业务部门如发现系统故障，应在第一时间向实验室主任或信息科汇报，由实验室主任或信息科组织技术人员迅速排查原因。若在预定时间内不能排除，实验室主任或信息科领导应立即向应急领导小组报告，同时提出建议，应急领导小组根据情况下达应急预案的启动命令。在故障排除后，实验室主任或信息科应在事后将详细的故障原因及处理结果以书面形式报告应急领导小组。

2. 建立关键业务应急信息系统 在医院目前的物理环境下，开发一套最基本的应急信息系统，用以保障 LIS 信息系统的基本运行。

3. 停机结束后的恢复工作 实验室各部门应保障信息质量。停机恢复后，每个部门都应该指定相应的工作人员，补录收费和在手工操作时产生的各种信息，核对仪器、系统以及最终报告的数据完整性和一致性。在完成上述措施的同时，利用库备份文件和日志备份文件恢复数据库。信息指挥协调组召开会议，分析故障发生原因，写出书面报告归档，总结经验教训，制订整改措施，防范同类故障的再次发生。

三、实验室信息系统停机的应急演练

为提高 LIS 安全突发事件应急响应水平，应定期或不定期组织预案演练，检验应急预案各环节之间的通信、协调、指挥等是否符合快速、高效的要求。通过演练，进一步明确应急响应各岗位责任，对预案中存在的问题和不足做到及时补充和完善。LIS 停机的应急演练内容主要包括以下方面。

1. 演练目标 在开展应急演练之前，首先需要明确既定目标。目标一般包括：提高相关人员的风险防范意识；提高在各种风险发生时的紧急应对能力；查找当前预案中可能存在的问题，进而修订完善；检查应急人员在应对突发事件时各方面的准备情况；增强应急组织机构及相关人员对本预案的熟悉程度等。

2. 演练计划 有针对性地定制演练计划。应急演练可以按照风险等级层次进行演练，按照某一项突发事件进行演练，按照事件处理的一般流程进行演练，还可以采取与培训相结合进行演练等多种方式。在开展各种演练之前，首先需要确定本次演练所要达到的目标，根据目标定制演练计划。计划包括演练目的、时间、地点、人员组织、范围、预设的突发事件等内容。

3. 演练实施 是对演练计划的有序执行，严格按照应急预案演练计划逐一落实，并做好相关记录工作。一般需要记录的事项有参与演练的实际人数、应急预案各项工作完成响应时间、事件处理完成情况等。

4. 演练的评估与总结 评估和总结是对演练过程中各项工作的实际评测，通过评测总结演练过程中存在的各种问题，并对问题提出改进的方法。总结的内容一般包括：演练是否达到既定的目标；是否严格按照演练计划逐一执行；演练内容的可执行性和可操作性；预案的适宜性和充分性；人员到位情况、协调组织情况、外部支持部门协作有效性；存在的问题和改进措施等内容。通过评估与总结保证后续演练的必要性、有效性、可靠性，同时进一步细化和修订预案。

四、实验室信息系统停机时的检测和检测记录

信息系统停机时应对停机原因进行检测，排除所发生的故障，必要时立即邀请信息科或签约计算机公司的工程师协助排除故障。应记录所有意外停机、系统降级期（如反应时间减慢）和其他计算机问题，包括故障的原因和所采取的纠正措施。实验室应将所有严重的计算机故障迅速报告给指定人员。记录应按实验室记录控制程序的要求，在 LIS 使用期或更长时期内保存并易于获取。

五、实验室信息系统停机时的报告和结果发布

1. LIS 停机时的报告程序 当发生停机时,应及时向医院信息管理部门汇报。信息管理人员按故障严重程度及解决的复杂程度进行分类处理,包括:由信息管理部门负责人上报医院信息系统领导小组,由医院组织协调恢复工作;由网络管理人员上报信息管理部门负责人,由信息管理部门统一解决;由网络管理人员独立解决。对各种故障问题的处理都必须做好记录,召集相关人员讨论故障原因,并有防止问题再次发生的预防措施。

2. LIS 停机时的检验结果发布 按照制订的书面应急计划应对停机事件,确保在发生计算机或其他信息系统故障时,能快速、有效地发出患者结果报告。当信息系统停机时,临床实验室在积极组织恢复工作的同时,安排相关人员做好患者的解释工作。

六、实验室信息系统再停机的预防

LIS 再停机的预防措施主要包括以下内容。

1. LIS 再停机预防的相关文件制订 实验室应确定停机维护时间表,宜有处理系统全部或部分停机或重新启动的文件化程序,以确保数据完整和不中断实验室服务,以及重新启动后系统运行正常。应制订文件化的预防性维护程序,该程序至少应遵循制造商说明书的要求。

2. LIS 再停机预防的主要内容 设备维护处于安全的工作条件和工作顺序状态,应包括检查电气安全、紧急停机装置(如有);当发现设备故障时,应停止使用并清晰标识;实验室应确保故障设备已经修复并验证,表明其满足规定的可接受标准后方可使用;实验室应检查设备故障对之前检验的影响,并采取应急措施或纠正措施;建立网络设备、服务器、供电、网络攻击和病毒防范保障,以预防信息系统的再停机,保证 LIS 顺利运行。

本章小结

实验室信息系统(LIS)是以实验室科学管理理论和方法为基础,借助计算机、网络、通信、数字化和人工智能等现代化技术,对临床实验室检验全过程,包括检验申请、标本识别和处理、质量控制、检验信息(采集、传输、存储、处理、发布),以及设备试剂的接收与使用、人力资源、实验室环境监测等各方面相关数据进行综合管理的信息系统。LIS 对推动临床实验室的自动化、标准化、智能化和数字化建设至关重要。LIS 要求每天 24 小时不间断运行,而且绝不能丢失数据,信息系统失效或停机时的处理程序和能力培训对 LIS 管理来说至关重要。

(芮勇宇)

第五章 人员管理

通过本章学习，你将能够回答下列问题：

1. 临床实验室人员管理有哪些主要内容？
2. 如何进行临床实验室的岗位设置，岗位职责要点有哪些？
3. 临床实验室人员资质概念，常见岗位的资质要求是什么？
4. 临床实验室新上岗人员的培训内容应包括哪些方面，如何进行培训和考核？
5. 临床实验室沟通的种类有哪些？
6. 临床实验室和个人如何提高咨询能力？
7. 临床实验室人员能力评估的主要内容、方法、频次和判断标准有哪些？
8. 临床实验室人员授权和授权后管理需要注意哪些问题？
9. 如何通过实验室人员动态管理提升团队协作效率与质量？

人员管理是临床实验室管理的核心模块，应建立工作人员的全周期管理机制，按照国际和国内的各项标准，确立清晰的实验室组织管理结构，建立实验室人员管理制度，明确岗位职责，明确人员管理的要求和流程，对新入、在岗等工作人员和管理人员分层分类完善培训考核机制。临床实验室人员管理主要内容包括人员资质、岗位设置、人员培训与考核、准入管理、人员能力评估授权等关键要素的管理。

第一节　岗位职责与人员资质

一、岗位设置与原则

（一）岗位设置

临床实验室管理层应根据自身实验室的特点设置相应的岗位。临床实验室的岗位一般可分为三类，即管理、技术和辅助岗。

1. 管理岗　指行使临床实验室管理职能的岗位，主要是从事规划、计划、组织、管控等职能的岗位，如实验室主任、副主任、管理主管、各专业组组长、文件管理员、监督员等岗位。

2. 技术岗　指从事检验技术工作的相关岗位，如检验员、报告审核签署人、授权签字人等岗位。

3. 辅助岗　指除管理和技术岗之外从事辅助检验工作的岗位，如供应品、试剂和消耗性材料等的库房管理岗位，以及污物高压消毒和保洁等岗位。

（二）岗位设置原则

1. 因事设岗原则　临床实验室中岗位的数量是有限的，要根据具体承担的工作任务的多少及繁重程度来决定岗位设置，因事设岗是岗位设置的基本原则。

2. 协调配合原则　临床实验室岗位设置时，应对承担的责任进行划分，一般分为主责、部分和支持三类，以此来确定相互协调、配合关系。每个岗位的主责、部分和支持责任一定要划分清楚,以此实现临床实验室各岗位间最有效的配合,确保临床实验室运行的高效率和高效益。

3. 经济、科学和系统化原则 临床实验室的岗位设置要和组织结构设计、职能分解吻合,要从整体考虑,把每一个职位放在组织架构中,从总体上和相互联系上分析独立存在的必要性。同时,岗位设置也为岗位描述、岗位评价、岗位考核等人力资源管理体系的系统化设计提供支持。

(三)临床实验室岗位设置示例

临床实验室应根据工作任务、工作类别、工作环境等实际情况需求设置岗位。通常的岗位设置如下。

1. 管理岗位 包括:①主任;②副主任;③主任助理;④秘书(临床、科研);⑤质量主管(负责人);⑥技术主管(负责人);⑦专业组长(临床生物化学、临床免疫、临床血液体液、临床微生物、临床分子生物学);⑧质量监督;⑨人员管理;⑩其他职能管理(仪器管理、试剂管理、室内质控管理、室间质评管理、临床咨询管理、文件管理、实验室安全管理、信息管理、教学管理、科研管理等)。

2. 亚专业检验技术岗位

(1)临床血液体液实验室:①凝血、血黏度检测岗;②住院血常规仪器岗;③门诊血常规仪器岗;④门诊血常规镜检岗;⑤住院血常规镜检岗;⑥住院尿液沉渣检测岗;⑦阴道分泌物显微镜检测岗;⑧住院手工检测岗;⑨门诊尿液显微镜检测岗等。

(2)临床化学实验室:①住院生化标本检测岗;②门诊生化标本检测岗;③肿瘤标志物检测岗;④蛋白电泳和微量元素检测岗;⑤报告总审核岗等。

(3)临床免疫实验室:①自身抗体检测岗;②术前传染病检测岗等。

(4)临床微生物实验室:①标本前处理岗;②标本接种岗;③涂片岗;④呼吸道标本岗;⑤非呼吸道标本岗;⑥结核感染 T 细胞检测岗;⑦报告审核岗等。

(5)分子生物学实验室:①乙型肝炎病毒(HBV)-DNA 检测岗;②丙型肝炎病毒(HCV)-RNA 检测岗;③人乳头状瘤病毒(HPV)分型检测岗;④流式细胞仪检测岗;⑤基因多态性检测岗;⑥生殖泌尿道病原体检测岗等。

(6)标本前处理:①标本采集岗;②标本收集岗;③标本处理岗等。

3. 检验辅助岗位 包括:①物品清洗岗;②医疗废物收集处理岗等。

4. 特种设备操作岗位 包括压力蒸汽灭菌器操作岗等。

二、岗位职责

临床实验室应对所有岗位进行描述,包括岗位的职责、权限(如仪器的使用与管理、标本的检验、报告的审批与修改等)和任务(如岗位任务和目标等)。临床实验室管理层应明确规定三类岗位人员的职责、权限和相互关系,并为关键管理和技术人员指定代理人。在这个体系内每名岗位人员都要发挥其应有的作用,了解其与其他相关岗位间的关系,如有在固定场所外工作的人员,也须规定其职责、权限。

规定各岗位的职责和权限,以及同其他部门或其他岗位协同配合的要求(上下左右之间的相互关系),可通过编制"质量职能分配表"来描述其所有岗位在质量管理体系中的位置和 / 或作用,不仅应明确管理职能(决策、领导、组织)、执行职能、协同配合职能(支持、支撑)三者在质量管理体系中的大体位置或作用,更应按照质量管理体系要求逐条逐款地将管理职能分解到有关的岗位和部门。要分工清晰、职责明确,防止职能交叉重叠甚至错位。所有管理岗位和技术岗位人员的岗位描述,即实验室每个员工所在岗位的描述,而不是岗位的笼统说明,应具体到个人。

以下为部分岗位职责的示例。

1. 实验室主任 可理解为最高管理者，也可理解为管理层或管理者，其根本是负有责任并拥有权限，在最高层指导和管理实验室活动的一人或多人，包括科室的正、副主任。对实验室主任的职能和职责应有文件化规定。实验室主任可将其职责分派给指定人员完成，但承担实验室全面运行及管理的最终责任，指定人员应是具有相关能力并能完成某指定职位工作的人员。

2. 质量主管（负责人） 实验室管理层可指定一名质量主管，赋予质量主管相应的责任和权限，使其在权限和职责内能够维持管理体系的现行有效。

3. 技术主管（负责人） 实验室管理层应指定一名技术主管，协助主任开展技术指导和科室发展建议工作，负责技术运作和确保实验室运作质量所需的资源，对检测／校准技术方面可能存在问题的分析判断，校准／检测方法的最终确认，以及确保检测／校准工作质量所需技术资源的供应、调配等。

三、人员资质

临床实验室对人员资质的管理，是实验室法制化和规范化管理的基础和必然要求。实验室技术人员的资质不仅应满足国家法律法规通用要求，还应满足具体岗位工作内容的特殊要求。资质（competence）也被称为胜任力、胜任特征、素质等，通常以学历证书、学位证书、执业证书、专业技术职称证书或工作经历和年限、特殊岗位上岗培训证书或培训经历等方式来体现。

1. 实验室负责人资质要求 目前我国尚无针对临床实验室人员任职资质要求的专门文件，但在《医疗机构临床实验室管理办法》、等级医院评审、临床实验室认证认可文件中有临床实验室主任和专业岗位人员资质要求的相关内容。各医疗机构临床实验室主任资质要求，可根据当地卫生行政主管部门要求，结合医疗机构临床实验室自身开展的业务量和复杂情况而定。

临床实验室负责人资质要求示例：①执业医师，临床实验室工作经历或培训2年以上；②临床实验室相关专业高级技术职称；③检验、生物化学、化学、生物科学等主修专业博士，临床实验室工作经历或培训2年以上；④检验、生物化学、化学、生物科学等主修专业硕士，临床实验室工作经历或培训4年以上；⑤检验、生物化学、化学、生物科学等主修专业学士，临床实验室工作经历或培训8年以上；⑥二级及以上医疗机构检验科主任，应经省级以上卫生行政部门组织进行相关培训。

2. 主要管理人员资质要求示例

（1）质量主管：有医学或检验专业背景，或检验相关专业背景，经过医学检验专业培训；由专业理论扎实，工作经验丰富，且熟悉本实验室质量体系的人员担任。

（2）技术主管：有医学或检验专业背景，或检验相关专业背景，经过医学检验专业培训；由具有丰富的专业理论知识，熟悉本实验室质量体系，有能力对本实验室专业技术进行指导和培训的技术人员担任。

3. 专业实验室负责人（组长或部门主管）**资质要求** 参考技术人员的资质要求，综合其管理岗位具体工作内容，由实验室自行制订其资质要求。

4. 实验室技术人员的资质要求 依据所承担岗位情况而定，医疗机构和临床实验室可根据各自实际情况，对具体岗位和实施条件制订不同的资质要求。

（1）临床实验室技术人员通用资质要求。有医学或检验专业背景，或检验相关专业背景，取得医师执照和／或检验专业技术职称证书的任职资质，经专业岗位培训考核合格并有授权。

（2）临床实验室特殊岗位资质要求。除临床实验室专业技术人员通用资质要求外，还有：①临床分子生物学检测、人类免疫缺陷病毒（HIV）初筛、产前筛查、新生儿疾病筛查等技术人员，应取得管理部门指定培训机构颁发的上岗（培训）合格证。②涉及血液学、体液学、微生物学、组织病理学、骨髓形态学、免疫荧光镜检等读片专业岗位人员应有颜色视觉辨色正常的报告。③出具诊断性检验报告人员，应有执业医师资质证；乡、镇医疗机构临床实验室的诊断性检验报告可由执业助理医师出具。④特种设备操作人员，如高压压力容器操作人员，应有专门机构培训合格证书和医疗机构或实验室授权操作文件。

（3）检验咨询人员岗位资质要求。除临床实验室专业技术人员通用资质要求外，同时专业能力须满足：熟悉检验科工作流程、检验程序、质量控制、检验结果临床应用等相关知识；能解释检验结果的影响因素，熟悉检验方法的局限性；检验结果的专业解释判断；为临床提供疾病所需的相关检验项目检查建议等。

第二节 人员培训

一、安全培训和准入

安全培训应在人员进入实验室前开展。为了让员工了解工作岗位所需具备的实验室安全知识、技术和能力，新进人员必须完成安全培训才能准入实验室。临床实验室必须提供包含生物安全风险内容的所有岗位描述文件。

（一）制订实验室新进人员安全培训计划

1. 科室安全培训计划 实验室人员安全培训计划详细说明不同层次人员（包括标本运输人员和清洁工人）接受培训的内容、采用的培训材料、组织者、培训方式、培训学时、培训对象、培训时机、培训效果考核评估方式等。

2. 专业组安全培训计划 主要针对各专业岗位制订相应的安全管理培训计划。

（二）实验室新进人员安全培训计划的实施

1. 制订具体培训内容 主要包括与实验室安全有关的管理制度、知识和操作，如：相关法律法规、标准、实验室生物安全手册等；消防知识及消防设备的使用、化学和放射安全、生物因子危害、传染病的预防、急救知识、实验室安全意外事故识别与处置措施的培训等。

2. 培训方式

（1）通用方式：包括专题讲座、示范练习、模拟演练、影像宣传、宣传手册、张贴宣传画、组织讨论等各种方式。新员工上岗后可观摩老员工的操作，以便充分熟悉工作过程。

（2）针对岗位：可按员工的不同岗位，侧重某个领域的内容，确保掌握本岗位的安全知识。

（3）特殊岗位需专项培训：如压力蒸汽灭菌器操作人员，须由当地主管部门培训，合格后颁发上岗证。

3. 培训与考核记录 建立安全培训档案，记录被培训者的培训经历，每个员工应书面确认已接受过适当的安全培训。记录内容包括培训内容、培训时间、培训教师。考核方式包括试卷考试、现场抽问、操作考核等。

（三）实验室新进人员安全培训效果评估

1. 定期检查考核培训对象对所培训内容的执行情况。

2. 评估培训对象在工作中的行为变化。

3. 考核培训对象处理实验室安全紧急事件的能力。

4. 统计分析被培训者发生安全意外或违反实验室安全操作的情况。

（四）新进人员实验室的准入

1. 新进人员完成科室和专业组安全培训计划，并考核合格。充分了解所在岗位的生物安全风险和预防措施。

2. 实验室工作人员持有上岗前合格体检报告。

二、专业培训和准入

实验室人员的培训是保证检验质量和安全的重要手段，应重视新进实验室人员的岗前培训，专业岗位上岗准入要进行相应的专业培训和考核。专业培训应建立相应培训制度和计划，保证独立上岗人员是经考核和能力评估合格的人员，通常由各专业组完成。

（一）专业岗位培训计划

岗位人员培训计划应详细说明不同人员接受培训的内容、采用的培训材料、组织者、培训方式、培训学时、培训对象、培训时机、培训效果考核评估方式等。

（二）专业岗位培训计划的实施

1. 制订具体培训内容 包括岗位职责、基本知识、基本技能和操作规范、科室质量管理体系文件学习（质量手册、程序文件、标本采集手册、生物安全手册、规章制度等）、全程质量控制、仪器设备操作、岗位检测项目、仪器标准操作程序、检验结果复检、危急值报告管理等。

2. 培训方式

（1）通用方式：包括自学、专题讲座、示范练习和专业组讨论。

（2）重点岗位或急需岗位培训：对这类岗位可制订专门培训计划，可采取一对一老师带教培训，使培训者能快速完成岗位培训考核授权。

（3）特殊岗位上岗资格培训：此类培训由管理部门指定机构进行培训，经考核合格后颁发上岗证书，如分子生物学、大型分析仪器操作、HIV 初筛、产前筛查、新生儿疾病筛查等检验技术人员。

（4）形态学岗位培训：涉及血液学、体液学、微生物学、组织病理学、骨髓形态学、免疫荧光镜检读片等专业岗位人员的培训，除通用培训内容外，更强调专门技能的培训和考核，须有一定实际工作经历者才能单独上岗。

3. 培训与考核记录 包括：①建立"员工个人技术档案"，完整记录员工的教育培训经历，内容可有学历、学位、职称、特殊岗位上岗培训等的有效证件；②培训记录有培训内容、培训时间、培训教师、考核评估结果。考核评估方式包括笔试、现场抽问、操作考核、盲样标本比对、留样标本再测、室间质评标本检测等；③外出学习培训和工作经历记录；④岗位培训和能力评估汇总表；⑤个人业绩表现有获奖情况、论文发表情况、履职考核评级、奖罚情况等；⑥符合岗位要求的健康状况报告等。

（三）培训效果评估

1. 专业组长 / 质量监督员 / 其他授权人，不定期检查培训内容执行情况。

2. 评估检查检验报告合格率。

3. 统计分析发生质量缺陷投诉的情况。

（四）专业岗位准入

1. 完成医院、科室和专业组岗前教育及安全培训，并考核合格。

2. 经临床实验室专业岗位培训考核合格。

3. 具备相关专业教育经历和相应的专业技术知识，取得专业技术资格证书；熟练掌握自己工作范围的技术标准、检验方法、标准操作规程和设备技术性能。

4. 上岗前持有与岗位要求相关的体检合格报告。

5. 特殊岗位，如分子生物学、大型分析仪器操作、HIV 初筛、产前筛查、新生儿疾病筛查等技术人员应取得指定机构培训的上岗证。

第三节　沟通能力

临床实验室的各类沟通顺畅对提升临床实验室管理效率有着重要作用。人员的沟通能力对实验室管理具有以下重要意义：①与临床沟通，提高临床诊治水平；②与患者沟通，建立良好的医患关系；③加强内部交流，提高管理效率，营造良好的工作氛围；④与实验室外部沟通，促进实验室的整体进步。因此，对实验室人员进行沟通能力的培养也是不可或缺的管理内容之一。

一、沟通的种类

临床实验室的日常沟通，按照沟通对象可以大致分为以下几类。

（一）与临床科室的沟通

实验室需要与临床科室进行高频次沟通，例如：对实验室检查结果的解读和反馈；特殊病例的讨论与交流；实验室新技术、新方法的推广与应用；实验室工作流程的优化与改进；质量与安全管理的协作与配合等。

（二）与患者沟通

不同于临床科室直接对患者进行诊疗沟通，实验室直面患者的机会相对较少，因此更需要合适的沟通方式，建立起双方信任的桥梁，如对患者等候时间过长导致的不满情绪进行疏导，对不一致结果的必要性解释，耐心倾听患方倾诉等。

（三）与上级管理层及职能部门的沟通

上级管理层的支持是实验室良好发展的基础。实验室主任作为医疗机构中层管理者，负责管理实验室的日常运作，同时需要与上级管理层保持密切联系，获得反馈与指导，促进实验室运行发展。

实验室需要与职能部门进行频繁的沟通，如：针对信息系统问题和仪器结果传输问题与信息科进行沟通；针对试剂、耗材和日常物资采购与采购中心沟通；为确保标本的正确采集和及时运送积极与护理部门、物业沟通；与后勤部门沟通卫生打扫、水电保障等。

（四）内部沟通

实验室内部的沟通是随时发生、双向互动的，包括实验室主任与员工、组员与组长、组长与组长、组员之间等的沟通。

（五）师生沟通

实验室内一般都有参与学习和实践的进修生、实习生和研究生，沟通内容主要有：①学习内容和进度；②实验操作和技能；③质量控制和实验安全；④思想教育、学术道德和科研诚信；⑤个人成长和职业规划等。

（六）与外部的沟通

实验室还须与外部进行沟通，主要有：①与行政主管部门的沟通，如卫生健康委员会（局）、疾病预防控制中心、卫生监督所、市场监督管理局、科技局等；②与业务部门、同行的沟通，如采供血机构、临床检验中心、质量控制中心、生物安全委员会、认可委员会等；③与外部服务机构的沟通，如仪器与试剂供应商、生产厂家、工程师等；④与其他学术部门的沟通，如各级学会、专业出版社、专业杂志社、学术期刊等。

二、沟通能力的培养

在临床实验室的运作中，实验室人员的沟通能力决定了管理效率，因此培养实验室人员的沟通能力也成为实验室管理中不可或缺的一环。

（一）与临床的沟通

与临床沟通能力的提高包括以下几点。

1. 掌握扎实的专业知识基础 实验室人员自身需要过硬的专业知识背景，否则面对临床科室的疑问，无法给出合理的解释，导致双方的误解和矛盾。除学习本专业的知识外，还要学习相关的临床医学知识、沟通技巧等；除了将各种检验方法和原理、临床意义介绍给医护人员，使之能合理选择检验项目外，还要能根据发病规律、病情变化，发现疾病与检验指标的相互关系，为临床提供有针对性的检验项目。

2. 处理临床医生对检验结果的质疑 实际工作中避免不了各种原因导致临床医生对检验结果产生质疑。对正确结果，要及时反馈临床医生；对异常或与临床表现不符的检验结果，实验室人员应具备排查、核对、分析原因的能力，如仪器或试剂问题、标本干扰因素、人为操作误差。依次排查完以上因素后，须及时与临床进行沟通，必要时查阅是否已有类似案例的记载，寻找解决办法。

3. 主动与临床沟通 就征求临床意见、提供咨询服务、开展业务培训和讲座、印发检验资料、院内网络发布检验信息、院内感染控制、提供合理用药支持、协助临床科室做好床旁快速检测等情况，实验室人员应主动与临床沟通，掌握现代的沟通工具，如微信等。能做到到临床查看患者和病历，参加临床早交班，指导临床诊断与治疗，主动发起多学科会诊等。

（二）与患者的沟通

与患者沟通应注意以下几点。

1. 树立患者至上的意识 实验室人员与患者沟通时要以患者为中心，态度应温和而诚恳，沟通时秉持着尊重、保密、平等的原则，不应出现厌烦情绪，这样既可以减轻患者的不安全感，又可以取得患者对实验室人员的信任。

2. 具备与患者正确沟通的技巧 面对患者咨询检验结果，实验室人员要确保自身有过硬的专业知识水平，对检验结果作出合理、有说服力的解释。交流过程中，要注意：语言通俗易懂，使患者容易理解接受；使用保护性语言，科学、客观地解答，避免使用刺激性语言，减轻患者对疾病的恐惧感；注意保护患者隐私，特别是有关 HIV、乙肝病毒等敏感检测项目，检验人员要争取创造独立空间，单独与患者本人陈述结果。当出现患者的检验结果与本人病情不符，或患者对检验结果提出质疑时，要向患者解释可能影响结果的外界因素，必要时进行复检。若发现是检验工作失误造成的结果不准确，应该诚恳地向患者道歉，以取得患者的谅解。

3. 妥善处理医患纠纷 实际工作中，患者很多不满意都是沟通不畅造成的。如遇患者不满意，产生医患纠纷，实验室人员要与患者及其家属进行沟通。实验室人员要学会控制情绪，尽量避免顶撞，掌握好沟通的度，用心去感受患者及其家属的微妙心理变化，更好、更快地化解一些不必要的医患矛盾和纠纷。若患者对处理结果始终不满意，那么实验室人员应尊重患者权益，及时报告实验室主任。主任解决不了的上报，核实真相，组织专家分析、讨论、明确性质，提出处理意见及整改措施。若患方不同意协商解决的，为避免矛盾激化，应上报卫生行政主管部门进行调解或通过司法途径加以解决。有时遇到医疗纠纷难以处理的，需要及时上报公安机关，避免意外发生。

（三）与上级管理层及职能部门的沟通

实验室主任作为联络上级管理层与基层的桥梁，首先应积极争取上级管理层的支持，明确实验室具体目标和任务，了解实验室发展的新政策、新要求、新形势，把握检验工作发展趋势，定期向上级管理层报告实验室的运行情况和工作进展，以获得上级管理层的指导和帮助；其次，实验室主任还需要与职能部门进行沟通，配合职能部门了解实验室工作开展状况，提出实验室的需求，解决实验室所需资源（含人员、设备、环境等）配置，得到各职能部门的支持与理解，争取实验室进一步发展。在日常工作中，实验室主任将任务汇总后，会根据任务优先级、成员的能力和兴趣，合理地分配给实验室秘书、管理员以及组长，实验室中层加强与职能部门联系，有效提高任务完成的质量和效率。

（四）实验室内部沟通

1. 实验室主任关心、关注员工　实验室主任要积极倾听成员们的想法和问题，关注大家的需求和建议，理解成员们的疑虑和困难，及时帮助解决问题，增强团队的凝聚力和合作意识，提高团队的工作效率。

2. 员工间团结合作　实验室是个大团队，有许多工作需要相互协作，需要注意相互之间的沟通，要多站在对方的立场考虑问题，做到理解不误解、分工不分家。

3. 化解矛盾　当实验室内出现了冲突，成员之间无法自行解决，可请上级出面协商调整，通过有效沟通机制、识别冲突类型、针对性协调、协调后及时进行反馈等过程的努力，提升实验室内部的沟通效果，维护成员们之间的关系，从而推动实验室的和谐发展。

（五）师生沟通

实验室内师生沟通是多维度、多层次的，需要师生双方共同努力，建立良好的沟通机制，促进教学相长。实验室应向学生们明确学习目标和要求，学生们须主动学习、定期汇报学习进度和遇到的问题；各专业组老师们应指导学生正确进行实验操作，强调实验过程中的质量和安全意识；实验室应定期对学生进行思想道德和学术道德教育，帮助树立正确的观念；学生也可以向老师咨询个人成长和职业规划等问题。

（六）与院外组织的沟通

1. 实验室应紧跟政策法规，与行政主管部门保持密切联系，配合其管理和监督，提升实验室工作质效。

2. 实验室应积极做好与业务部门及同行的沟通。向采供血机构及时提出需求，给予积极的反馈；配合临床检验中心、质量控制中心，做好室内质控及室间质评；与同行进行检验结果比对、设备与试剂比选，互派人员交流与学习；接受生物安全委员会的督导，做好生物安全保障工作等。

3. 实验室与工程师等外部服务应保持随时联系，防止外部服务和采购消耗品的质量对检验结果造成影响，督促供应商及时送货，仪器故障时及时联系设备工程师进行维修和保养。

4. 实验室与院外学术部门密切联系，建立良好的合作关系，促进自身能力提高。

第四节　咨询能力

临床实验室应提供咨询和解释服务，在检验项目申请、标本采集和运送及结果解释等环节为临床医师、护士与患者等提供咨询服务。临床实验室咨询服务的重要性在于为临床医生和患者提供专业的知识解读和结果分析，帮助医生更准确地诊断疾病，指导治疗决策，同时也帮助患者更好地理解自身健康状况。

一、强化个人咨询能力

（一）持续学习与自我提升

实验室人员应始终保持对医学领域新进展、新技术和新项目的敏感度，不断学习和更新专业知识，确保能够提供最新、最准确的咨询，当遇到疑问或不确定的检验结果时，能迅速分析原因并妥善处理。

（二）建立专业信誉

通过提供准确、及时的检验结果和解释，建立起自身在临床医师和患者中的专业信誉。

（三）主动沟通与交流

实验室人员应主动与临床医师、护士及患者进行沟通，了解他们的需求和疑虑，并提供针对性的咨询和解释。沟通详见本章第三节"沟通能力"。

二、提升分析前咨询能力

（一）成立检验项目准入和应用管理委员会

检验项目准入和应用管理委员会的主要职责应涵盖新项目的诊断性能评价和成本效益分析，新项目的准入审批，建立项目参考区间，组织检验项目的临床推广应用和循证评价，论证发布危急报告值并监督执行检验危急值报告制度。通过这一平台，加强与临床科室的沟通，推动实验室服务能力和质量的提升。

（二）开展分析前检验质量管理的宣传、培训和考核

实验室应通过建设医院专题网站、制订临床标本采集手册、举办相关学术讲座等形式，帮助临床科室掌握正确标本采集和运送的方法，并严格培训后考核制度，使分析前质量管理知识技能融入每个医护人员的知识结构体系。

（三）建立临床沟通小组

实验室可成立临床沟通小组到临床科室，搭建与临床沟通的长效平台。通过参加临床科室早交班、学术活动等形式，介绍检验新项目、标本采集注意事项、检验项目临床意义，了解临床对实验结果质量的反馈以及对实验室服务的需求等，提供检验项目的选择和检验结果的解读等实验室咨询服务。

三、完善分析后咨询能力

（一）建立临床检验诊断案例分析报告制度

实验室可以建立临床检验诊断案例分析报告制度，邀请临床医师讲解临床常见病、多发病的基本诊疗规律，组织讨论分析检验诊断项目结果变化的发生机制及与疾病临床表现的内在联系，归纳常见病、多发病的实验室检查特点，并从实验诊断角度揭示临床疾病诊断思维，提升与临床医师沟通交流的能力。

（二）建立检验结果"危急值"或特殊结果报告制度

实验室应在征询临床相关科室意见的基础上，制订出适合本单位的检验"危急值"项目和"危急值"报告范围。对于一些与病情不符的检验报告或与近期历史结果差异大的检验结果也应及时与临床进行沟通，提醒临床医生注意排除可能的分析前影响因素或患者病情的变化，以便及时作出适当的诊疗处理，确保医疗安全。

四、加强分析全过程咨询能力

（一）加强全面质量管理

实验室应成立质量控制小组，执行实验室质量管理的规章制度和措施，应指定一名质控专员了解临床科室对检验质量的意见和建议，及时发现并解决质量问题，不断提升检验质量。

（二）向临床宣传检验质量管理活动

实验室应积极主动向临床科室介绍实验室内部严格、有效的质量管理系列措施，以及

质量管理的成效。可以通过学术报告、讲座以及邀请参观等方式，主动向临床科室介绍实验室质量保证措施，宣传实验室是如何保证检验结果的准确性和可靠性，增强临床医生对结果的信任度。

第五节　能力评估

临床实验室人员能力评估是指对完成指定工作岗位的能力进行系统和客观的评估，评估内容包括岗位知识、技能水平和职业道德素养等。评估目的是确定人员的履职能力状况，将合适的人员安排在合适的岗位。能力评估应综合岗位要求和个人情况，不同岗位和不同人员应有不同要求。

一、能力评估要求

能力评估应建立相应的制度和流程，制订评估内容、方法、频次和判断标准等，形成能力评估报告。

1. 能力评估的内容　应以岗位要求为基础，制订能力评估表，并给予评估结果评价。能力评估内容应包括但不限于以下内容。

（1）专业资质：专业学历和学位证书、专业技术职称证书、特殊岗位培训证书等。

（2）岗位培训：如医院和科室层面新员工岗前培训、专业组岗位培训、质量安全管理培训和外出培训等。

（3）岗位能力：包括岗位职责制度、岗位理论知识、岗位操作技能、岗位质量控制和投诉情况等。

2. 能力评估的方法　一般由科主任指定能力评估执行人，评估人根据能力评估表中的内容逐项进行确认或验证，如查阅被评估人相关资质证书和培训记录，组织理论考试，观察岗位技能操作的规范性，检查日常工作的执行情况等。

3. 能力评估的频次和结果判断标准　实验室可根据实际情况制订能力评估的频次和判断标准。以下是认可实验室能力评估频次与时机的要求：老员工通常每年一次能力评估；新员工在最初 6 个月内应接受两次能力评估；能力评估未达岗位要求时须再培训、再评估。同时，实验室应制订能力评估结果判断标准，可依据项目的重要性给出权重系数或等级，也可规定一票否决的项目。

4. 人员综合能力评估　除岗位能力评估外，检验科管理层必要时可从医德医风、临床岗位履职能力、管理能力、个人素质、教学能力、科研能力、学习能力和进修经历、沟通能力、团队协作等方面对科室员工的综合能力进行评估。对于综合能力评估强的员工，管理层可将这些人员作为各个层面后备梯队进行重点培养。

二、能力评估应用分析

实验室内主要对管理岗位和检测技术岗位人员进行能力评估。

1. 管理岗位人员的能力评估　检验科管理岗位应根据科室管理组织结构的需要进行设置，除科主任和副主任由医院任命外，其他管理人员由科主任任命，其能力评估也多由科主任完成，通常每年进行一次。评估内容一般包括专业技术职称、岗位工作年限、培训情况、岗位职责完成情况、业务量增长情况、管理能力、沟通协作能力、医德医风、科室员工/组员意见等方面内容。

2. 检测技术岗位人员的能力评估　通常由专业组组长完成，评估频率按科室人员培训考核制度要求进行。评估内容一般包括专业技术职称、岗位工作年限、培训情况、岗位职责完成情况、操作技能、检测结果、报告质量、有效投诉、医德医风等方面内容。

3. 人员能力评估总结 科室和专业组在完成能力评估后，须对能力评估情况进行总结，并对每个员工考评情况进行评价，通常可分为以下几种情况：①可以胜任，可继续授权；②基本胜任，注意部分知识和技能的强化，可继续授权；③不能胜任，须重新培训，考核评估合格后才能授权。将评估结果反馈给被评估人员，若被评估人员对评估结果存在异议，可提出诉求，经科主任批准后进行重新评估。

三、能力评估后的授权

授权是组织管理运作中常用形式，即上级机构、组织、管理者将完成某项工作所必需的权力授给其他机构/组织或个人，体现为权力和任务的转移。对临床实验室而言，授权是在检验科组织结构管理框架下授权，医院院长将检验科的管理授权给检验科主任，检验科主任将部分管理岗位和检测技术岗位的权限授权给科室其他成员。

1. 临床实验室人员授权的方法

（1）合理规划设置岗位：临床实验室人员授权的基础是岗位，检验科主任或管理层应在充分讨论后设置具体的管理岗位和检测技术岗位，以及管理岗位的职权范围和检测技术岗位设置的充分性等。

（2）针对岗位选择合适的人员进行授权：临床实验室人员授权的依据是人员能力评估结果，一个人可授权多个岗位，一个岗位也可有多人授权。

（3）明确授权的权限和时间：人员授权的范围和权限通常按岗位进行，但对于特殊岗位或特殊阶段可对授权范围进行调整，如检测技术岗位新上岗人员只授权其标本检测，不能发布检验报告。对于授权时间，老员工经评估后一般每年授权一次，新员工经评估后一般一次授权时间为3~6个月。

（4）特殊岗位 AB 角授权：某些特殊岗位授权时应设置 AB 角，以保证岗位履职的充分性，如技术主管、质量主管、安全主管、专业组长、试剂管理员等。

（5）关键技术岗位谨慎授权：对于特殊岗位的授权应符合国家或地区行政管理部门的要求，如进行 HIV 检测、病原体核酸检测、唐氏筛查人员，须有指定部门颁发的培训合格证书，并具备一定的工作经验方可授权。

2. 临床实验室人员授权的管理

（1）授权的动态管理：当实验室人员岗位发生改变时应及时给予相应的考核评估后授权；当员工在授权时间段内考核评估不合格时，应取消授权；离开岗位 6 个月以上时应重新考核后授权。

（2）实行限制性授权管理：为解决某项临时问题可进行单项授权，问题解决后授权即取消。在某些特定条件下可进行条件授权，条件改变时权限也应随之取消。

（3）被授权人岗位履职情况监管：管理岗位由科主任或管理层定期进行抽查考评，检测技术岗位由管理层（如专业组长）不定期进行检查考核，对未履职情况给予及时纠正，同时须防止授权超范围使用，部分权限可通过信息系统进行权限分级。

四、能力评估缺陷的识别和再培训

实验室人员能力评估在许多大型实验室都得到了广泛应用。然而，现实中很多实验室的能力评估合格率都存在不真实情况，造成此类现象的原因主要有以下几点：①所在单位人员配备不足，一旦评估不合格，工作将不能正常开展；②人员能力评估缺乏权威的标准化方案，考评内容和标准过于简单；③制订的考评内容不够细化，部分岗位要求的内容缺失；

④碍于同事间面子关系，人员能力评估给人情分。针对以上情况，实验室主任及管理层应制订人员能力评估缺陷的识别方法和纠正措施，防止人员能力评估流于形式。

1. 能力评估缺陷的识别

（1）人员能力评估实施过程中缺陷的识别：考评人员应在评估前做好充分准备，认真梳理被评估人岗位应具备的能力，明确哪些是岗位必备的关键内容，考评时突出重点，降低能力评估缺陷发生的风险。

（2）岗位履职过程中发现能力评估的缺陷：科室管理层在日常质量监督和检查等过程中，若发现在岗人员不能很好地履行岗位职责，出现严重差错或事故，或引发医疗纠纷时，应对该员工进行能力评估再验证。

2. 能力评估缺陷的再培训和再评估 如果人员能力评估未通过，或评估合格授权后发现不能胜任岗位时，科室管理层或专业组长应分析原因，制订针对性的再培训、再评估和再授权计划。

（1）能力评估未通过的原因分析：如果是个别现象，可按现有内容和方法对相关人员进行再培训；如果是集体现象，则可能是培训方法、培训时间或考核评估方式存在缺陷，应找到原因并重新制订相应计划进行再培训和考评。

（2）再培训、再评估和再授权：在能力评估未通过原因分析的基础上制订再培训计划，尤其是对不合格内容和项目进行针对性再培训，经再培训后进行再评估，再评估合格后可恢复岗位授权；如再评估仍不合格，科主任将根据科室和该员工的具体情况对其调整相应工作岗位。

本章小结

　　临床实验室的人员管理工作内容主要包括岗位设置、人员资质、人员培训与考核、准入管理、人员能力评估授权等关键要素的管理。确立清晰的实验室组织管理结构，明确临床实验室岗位设置、资质要求，建立完善的实验室人员管理程序，明确人员管理的要求和流程是做好临床实验室人员管理的核心工作。实验室技术人员的资质应满足国家法律法规通用要求，还应满足具体岗位工作内容的特殊要求。实验室人员的持续培训是保证检验质量和安全的重要手段，应重视新进实验室人员的岗前培训和专业培训。临床实验室的日常沟通可以大致分为五类：与临床科室、与患者、与领导及职能部门、内部和外部的沟通。临床实验室人员沟通能力培养的过程中需要注意识别沟通对象，依据不同的对象使用不同的沟通策略，不仅能高效传递信息，还能促进理解，提高沟通质效。临床实验室的咨询服务为临床医生和患者提供专业的检验知识解读和结果分析，帮助医生更准确地诊断疾病，指导治疗决策，也帮助患者更好地理解自身健康状况，增强医患之间的信任，提高医疗质量。实验室人员能力评估和授权是指对完成指定工作岗位的能力进行系统和客观的评估，从而确定人员的履职能力状况。实验室应建立人员能力评估和授权的制度和流程，同时制订人员能力评估缺陷的识别方法和纠正措施，防止人员能力评估流于形式。

（王利新　王厚照）

第六章 设备与试剂耗材管理

> **通过本章学习，你将能够回答下列问题：**
> 1. 设备与试剂耗材的评价应包括哪几个方面？
> 2. 设备的标签标识卡包括哪些内容？
> 3. 检定和校准的区别和联系是什么？
> 4. 试剂和耗材的管理主要包括哪些流程？
> 5. 商品化试剂盒主要性能指标有哪些？
> 6. 如何通过优化设备与试剂耗材的全周期管理，实现降本增效？

　　科学技术的进步，促进了临床实验室设备向高通量、高灵敏度、运行流水线、多专业交叉和智能化方向发展。规范设备与试剂耗材的购置、维护、存储、保养、检定、校准等过程，保证设备与试剂材料等的正常使用，确保检测系统具有良好的溯源性、准确性和可靠性，是临床实验室质量管理的重要环节。本章将介绍临床实验室设备和试剂耗材的质量管理要求和工作流程。

第一节　概　述

　　临床实验室一般通过设备管理部门采购设备或试剂耗材。为保证实验室所需的设备与试剂耗材能满足质量和服务要求，实验室应主动参与、合理选择。《医学实验室质量和能力认可准则》（CNAS-CL02:2023）在资源要求中提出，实验室应制订设备选择、采购、安装、验收测试（包括可接受标准）、操作、运输、存放、使用、维护以及停用的程序，以确保其正常运行并防止污染或损坏，并建立试剂和耗材的选择、采购、接收、储存、验收试验和库存管理过程。实验室应对所有影响检验工作质量的服务和材料进行控制，规范外部服务和供应商的选择及评价，确保所购买的仪器设备、试剂和耗材符合有关检测方法的要求，能够提高实验室的效率、质量和成本控制水平，以保证检验工作顺畅、检测结果可靠。

一、制订内部管理文件

　　临床实验室应建立内部管理文件，包括对设备和试剂、耗材供应的选择，使用相关的质量手册、程序文件、操作手册和记录等。质量手册是指宗旨、方向，保证所使用外部服务和供应的质量；程序文件是指导性文件，配套操作手册和记录，包括采用何种形式对外部服务和供应进行选择、评价、验证、监控、再评价等。实验室所购买的设备和试剂、耗材等应符合实验室的质量要求。监控外部服务和供应的全过程，并形成记录，保存归档。

二、性能验证

　　临床实验室在选择和采购设备与试剂、耗材时需要对其性能进行验证，确保所选择的设备与试剂、耗材的性能能够满足质量要求。新选择设备或试剂、耗材可参考同行评议材料、现场开展性能验证（本书第八章详细描述了检验方法性能评价）、权威部门的数据、供应商的质量认证材料或符合性声明（如供应商通过的质量认证情况和其提供的质量标准）等作为性能验证材料，并结合本实验室的具体情况形成性能评价报告。

三、建立供货清单控制系统

临床实验室项目多，设备和试剂耗材种类繁多，必须建立供货清单控制系统。内容至少应包括实验室全部相关供应品的清单、供应商和厂商信息、供应品信息（包括批号、接收日期、投入使用日期、开封后的有效期和开封人等）及库存管理信息等，并对外部服务和供应质量做记录，该记录应保存一定时间。

建立供应清单控制系统，能够保证实验室物资的充足性，避免因物资短缺而影响临床实验室正常运转；同时建立管理系统，至少涵盖采购、入库、出库和盘点等功能，为实验室成本控制提供数据支撑；建立实验室供应品的溯源机制，保证物资符合质量要求，保证检验结果的可靠性。供货清单控制系统的建立可以帮助实验室管理者更好地了解实验室物资管理情况，及时调整采购策略和管理方式，提升实验室管理水平。

四、评价和选择

1. 评价 设备与试剂耗材的评价应包括三个方面：①供应单位情况，包括供应商和厂商的资质、信誉、质量状况等；②供应品的质量，包括临床实验室所需的检测仪器、辅助设备、试剂、质量控制品、玻璃仪器及其他耗材等；③服务情况，包括计量器具的检定/校准、人员的培训、售后服务（仪器设备的搬运、安装、维修、保养和售后服务等）。实验室对外部服务和供应的评价须有记录并保存；对核准的可采用的供方及其服务、产品清单等须形成记录并保存。

2. 选择 对于已招标的供应品，可直接从采购系统中的合格供应商目录中选择。对长期使用的供应品应定期进行质量或性能评价，以保证所选择的供应品持续满足检测质量的要求，或作为更换供应品和/或供应商的依据。新的供应品选择原则：①从同行或专家、国内外权威机构或书籍推荐的产品和供应商中选择；②确保供应商资格符合相关法律法规要求；③新的供应品在首次用于临床标本检测之前，应有适当的性能验证（如通过质控样品结果可接受性等证实），其性能验证指标包括精密度、准确度、携带污染、线性范围、最大稀释倍数、参考区间等，供应商提供的符合质量体系的文件也可用作证据之一；④当有多种外部服务和供应品（质控品、试剂等）满足以上性能验证要求时，医学实验室可根据其市场占有率、成本、服务等指标综合考虑。

第二节　设　备

临床实验室设备包括各类检测仪器、配套辅助设备和各种设施等，如全自动血细胞分析仪、全自动生化分析仪、冷库或冷藏冰箱、配套所需的离心机和制水机等。临床实验室设备的规范管理和有效控制，对于实验室正常运转及保障检验质量至关重要。

一、仪器设备的论证与购置

1. 仪器设备的论证 临床实验室仪器设备在购置前均须进行论证，主要涵盖医院建设规模、购置用途、临床价值、成本效益等。通过召开设备论证会议，调研设备的市场占有率，评价设备的性能和功能及实验室质量要求，尽可能选用质量好、价格合理、用途广泛、效益明显、实用性强的设备。

2. 仪器设备的采购 主要由医院设备管理部门组织开展招投标工作。我国现有的医疗卫生机构大部分属于公共事业单位，医疗设备和器材的购买须纳入《中华人民共和国招标投标法》规定的范围。

二、设备验收、安装与调试

1. 仪器的验收 对新购进设备、维修后设备、大型维护后的设备、搬迁后的设备或长时间未使用的设备，在使用前必须确认其是否符合预期的使用要求（主要包括安装、调试与验收），以保证设备的准确性、精密性、稳定性和安全性符合要求。

2. 设备的标识 仪器设备应建立唯一性标签标识卡（图6-1），内容包括编号、品名、型号、责任人、校准/检定周期等。对处于正常、维修、停用、报废等状态的仪器应进行明确标识。计量器具应有定期校准/检定合格标识。

仪器状态标识卡		
		编号：JYK-XY-001
合格	名称	全自动血细胞分析仪流水线
	型号	C-6000
	仪器编号	XY-101
	启用日期	2024年3月15日
	校准周期	六个月
	责任人	李**
	校准日期	2024年3月15日
	下次校准日期	2024年9月14日
	校准单位	**有限公司

图6-1 设备状态标识卡

3. 安装调试与技术验收

（1）安装调试：按合同规定供应方派合格技术人员进行安装调试，参加安装调试人员由使用部门有经验的高级职称工程技术人员与实验技术人员及操作管理人员组成。要先熟悉设备安装、使用说明书，了解仪器设备性能，掌握安装调试的基本要求。在安装调试过程中，应按说明书对设备的各项技术功能（包括软件功能）逐一调试，必要时应做实际操作。使用和维修人员应尽快熟悉和掌握仪器设备操作使用的关键技术。安装调试完成后，仪器设备应连续开机以验证设备可靠性，有关人员要做好安装调试记录存档，同时制订使用操作规程及管理制度。操作规程及管理制度应包括以下内容：使用人员应具备的技术条件，开机前注意事项及程序，安全措施，操作步骤，日志文档，设备发生意外时的处理措施，维修保养记录，更换人员交接手续等。

（2）技术验收：是对仪器设备的功能配置验收与技术性能指标检测。功能配置验收应根据招标文件和合同技术配置单中提供的各项功能（包括软件版本），逐项核对并进行操作演示，检查是否缺少或与合同不符的内容，设备是否能正常工作，并做记录。这项工作也可与设备调试同时进行。技术性能指标检测应根据招标文件或合同技术配置各项可测技术性能指标。按厂方提供的测试条件，对设备逐项进行测试。对检验结果应作出合格与不合格结论，并做好记录。检验验收报告应由参加检验各方共同签字。

对不合格检测设备应由生产厂商负责重新调试或更换新部件,直至测试合格。对功能配置不符或技术性能指标达不到出厂技术要求,又无法调整复原者,应向供应商提出更换或技术索赔。进口设备索赔工作应通过商检部门鉴定、签发鉴定证书,由外贸代理机构协助进行,并报海关备案。技术验收合格后要及时提交验收报告,由临床实验室与设备管理部门进行归档保存,设备即可投入正常使用。

三、设备检定和校准

《医学实验室质量和能力认可准则》(CNAS-CL02:2023)提出实验室应规定对校准和溯源的要求,以保持检验结果报告的一致性。对分析物测量的定量方法,应包括校准和计量溯源要求。

2020 年 10 月 26 日《市场监管总局关于调整实施强制管理的计量器具目录的公告》(以下简称《目录》)规定:列入《目录》且监管方式为"型式批准"和"型式批准、强制检定"的计量器具应办理型式批准或者进口计量器具型式批准;其他计量器具不再办理型式批准或者进口计量器具型式批准。列入《目录》且监管方式为"强制检定"和"型式批准、强制检定"的工作计量器具,使用中应接受强制检定。其他工作计量器具不再实行强制检定,使用者可自行选择非强制检定或者校准的方式,保证量值准确。

检定(verification)指查明和确认计量器具是否符合法定要求的程序,包括检查、加标记和/或出具检定证书。

临床实验室一般将校准(calibration)分为设备的校准(性能校准)和检测系统的校准(功能校准)。设备的校准:大型仪器由工程师在仪器安装使用后定期进行,主要校准仪器的光路、温控、加样的量值溯源性及仪器的光、机、电三部分的技术参数,还包括小型设备的校准,如冰箱、天平、温湿度计、移液器和离心机等。检测系统的校准(功能校准):由检验人员使用校准物(或标准品)进行的分析校准。本节的校准指的是设备的校准。

1. 设备的检定 临床实验室使用的设备仅压力表在《目录》中需"型式批准、强制检定",其他设备校准即可,包括以下流程。

(1)临床实验室应设置设备管理员岗位,负责定期收集需要外送检定的计量设备(如压力表、体温计、称重显示器),分类整理,报质量负责人审核,实验室主任审批。

(2)报医院设备管理部门审批并联系法定计量检测机构来检或送检。

(3)临床实验室应制订程序,明确设备检定或校准基本要求,按程序要求验收检定或校准报告。

2. 设备的校准 这里的校准主要是进行定量检测的设备,包括定期或不定期校准,一般由实验室上报设备管理处,由设备处联系计量院或设备维保厂商到实验室开展设备校准,主要包括以下流程。

(1)设备在投入使用前应进行校准,以确保其能够满足实验室的规范性要求和相应的标准(溯源性和其他技术性能的要求)。

(2)停用后经过修复的设备再次使用前,应重新校准以确保其正常工作。

(3)实验室应制订年度校准计划,并校准涵盖对结果有重要影响的仪器关键参数或量值。

(4)小型计量设备(如温度计、移液器、移液管等)送当地计量检测机构进行校准;较大设备(如大型分析仪器、离心机、分析天平和冰箱等)一般由计量检测机构人员或设备维保厂商现场进行校准。

(5)对大型分析仪器(如生化分析仪、化学发光仪等),由各实验室组长配合仪器管理员联系仪器工程师,在进行校准前,对仪器进行全面、系统的保养。由工程师出具仪器检修报告,以明确仪器运转良好。

（6）仪器校准完成出具的校准报告由实验室组长签字确认后，提交实验室主任或其委托签字人认可。

（7）设备按要求开展校准工作（可根据国家行业规定、厂家要求和实验室需要策划校准时间与要求），校准后得到的修正因子应有记录和备份，并保证校准因子得到正确的更新。

（8）仪器校准后的验证可采用的验证方法包括室内质控在控、室间质评获得良好的结果或室间比对合格，检测项目的允许不精密度[通常以变异系数（coefficient of variation，CV）表示]达到仪器要求的允许范围。

（9）在进行年度校正和/或校准时，须出具一份完整的报告以表明仪器处于良好的性能状态。报告的内容包括仪器名称、仪器型号、仪器编号或序列号、工作环境状态（温度、湿度、电源是否符合要求）、系统保养、光路校正及机械检查的内容、校准品名称、厂家、批号、校准的项目、对校准曲线的评价、室内质控、精密度测定、附页（原始数据或其他材料）。

（10）校准合格的设备和检测仪器应当标明该仪器已校准的日期、下次校准的日期及校准人。

3. 校准与检定的区别 表6-1描述校准与检定的主要区别。

表6-1 校准与检定的区别

内容	校准	检定
目的	对照计量标准，评定测量装置的示值误差，确保量值准确，属于自下而上量值溯源的一组操作	对测量装置进行强制性全面评定。这种全面评定属于量值统一的范畴，是自上而下的量值传递过程
对象	强制性检定之外的测量装置	国家规定强制检定的测量装置
性质	不具有强制性，属于组织自愿的溯源行为	属于强制性的执法行为，属法制计量管理的范畴
依据	根据实际需要自行制定的"校准规范"，或参照检定规程要求	《计量检定规程》，这是计量设备检定必须遵守的法定技术文件
方式	可以自校、外校，或自校加外校相结合的方式进行	必须到有资格的计量部门或法定授权的单位进行
周期	根据使用计量器具的需要自行确定	必须按《计量检定规程》的规定进行，机构不能自行确定
内容	评定测量装置的示值误差，以确保量值准确	对测量装置的全面评定，要求更全面，除了包括校准的全部内容之外，还需要检定有关项目
结论	是评定测量装置的量值误差，确保量值准确，不要求给出合格或不合格的判定	必须依据《计量检定规程》规定的量值误差范围，只给出测量装置合格与不合格的判定
法律效力	适用于加入互认协议的每个国家，在国际上通用	仅用于国内，部分国外审核不承认检定证书

注：《计量检定规程》指由原国家质量监督检验检疫总局发布的《中华人民共和国国家计量检定规程》。

四、设备使用、维护、转移和报废

1. 设备的使用 实验室应制订设备标准化操作程序（SOP），并组织操作人员培训、考核及授权。严格执行标准操作规程并做好使用记录。

2. 设备的维护 实验室应制订和落实仪器维护岗位职责，包括每日维护、每周维护、每月维护、每季度维护和必要时维护等由专人或专岗负责，做到制度化和责任制，以确保仪器设备处于正常运行状态。大型分析仪器有相关维护保养规定，主要包括：①每日维护，指每天仪器外部的清洁、开机前的检测与管道冲洗、工作结束后的清洗、断开电源、清理废液等。

②每周维护,包括对仪器管路的清洗、接触血样部件的擦洗、仪器机械部件运行情况的检查等。③每月维护,包括对机械部件的润滑、试剂残留物及灰尘清洗、通风滤网清洗等。④每季度维护,主要是对检测结果起关键作用部件的特殊维护,如血气分析仪电极膜更换等。⑤必要时维护,指仪器在任何时候出现检验结果不准确或不能运行时,有必要对某一部件进行保养。每台设备均须配备维护维修日志,将故障维修记录于其中,每个事件都需要按照发生的顺序识别和记录。

3. 仪器的转移与报废

(1)仪器的转移:一般来说,临床实验室的仪器设备不外借,也尽量少移动。若仪器需要在实验室内部进行位置转移或外借给其他单位时,一定要征得临床实验室负责人或设备管理部门的同意,方可转移或外借使用。

(2)仪器的报废:对故障率高、维护费用高且技术落后的仪器可申请报废处理。报废处理由临床实验室申报到有关部门,由有关部门组织专家鉴定符合报废标准后方可报废。报废的仪器应经过消毒处理才能移出临床实验室,并做好报废及转移记录,包括仪器报废的审批文件、报废仪器的去向、报废后的处理方式、经手人姓名等记录。

五、固定资产管理

(一)管理责任分工

1. 实验室主任 负责仪器设备选择、申购、报废等的批准签署。

2. 技术负责人 即临床实验室设备管理负责人,负责指导和监督仪器设备管理员的工作,负责指定重要设备负责人和重要设备操作人员的合格准入。

3. 仪器管理员 负责设备使用、维护和校准状态的监督;协助设备负责人和使用人员的培训及能力监督;负责全科仪器档案的建立(包括项目配置表),与文档管理员共同进行仪器档案管理。

4. 实验室组长 负责本组设备的选择、验收、使用、维护、维修、校准等的全面管理,以及制订与实施本组仪器的维护、保养、维修和使用人员培训的程序。

5. 设备使用人 负责设备的日常维护和使用情况记录,当仪器故障时上报实验室组长。

(二)管理制度和档案资料

1. 实验室仪器管理制度

(1)各种检测仪器按医疗器械进行登记,实行专人保管,定期维护保养。

(2)小型精密仪器应设专柜存放,实行专人使用、保养、保管责任制。

(3)各种精密仪器设备,须经校准合格后方可使用。

(4)新购仪器设备,检验人员须经系统培训、授权、考核后才能上岗。

(5)按规定办理仪器设备报销、报废手续。

2. 档案资料 仪器设备档案是确保各种仪器设备正常使用、维护及进行技术性能开发的重要材料。临床实验室应建立仪器设备资料库存放各种专业仪器的资料,健全档案,统一保管,实行岗位责任制,或建立仪器设备管理数据库,实现计算机网络信息化管理。仪器设备档案的管理应做到系统、完整和及时。

第三节 试剂与耗材

试剂包括商品化或内部制备的物质、参考物质(校准品和质控品)、培养基;耗材包括移液器吸头、载玻片、反应杯等。临床实验室所使用的大部分试剂为商品化试剂盒,少数为自配试剂。通过建立严格规范的试剂管理制度,确保所购买或配制的试剂符合国家相关法律法规要求,满足实验室对检测方法的要求,保证检测结果准确可靠,是保证实验室工作有序开展、提高检验质量的基本要求。此外,加强试剂管理是控制实验室运行成本的最有效途径。《医学实验室质量和能力认可准则》(CNAS-CL02:2023)提出实验室应建立试剂和耗材的选择、采购、接收、储存、验收试验和库存管理过程。

一、试剂和耗材的管理

1. 建立健全管理制度 建立"试剂供应控制程序""试剂管理程序""供应商评价程序"等程序文件,从文件层面规范试剂的管理;根据程序文件制订"试剂管理制度"和"试剂管理流程"。实验室试剂的日常使用应严格遵照上述文件和制度进行管理,使用的各个环节均应如实记录在案。临床实验室试剂保存应有专门的仓库和冷库,由专人负责。试剂和耗材应分开放置,由不同的管理人员负责保管,其购买、签收、入库、出库等应有严格的管理制度。

2. 试剂预算和购买 由临床实验室根据库存量、有效期、日消耗量等统一预算购买。采购任务由职能科室专人负责,实验室通常不能擅自与生产厂家或经销商联系购买。

3. 建立健全明细账目 明细账目应分门别类造册进行统一管理。明细账目包括试剂或材料的名称、种类、规格、库存量、生产厂家、有效期、放置位置、保存方式、入库量、入库时间、出库量和时间、经手人等。

4. 入库登记 试剂购买或领取后,由试剂管理员签收、保存、登记。

5. 验收和存储 临床实验室试剂与耗材的验收和存储过程非常重要,验收和存储试剂时应考虑如下内容:①验收试剂。检查包装完整性;检查标签,确认试剂名称、批号、生产日期和有效期等信息;检查外观,如颜色、透明度等;根据实验室的操作规程,进行必要的验收记录和登记。②存储试剂。根据存储要求,选择合适的存储条件,如温度、湿度等;存放在干燥、阴凉、避光的地方,避免阳光直射;对于需要冷藏或冷冻的试剂,确保温度稳定和恒定;定期检查试剂的存储条件和有效期,确保试剂的质量和稳定性。

6. 试剂领用 领用试剂时,须经实验室主任或委托专人签字同意后,由保管人员核定发出,并做好登记。登记的内容包括领用物品的名称、规格、数量、领用人和领用日期等。

7. 月报表 每月月底保管人员应彻底清查试剂的库存量、本月消耗情况、即将失效的试剂、急需购入或补充的试剂并呈报给临床实验室主管领导。

8. 计算机软件管理 临床实验室可使用实验室信息系统的试剂管理模块或独立的试剂管理系统软件进行试剂管理。所需信息检索查询快捷,包括入库时间、入库单号、品名、数量、规格型号、产品序列号、单价、发票号、生产厂家、供货方、生产批号、失效日期等查询管理,且具有库存自动预警功能,包括试剂有效期警告和库存量极限警告,并且记录库存盘点时间,动态了解试剂使用情况,避免订购过量或不足,方便管理人员直观、准确地掌握试剂的使用情况。

二、试剂

(一)化学试剂

溶液配制需要使用各种化学试剂。化学试剂的分类、性质、规格及使用是临床实验室工作人员应当掌握的基本知识。

1. 化学试剂的分类与品级 化学试剂品种繁多,目前没有统一的分类方法,一般按用途或品级分类。

(1)按用途:常见的化学试剂包括生化(biochemical,BC)试剂、生物试剂(biological

reagent，BR）、生物染色剂（biological stain，BS）、络合滴定用（for complexometry，FCM）、光谱用（for chromatography purpose，FCP）、微生物用（for microbiological，FMB）、显微镜用（for microscopic purpose，FMP）、合成用（for synthesis，FS）、气相色谱用（gas chromatography，GC）、高效液相色谱用（high performance liquid chromatography，HPLC）、红外吸收（infrared adsorption spectrum，IR）。

（2）按品级：主要根据化学试剂的纯净程度而定（表6-2）。

表6-2 化学试剂等级

名称（符号）	等级	标签颜色	试剂纯度	主要用途
优级纯（GR）	一级品	绿色	保证试剂，纯度高，杂质含量低	精密科研和配制标准液
分析纯（AR）	二级品	红色	纯度略低于优级纯，杂质含量略高	科研和临床定量与定性分析
化学纯（CP）	三级品	蓝色	质量略低于二级试剂，高于实验试剂	教学和一般化学分析定性分析
实验试剂（LR）	四级品	黄色	杂质含量较高，比工业品纯度高	一般定性试验

化学试剂中，部分指示剂标签不明确，只写"化学试剂""企业标准"或"生物染料"等。一些常用的有机试剂、掩蔽剂等级别不明确，可作为"化学纯"试剂使用，必要时可进行提纯。

2. 化学试剂的管理 化学试剂大多数具有一定的毒性及危险性，加强实验室化学试剂的管理，不仅是质量控制的需要，也是确保人员及实验室安全的一项重要工作。

（1）环境：化学试剂的保存环境须保持空气流通，湿度为40%～70%，避免阳光直射，温度控制在28℃以下，照明应为防爆型。

（2）容器：见光分解的试剂应装入棕色瓶内，碱类及盐类试剂不能装在磨口试剂瓶内，应使用胶塞或木塞。

（3）存放：按固体、液体和气体分开存放，归类存放。特别是化学危险品，应按其特性单独存放，实行双人双锁管理。

（4）安全：性质不同或灭火方法相抵触的化学试剂不能同室存放，化学试剂储存室内应有消防器材。

（5）保管：专人保管，建立严格的账目和管理制度。

3. 易制毒化学试剂管理 详见第三章"安全管理"。

4. 自配化学试剂的管理内容

（1）配制好的试剂瓶标签应写明名称、浓度（效价、滴度）、配制日期和失效日期、储存条件、配制人姓名等。有毒试剂按使用量进行配制，如剩余少量试剂应送由专人、专柜保管。

（2）自配试剂使用前须进行性能验证，符合要求方能使用。性能验证报告应保存以备查阅。应及时检查自配试剂的剩余量，以免影响临床工作。

（3）废弃的试剂不能直接倒入下水道，特别是易挥发、有毒的化学试剂，应倒入专用的废液瓶内妥善处理。

（4）带有放射性的试剂应存放于专用安全场所，远离生活区。

（二）试剂盒

商品化试剂盒可在临床实验室中使用，为实验室工作带来了极大的方便。选择符合实验室分析要求的试剂盒是保障检测结果质量的关键。

1. 主要性能指标

（1）准确度：通常以回收率、定值血清的靶值范围、对照试验及干扰试验的结果来分析判断。回收率越接近100%，准确率越高，一般以100%±5%为合格。对于某些无法准确加入标准物的试剂盒,可用低、中、高浓度的定值血清替代,测得值符合定值血清的靶值范围视为合格。

(2)精密度:试剂的瓶间差异、批内和批间差异三组测定值,通过求平均值、标准差、变异系数等计算精密度。

(3)线性范围:指该试剂盒按其说明使用时可准确测量的范围。试剂盒的测定线性范围是衡量试剂盒质量的重要指标。原则上应覆盖临床的参考区间和常见疾病的医学决定水平。

(4)检出限:指在定量分析中,试剂盒检测方法可检测出的最低被测物浓度,也称为检测低限或最小检出浓度。

(5)稳定性:是指试剂盒在规定条件下储存仍保持其性能指标的期限,该期限应符合规定的储存期。评价时必须保证储存条件并要求严防污染。

(6)均一性:试剂的均一性问题主要表现在三个方面,即试剂盒在原料干粉生产过程中每一组分的均一性,分装过程中由加样误差引起的均一性,以及使用过程中复溶试剂的加入误差造成瓶与瓶间同一组分浓度不尽一致引起的均一性问题。

2. 选购要求和注意事项

(1)选购试剂盒的要求:①所选购的试剂盒特异性、灵敏度、准确度、精密度均符合国家相关法律法规;②尽量选用储存期较长的试剂盒;③水溶性好,无腐蚀,无毒害,不爆炸,不易燃,不污染环境。

(2)选购试剂盒的注意事项:①仔细阅读试剂盒的说明书,对试剂盒选用方法有所了解。此外,对试剂盒的组成、方法性能指标加以分析,检查其实验参数是否与本单位自动分析仪的实验参数相符。②对试剂盒的包装、理学性能、方法学性能指标进行考察和检测,符合说明书规定及本实验室要求者方可选购。③根据本单位的日工作量、分析仪器试剂用量、试剂复溶后4℃稳定期等因素综合分析,选购具有合适包装、近期出厂的产品。④注意季节对试剂质量的影响。

3. 试剂的保存 大部分生物试剂需要冷藏或室温保存,要严格按照试剂说明书的要求保存,保证其稳定性。例如,血液分析仪的试剂和尿液分析仪的试纸条一般在室温(15~30℃)保存,切勿冷冻或冷藏。试剂不宜长时间存放,各专业组可按其用途分开放置,便于查找。生物试剂有效期长短不一,未开启的试剂有效期长,开启后有效期缩短。对虽在有效期内但已变质的试剂盒,应及时按实验室相关管理流程申请停用。

三、耗材

(一)耗材的种类与用途

1. 玻璃器材

(1)分类:常用玻璃器材分为容器类和量器类。容器类玻璃器材为常温或加热条件下物质的反应容器和储存容器,包括试管、烧杯、锥形瓶、滴瓶、漏斗等。量器类玻璃器材用于计量溶液体积,包括量筒、移液管、吸量管、容量瓶、滴定管等。

(2)清洗:玻璃器材的清洗分为一般清洗和特殊清洗。

(3)存储:应有专门的仓储场所,玻璃试管按不同规格放置,同一规格的试管按一定的数量用纸包好后再放置。吸管应每根用纸包好,特别要注意管尖的保护。量杯、量筒应设置专门的放置架。烧杯、试剂瓶、平皿、容量瓶等玻璃器材放置时,箱内要有柔软物质把玻璃器材彼此隔开,如牛皮纸、海绵等,或把上述玻璃器材放入专用橱柜。

2. 一次性塑料制品 临床实验室使用的一次性塑料制品主要有真空采血管、一次性注射器、一次性塑料试管、离心管、标本杯、培养皿、吸头等。

（1）一次性注射器：一般由聚丙烯塑料制成，经环氧乙烷或 γ 射线消毒灭菌，无毒，无菌，无热源。临床实验室主要用来抽取血液标本，常用规格有 2ml、5ml 和 10ml 等。

（2）真空采血管：真空采血系统在我国临床实验室广泛应用，可参照《真空采血管的性能验证》（WS/T 224—2018）有关质量管理评价相关内容。

（3）一次性塑料试管：大多由聚丙乙烯塑料制成，临床实验室常用来盛装血液标本，也可以用作某些试验（放射免疫等）的反应管。由于使用方便、规格多、价格低，一次性塑料试管在临床实验室得到广泛应用。

（4）吸头：指与移液器配套使用的一次性吸头。吸头虽小，但对检验结果的影响很大，主要是与移液器之间的匹配程度。如果是定性试验，一般与移液器匹配的吸头能满足试验的质量要求；如果是定量试验，除了移液器本身需要计量准确以外，对吸头要求也较高，二者不但要严密匹配，加样后的残留量还要小。

（5）离心管：广泛应用于临床实验室的标本采集、离心分离、标本保存和运送。

（6）标本杯：临床实验室的许多自动化仪器须用一次性塑料标本杯，如自动生化分析仪、发光免疫分析仪等。

（7）培养皿：指用于细菌培养的塑料平皿，常用规格有直径 7cm、9cm 和 12cm。它具有轻便、一次性使用、易灭菌、免清洗的优点，部分取代了玻璃培养皿。但它也有缺点，除成本增加以外，塑料的透明度不如玻璃，观察菌落时必须打开。

（二）耗材的管理与质量保证

一次性实验用品涉及的种类越来越多，在临床实验室的用途也越来越广，应制订相应的文件对其进行管理。

1. 材料验收 向持有三证（注册证、生产许可证、经营许可证）的商家购买，严格认定生产批准文号、合格证、使用有效期等。每购置一批一次性实验用品，都要由相关人员进行质量验收和登记，并定期对购置的一次性无菌物品进行抽查检测。

2. 材料保存 一次性实验用品应有严格的保管制度，物品应存放于阴凉干燥、通风良好的物架上。无菌器材如发现包装破损，须禁止使用。

3. 材料的无害化处理 指加强一次性实验用品使用后的无害化处理。实验室将使用后的吸管、试管、采血针、注射器针头等分类后进行消毒、毁形处理，然后医院统一回收，集中处理。

本章小结

临床仪器设备与试剂的质量管理，是临床实验室质量管理的重要部分。在仪器设备采购前进行性能评估，使之满足临床实验室的检测需求和质量管理要求。实验室应制订仪器使用程序，建立完善的设备维护和管理制度，保证仪器设备的正常使用和检验结果的准确性，并有助于延长仪器的使用寿命和提高使用效率。实验室应建立仪器校准和计量学溯源程序，实验室的所有仪器检测设备必须通过计量检定或校准合格方可使用。临床实验室应建立试剂和耗材管理制度，严格管理，包括试剂耗材的采购、存储、标识、使用、清理、库存管理和报废处理等环节。临床实验室还应加强对自配试剂的质量管理，确保实验室工作的顺利进行和结果的准确可靠。

（黄宪章）

第七章 检验前质量管理

1. 检验申请单应包含哪些基本要素?
2. 检验结果一般受哪些检验前因素的影响?
3. 标本采集容器与添加剂应如何选择?
4. 血液标本采集的顺序是什么?
5. 不合格标本拒收标准主要包括什么?
6. 如何保证标本采集程序的质量?
7. 标本转运时有哪些注意事项?
8. 临床实验室如何通过临床沟通与培训等,提升检验前质量?

检验前质量管理(pre-examination quality management)是指对检验前过程各个环节进行质量控制,保证标本的检验结果能够反映患者真实状态所采取的纠正与预防措施。检验前过程始于临床医生提出检验申请,止于启动分析检验程序,其主要环节包括检验申请、患者准备、原始标本采集、标本转运到实验室、在实验室内部传递及检验前标本的预处理等。临床实验室调查结果显示,在导致检验结果错误或引起结果偏差的影响因素中,60%~80% 来自检验前。因此,检验前质量管理是保证检验结果准确的关键。

第一节 检验项目申请

检验项目申请(examination item request)是检验活动的开始。正确的检验申请是检验前质量保证的第一步,本节主要阐述检验申请的质量管理。

一、检验项目选择

(一)检验项目选择的原则

随着科学技术的进步与发展,检验项目层出不穷,它们在疾病的预防、诊断、治疗过程中发挥着越来越重要的作用。临床医生在充分了解患者病情的基础上,根据诊疗需要选择合适的检验项目,遵循针对性、有效性、时效性和经济性四个原则。

1. 针对性 是指选择的检验项目要符合临床医生的检验目的。例如:诊断糖尿病选择空腹血糖、随机血糖、口服糖耐量试验和糖化血红蛋白测定;日常监测血糖可采用患者自身血糖监测、静脉血糖检测和糖化血红蛋白监测;糖尿病病因鉴别可测定糖耐量、血清 C 肽、胰岛素和胰岛素自身抗体等。某种疾病相关的检测指标众多时,要根据诊疗需要,选择有价值的检验项目或联合检测项目。

2. 有效性 是考虑检验项目的诊断灵敏度和特异度。临床医生须根据筛查、诊断和监测等不同目的选择不同的检验项目。筛查试验优先选择敏感度高的试验,以防漏诊;诊断试验优先选择特异度高的试验,以防误诊(具体见第九章"检验项目诊断效能评价")。例如:

在筛查卵巢癌时可选用敏感性高的人附睾蛋白4（HE4），但在确诊时应选用特异性强的病理学检查。

3. 时效性 即检验结果回报的及时性。对于危急重症患者，检验项目的时效性尤为重要。例如：怀疑细菌感染导致的发热，可以采用血液细菌内毒素检测或降钙素原检测，快速给临床提供诊断依据；怀疑心肌梗死，采用快速检测方法（如POCT等）进行心肌标志物检测，能及时对梗死时间及范围进行初步判断，临床应用价值大。

4. 经济性 检验项目选择也需要考虑患者的经济负担，在遵守临床诊疗规范的前提下尽可能节省费用。例如：在临床感染性疾病诊疗中，病原学检测是重要手段，常包括病原培养、核酸扩增、病原微生物宏基因组测序（mNGS）等。如果相对检测费用低的培养和核酸扩增等方法即可明确诊断，则无须进行mNGS检测。

检验项目的选择在遵循以上原则的基础上，可结合医院的资源和技术条件，制订一套科学、规范、合理的检验流程，即检验项目选择与临床应用路径，帮助医生深入学习、合理选择检验项目，提高检验项目选择的科学性，提高检验效率，减少检验成本，为临床提供更好的医疗服务。

（二）检验项目联合检测

检验项目的数量逐年增多，单一检验项目往往难以满足临床诊疗的需求，不同检验项目的敏感性、特异性及预测值也存在差异。如何联合有价值的检验项目、获得更有意义的临床信息，是临床医师和检验人员共同面临的挑战。常见的检验项目联合检测原则如下。

1. 根据疾病发生和演变特征优化联合检测 例如：心肌标志物是国际心脏病学会制定的心肌梗死的三个诊断标准之一，由肌红蛋白（MYO）、肌钙蛋白及肌酸激酶同工酶MB（CK-MB）三个指标组合而成，不仅可以检测是否有急性心肌梗死发生，还可以推测心肌梗死发生的时间。

2. 根据疾病的筛检、监测等目的优化联合检测 例如：对于糖尿病可以根据不同的目的采用不同的检验项目或联合检测项目，辅助糖尿病的诊断，监测疾病的进展，早期发现并发症等，具体可参考表7-1。

表7-1 糖尿病相关检测指标联合检测

用途	项目
糖尿病的诊断	血糖、糖耐量、糖化血红蛋白
血糖控制程度的监测	血糖、糖化血红蛋白、糖化血清蛋白
监测疾病的进展、糖尿病肾病的早期发现	尿微量白蛋白
糖尿病分型的依据	胰岛素、C肽、自身抗体等

3. 根据检测方法学特点优化联合检测 某些检测指标在不同检测方法中的灵敏度和特异度有显著差异，可采用不同的检测方法进行串联或并联，以增加其敏感性和特异性。例如：粪便隐血试验，化学法对上消化道出血敏感性较高；免疫胶体金法对下消化道出血特异性较强，但血红蛋白经过消化道的破坏，其对上消化道出血的敏感性较低。因此可采用化学法和免疫胶体金法联合，进行粪便隐血试验，提高诊断消化道出血的准确性。

4. 根据组织和器官功能特点优化联合检测 评价器官功能特点时须考虑器官的各种功能。例如：肝脏是人体代谢的重要脏器，其功能包括物质代谢、胆汁生成和排泄、生物转化、免疫、凝血因子合成等，单一指标难以全面反映肝脏功能，如须对肝脏功能进行全面评价，可联合检测反映肝脏功能的不同指标，如表7-2所示。

表 7-2 肝脏功能检测指标联合检测

用途	指标
肝细胞坏死和损伤	AST、ALT、ADA、LDH
肝脏排泌及生物转化功能	TBil、DBil、TBA、NH$_3$
肝脏蛋白质合成功能	ALB、CHE
凝血因子合成功能	PT
肿瘤初筛	AFP、AFU
再生及胆道通畅情况	ALP、5'-NT、γ-GT
肝纤维化指标	PCⅢ、Ⅳ-C、LN、HA

注：ALT, 丙氨酸转氨酶；AST, 天冬氨酸转氨酶；ADA, 腺苷脱氨酶；CHE, 胆碱酯酶；LDH, 乳酸脱氢酶；TBil, 总胆红素；DBil, 直接胆红素；TBA, 胆汁酸；NH$_3$, 血氨；ALB, 白蛋白；PT, 凝血酶原时间；AFP, 甲胎蛋白；AFU, α-*L*-岩藻糖苷酶；ALP, 碱性磷酸酶；5'-NT, 5'-核苷酸酶；γ-GT, γ-谷氨酸转肽酶；PCⅢ, Ⅲ型前胶原；Ⅳ-C, Ⅳ型胶原；LN, 层粘连蛋白；HA, 透明质酸。

二、检验申请信息基本要素

检验申请实质上是临床医生与实验室之间签订的服务协议，目的是使检验项目与结果满足临床诊疗的需要。检验申请的基本原则是及时申请、信息齐全。常规检验申请包括纸质形式和电子形式。纸质申请适用于实验室信息系统不发达的实验室或信息系统故障时应急检验申请；电子申请实现办公无纸化，且信息齐全、完整，可追溯全程。此外，口头申请是没有"申请单"的一种申请形式，临床实验室在实际工作中经常会接到临床医生电话或口头通知，要求对已送检的标本变更检验目的或附加检验项目。各临床实验室可根据医院和实验室的实际情况，制订管理口头申请的检验程序，包括在规定时限内向实验室提供常规检验申请。

检验申请信息基本要素主要包括患者信息、医生信息、原始标本信息和申请项目信息四个方面。

1. 患者信息 除了姓名、性别、年龄、唯一性标识（如住院号/门诊号/病案号）等基本信息之外，还应包含患者的临床诊断。患者信息可辅助检验人员审核检验报告。首先，部分检验项目的参考区间与患者的性别及年龄有关，如血细胞分析。其次，检验人员的报告审核除了要掌握检验专业知识外，还须结合患者临床诊断、各检测参数内在的联系、逻辑关系及检验前影响因素等，其中临床诊断是最重要的因素，如临床诊断为多发性骨髓瘤的患者，如果总蛋白和球蛋白显著增高，可认为结果可靠，予以审核报告。再次，对于采用了电子病历的医院，可通过患者唯一性标识获得更多的临床资料，如发生检测结果与临床资料相矛盾的情况，须进行适当的复查或与临床医生沟通后再签发报告。

2. 医生信息 至少应包括医生姓名（或工号）、科室、申请时间（院外委托标本还须注明委托单位）。申请医生的信息主要用于出现检验结果与病情不相符或出现危急值时，能够快速联系临床医生。

3. 原始标本信息 包括原始标本的类型及添加剂、采集部位、采集时间和采集人信息等。原始标本信息主要用于辅助检验人员初步判断标本是否符合要求，对于不合格标本能够尽快退回或及时与临床医生联系。

4. 申请项目信息 是检验申请的核心内容，即申请检验的项目或联合检测项目。检验申请单应准确描述申请项目信息。

三、检验申请程序质量管理

（一）检验申请操作程序

检验申请应遵循以下具体程序。

1. 确定检验项目 应根据患者的病情和临床问题，选择合适的检验项目或联合检测项目，辅助疾病的诊断、治疗或预后评估。

2. 确定标本类型 部分检验项目如肌酐、淀粉酶等既可以检测血，也可以检测尿，但是其临床意义和参考区间有区别，检验申请者应根据需要选择标本类型。

3. 明确标本采集时间 应根据检验项目的特点确定最佳标本采集时间，提高检测的灵敏度，减少检验前误差对检验结果的影响。

4. 明确标本采集前注意事项 根据检验项目的检验前影响因素，告知患者是否需要空腹、禁忌特殊食物、药物影响等。

5. 填写检验申请单 填写申请单，完成检验申请程序。

（二）检验申请质量保证

检验申请是临床检验前阶段的第一步，通过检验申请单的形式反映出来。检验申请的质量保证主要是正确、规范填写患者信息、检验项目名称、标本类型、临床诊断、申请人员信息、标本采集时间等要素信息。

第二节 标本采集质量管理

一、标本采集指导

标本采集（specimen collection）是检验前质量管理的重要环节，影响因素多，潜在变异大。临床实验室的标本采集大部分在实验室外完成，涉及医生、护士、患者等。了解和控制影响标本采集的各种因素，对采集人员进行培训指导，可显著改进检验前质量，使标本检测结果能够真实、客观地反映患者的病情。

（一）标本采集的影响因素

标本采集前影响检验标本质量的因素，包含但不限于以下几个方面。

1. 生物变异对检验结果的影响

（1）年龄和性别：某些检验项目因年龄和性别的不同而参考区间有较大差异。例如：儿童处在骨骼生长和发育旺盛期，表现为成骨细胞分泌碱性磷酸酶（ALP）增加，生长期儿童的 ALP 活性比健康成人大约高 3 倍；肌肉相关性分析项目如肌酐（Cr）和肌酸激酶（CK），男性的水平明显高于女性，但运动量大的女性，因其肌肉质量增加，Cr 及 CK 与男性相当；男性与女性的性激素水平、红细胞（RBC）、血红蛋白（Hb）等亦存在差异。应根据年龄和性别，制订这些检验项目的参考区间。

（2）生理周期及妊娠：女性的性激素水平随月经周期不断发生变化；孕妇的激素检测结果呈独特的"妊娠参考区间"。临床医生在分析检验结果时，应充分考虑女性生理周期及妊娠的影响。

（3）昼夜节律：应了解昼夜节律对检验结果的影响。例如：皮质醇（CORT）的分泌高峰在清晨 6 时左右，随后下降，午夜到凌晨 2 点左右为分泌低谷；促甲状腺激素（TSH）在深夜达最高峰，正午时分最低。若须检测这类项目，需要规定统一的标本采集时间或者根据诊疗需要选择采集时间。

（4）地域：由于适应性需求，RBC、Hb 等随海拔升高而升高。

（5）季节变化：严寒、酷暑等恶劣天气条件可导致外周血中性粒细胞计数增高。

2. 药物对检验结果的影响　药物可以通过干扰检验方法本身、直接影响人体生理状态、与检测分子相互作用等机制，影响检验结果。例如：维生素 C 对测定尿酸（UA）、葡萄糖（Glu）、胆固醇（TC）和甘油三酯（TG）有显著的负干扰，且容易使尿糖检测出现假阴性；低分子肝素可导致活化部分凝血活酶时间（APTT）和凝血酶时间（TT）明显延长，甚至不凝固。

3. 体位对检验结果的影响　人体分别处于站立位、坐位及卧位时，伴随着体内电解质及水分在血管及组织间隙之间的流动，一些不能通过血管的大分子物质浓度会发生变化，如蛋白质、酶类等。可以被滤过的小分子物质不受体位的影响，如葡萄糖（Glu）。检测血浆肾素（PRA）和醛固酮（Ald）时，卧位采集血液反映患者基础状态下的水平，立位活动 4 小时后（或给予呋塞米并立位活动 2 小时后）采集血液反映患者激发状态的水平。卧位时 PRA 活性约为立位时的 50%。

4. 运动对检验结果的影响　根据其机制可分为两方面。一方面，运动可通过出汗及呼吸改变人体内液体容量及分布，血液中的许多成分水平与机体静止时会有较大差异。如运动可引起乳酸脱氢酶（LDH）、丙氨酸转氨酶（ALT）、天冬氨酸转氨酶（AST）、肌酸激酶（CK）等升高，血中钾（K^+）、钠（Na^+）、钙（Ca^{2+}）、白蛋白（ALB）及血糖（Glu）等成分也将发生变化。另一方面，剧烈运动可使人体处于应激状态，可使白细胞（WBC）、血红蛋白（Hb）、肾上腺素（AD）、胰岛素（Ins）浓度发生改变。通常要求采血前 24 小时内避免剧烈运动。为了减少运动对检验结果的影响，一般主张在清晨、平静状态下采血。住院患者可在起床前采血，匆忙到门诊的患者应至少休息 15 分钟后再采血。

5. 饮食对检验结果的影响　正常饮食后，血液中的葡萄糖、血脂会升高，胰岛素由于高葡萄糖的刺激也会升高。一般在空腹时（至少禁食 8 小时，以 12～14 小时为宜）采集患者血液，避免饮食对检验结果的影响。空腹超过 16 小时可使血液中多种检测指标发生改变，如葡萄糖（Glu）、胆固醇（TC）、甘油三酯（TG）、尿素（Urea）水平降低，肌酐（Cr）、尿酸（UA）、总胆红素（TBil）、脂肪酸（FA）水平增高，应指导患者避免过度饥饿时采血。

（二）对标本采集人员的指导与质量管理

大部分标本采集工作由护士完成，某些检测标本（如脑脊液）需要医生采集。标本采集人员须进行相应的理论和操作培训，减少检验前误差。

1. 标本采集程序　临床实验室应按照行业规范对标本采集人员进行理论和技术指导，通过培训、考核与评价，使标本采集人员熟练掌握标准的采集程序，最大限度减少采样操作带来的检验误差。例如，应指导护士在采血过程中避免溶血，采血时须注意以下细节：静脉穿刺时须等待消毒乙醇干透；压脉带压迫时间不得超过 1 分钟；混匀时避免剧烈振摇；避免全血直接低温冻存及反复冻融；避免室温长时间放置等。脑脊液一次采集往往需要留做不同的检验项目，一般分为多管采集，医生应了解并标注采集管的顺序。

2. 采集容器与采集时机　采集标本须正确使用采集容器，临床实验室应编制并定期更新"标本采集手册"，供标本采集人员参考。此外，还应通过培训使标本采集人员知晓合适的采样时机。例如：细菌培养应在使用抗生素之前采集标本，否则可能因为抗生素使用而降低培养的阳性率；微丝蚴检查应尽量在 21 点至次日凌晨 2 点之间采集；尿液常规检验中亚硝酸盐检测使用晨尿最佳，因晨尿在膀胱停留时间长，细菌有足够的作用时间。

3. 生物安全防护　标本采集人员在操作过程中须穿戴好个人防护用品，如手套、口罩、帽子等。宜在完成每一位患者血液标本采集后更换新的手套；如条件不允许，至少在完成每一位患者血液标本采集后使用速干手消毒剂进行消毒；如采血过程中手套沾染血液或破损，应及时更换。患者标本采集应使用一次性无菌耗材。压脉带不宜含乳胶，不能确认时应绑在衣物外；若不能一次性使用，应在两次使用之间对压脉带进行清洁。当呼吸道病原体在社区中流行时，可向患者提供一次性外科口罩，以减少潜在呼吸道感染的传播，包括季节性流感或其他经飞沫传播的感染性疾病。

二、标本采集类别

临床实验室中常用的标本类别有血液、尿液、粪便、脑脊液、痰液、支气管肺泡灌洗液、浆膜腔积液、精液、前列腺液、阴道分泌物等，正确认识标本类别的特点及其对检测结果的影响、合理选择标本类别是标本采集质量管理的重要内容。

1. 血液标本的类型包括全血、血浆和血清。全血是经过抗凝的血液标本，主要用于临床血液学检查，例如血细胞计数、分类和形态学检查等。血浆是抗凝处理的全血标本经离心所得上清液，主要用于凝血、血栓、内分泌激素和急诊生化等检测。血清是不加抗凝剂的血液标本经充分凝集后离心所得的上清液，主要用于临床化学和免疫学的检测。按照血标本采集部位的不同，可分为静脉血、动脉血和毛细血管血三种。绝大多数检验项目采用静脉血，动脉血主要用于血气分析，毛细血管血常用于各种微量法检测等。

2. 临床应用的尿液标本包括清洁中段尿、24 小时尿、导管尿、耻骨上穿刺尿、随机尿、晨尿等。清洁中段尿主要用于尿液常规检查及尿培养。24 小时尿主要用于 24 小时尿蛋白定量、尿 17- 羟、尿 17- 酮及尿香草扁桃酸等检查。随机尿标本对收集时间没有要求，可以任意时间收集，由患者自己留取，但须得到实验室工作人员的指导，适用于健康人群尿常规普查与门诊患者、急诊患者的常规筛查等；但随机尿受饮水、饮食、收集时间等多种因素的影响，容易出现漏诊现象。晨尿标本是早晨醒来后第一次排尿，适用于常规检查、细菌检查及亚硝酸盐检查、尿液有形成分检查等。导管尿和耻骨上穿刺尿主要用于尿潴留或排尿困难时的尿液标本采集。

3. 粪便标本要选取粪便的脓、血、黏液等异常成分进行检查，表面无异常时应从粪便表面、深处及粪端多处取材。

4. 脑脊液标本主要由临床医生采集，一般行腰椎穿刺，必要时从小脑延髓池或侧脑室穿刺采集。脑脊液一次采集往往需要留做不同的检验项目，一般分为多管采集：第 1 管用于化学和免疫学检查（如蛋白质、葡萄糖等）；第 2 管用于微生物学检查；第 3 管用于细胞计数和分类计数；如需要做其他检查（如细胞病理学检查等），宜采集第 4 管标本。若第 1 管混有穿刺出血，不可用于以蛋白质检测作为主要依据的疾病（如多发性硬化症）诊断。

5. 痰液是肺泡、支气管和气管分泌物。痰液标本收集法因检验目的的不同而异。痰液一般检查应收集新鲜痰，以清晨第一口痰为宜，适用于常规检验、一般细菌检验、结核菌检查。细胞学检查最好用上午 9—10 时深咳痰（清晨第一口痰在呼吸道停留时间久，细胞可发生自溶破坏或变性而结构不清），应尽量采用含血痰液，并及时送检。浓缩法找抗酸杆菌应留 24 小时痰（量不少于 5ml），细菌检验应避免口腔、鼻咽分泌物污染。

6. 支气管肺泡灌洗液是利用纤维支气管镜，对肺段、亚肺段进行灌洗后，采集的肺泡表面衬液，由临床医生行纤维支气管镜检查时采集。经单层纱布过滤去除黏液，以一定转速离心 10 分钟后，上清液用于化学和免疫学检查，沉淀物用于显微镜检查。用于微生物检查的标本须严格无菌操作，避免混入杂菌。

7. 浆膜腔积液按积液部位不同分为胸腔积液、腹腔积液、心包积液和关节腔积液，按积液性质不同分为漏出液和渗出液。浆膜腔积液的采集由临床医生穿刺获得，放置引流的患者直接从引流管内接取，留取中段液体置于无菌容器内。浆膜腔积液检验主要包括理学检查、化学检查和有形成分分析。

8. 精液是男性生殖器官和附属性腺分泌液体，主要由精子和精浆组成。精液检验包括理学检查、化学检验、有形成分分析等。标本采集时应提供患者关于精液标本采集的书面和口头的指导，采样前须禁欲2～7天，应将一次射精精液全部送检。

9. 前列腺液标本由临床医生行前列腺按摩术采集，标本采集前禁欲3天。前列腺液检验主要包括理学检验和有形成分分析。

10. 阴道分泌物标本由临床医生于阴道深部或阴道后穹窿、宫颈口等处取材，取得标本后应立即送检。阴道分泌物检验包括理学检验、化学检验、有形成分分析等。常用生理盐水涂片法观察阴道分泌物，生理盐水悬滴法观察滴虫。

三、标本采集容器

（一）血液标本采集容器选择

临床实验室工作人员应充分掌握采集容器的使用范围，知晓添加剂的作用原理，保证采集容器的正确使用。常用的采集容器包括以下几种。

1. 血清管　添加促凝剂或惰性分离胶，或不含有任何添加剂，适用于临床生化、临床免疫学检验等项目。含有促凝剂的血清管可以提高血液凝固速度，缩短 TAT 时间。血清分离胶管内含促凝剂与分离胶，标本离心后，分离胶能够将血液中的液体成分（血清）和固体成分（红细胞、白细胞等）彻底分开并完全积聚在试管中央而形成屏障，适用于临床生化、临床免疫学检测等。

2. 肝素抗凝管　含肝素锂（或肝素钠）添加剂，适用于急诊生化、微量元素、血液流变学、血氨等项目检测，但是不能用于血锂或血钠浓度检测。过量的肝素会引起白细胞的聚集，不适于做血细胞聚集试验和白细胞计数。因其可使血片染色后背景呈淡蓝色，故也不适于白细胞分类。

3. 乙二胺四乙酸（EDTA）抗凝管　EDTA 对血液细胞成分具有保护作用，不影响白细胞计数，对红细胞形态影响最小，还能抑制血小板聚集，适用于一般血液学检验，不适用于凝血试验及血小板功能检查，亦不适用于钠（Na^+）、钾（K^+）、钙（Ca^{2+}）、镁（Mg^{2+}）、碱性磷酸酶（ALP）等检测。

4. 枸橼酸钠抗凝管　管内含浓度为3.2%的枸橼酸钠抗凝剂或3.8%（相当于109mmol/L）含结晶水的枸橼酸钠抗凝剂。凝血试验要求抗凝剂与血液比例为1:9；血沉试验要求抗凝剂与血液比例为1:4。

5. 葡萄糖酵解抑制管　管内含草酸盐或乙二胺四乙酸或肝素抗凝剂和氟化物，有良好的抑制葡萄糖酵解作用，可保证室温条件下血糖值24小时内稳定。由于氟化物对许多酶有抑制作用，不适合酶的测定，故一般只适用于葡萄糖检测。

6. 需氧和兼性厌氧微生物培养瓶　培养瓶内含具有合适营养与培养环境的培养基，用于检测少量血液中的微生物。将已接种的培养瓶放入仪器中进行培养，可持续监测培养瓶中是否存在微生物生长。

血液标本采集涉及的采血容器众多，为了避免采集容器中的添加剂对后续采集的血液检测结果产生不良的影响，须按照一定的顺序进行血液标本采集。一般顺序如下：血培养瓶—枸橼酸钠抗凝管—血清管—肝素抗凝管—EDTA抗凝管—葡萄糖酵解抑制管。

（二）尿液标本采集容器

尿液标本留取应使用一次性尿杯，或者使用彻底清洗过的干燥容器。容器最好带密封盖，有利于运输和储存，容器材料为惰性物质如聚乙烯塑料等，不影响尿液化学成分和有形成分形态的检测。细菌检验应使用无菌容器留取标本。

（三）粪便标本采集容器

粪便标本采集后应放入干燥、清洁、无吸水性的有盖容器内送检。细菌检验标本应收集于有盖容器内,勿混入消毒剂及其他化学品。

(四)脑脊液标本采集容器

脑脊液标本采集宜使用无菌试管(用于细胞学检查的标本不宜使用玻璃材质的容器),若能采集足量标本,应将其分装至 3 或 4 支试管,每管宜取 3～5ml,一般无需使用抗凝剂。

(五)痰液和支气管肺泡灌洗液标本的采集容器

痰液和支气管肺泡灌洗液常规标本盛于广口容器内,微生物检查标本盛于无菌容器内。

(六)浆膜腔积液标本采集容器

浆膜腔积液由临床相关科室医生采集,留取中段液体置于无菌容器内。进行细胞计数和分类计数、细胞涂片检查时,可使用 EDTA 抗凝;生化检查时可用肝素抗凝或不使用抗凝剂。

(七)精液标本采集容器

使用专用或指定的、清洁干燥广口的、带刻度容器收集精液。仅在特殊情况下,可使用专门为采集精液设计的无毒性避孕套来采集标本。容器应保持在 20～37℃环境中,并尽快送检。

(八)前列腺液标本采集容器

前列腺液标本采集于清洁玻片上,采集时应弃去流出的第 1 滴前列腺液,并立即送检。

(九)阴道分泌物标本采集容器

阴道分泌物采集容器应清洁,一般采用生理盐水浸湿的棉拭子于阴道深部或阴道后穹窿、宫颈口等处取材。

四、标本采集过程

(一)患者身份与准备情况确认

1. 患者身份确认 核对患者的姓名、性别、年龄(出生日期)、住院号、诊疗卡、身份证等信息,确保患者为被采集者本人。宜使用住院号(有条件的单位使用腕带)、诊疗卡、身份证等唯一信息,或至少两种非唯一信息。

2. 患者准备情况确认 对于饮食、运动、时间、体位、药物等有特殊要求的检验项目,标本采集前须根据医嘱核对并确认相关信息。

3. 患者过敏史及其他禁忌信息确认 确认患者是否有乳胶过敏、禁用含碘制剂、酒精过敏或其他禁用等情况。

(二)采集容器信息标记

根据检验项目选择采集容器数量与种类,标记患者及检验项目信息,宜使用电子条形码进行信息标记。

(三)标本采集时间

标本采集时间对激素类检验项目的影响较大,激素在不同时间点和生理周期的变化也是临床医生关注的重点,在标本采集时须给予高度重视。工作人员应在采集标本后标注采集时间。表 7-3 列出了部分检验项目日内变化的情况。

表7-3 部分检验项目日内变化

项目	最大值出现时段/时	最小值出现时段/时	变化幅度/%
促肾上腺皮质激素	6—10	0—4	150～200
皮质醇	5—8	21—24	180～200
睾酮	2—4	20—24	30～50
促甲状腺激素	20—24	7—13	5～15

续表

项目	最大值出现时段/时	最小值出现时段/时	变化幅度/%
游离总甲状腺激素	8—12	23—24	10~20
生长激素	21—23	1—21	300~400
催乳素	5—7	10—12	80~100
醛固酮	2—4	12—14	60~80
肾素	0—6	10—12	120~140

药物进入人体后有不同的代谢清除时间，还可通过诱发体内特定的生理效应或对体外分析方法的干扰，影响某些检验项目的结果。应选择合适的时间进行采样，如检测肾移植患者环孢素的血药浓度，须标明用药时间和采血时间，便于医生监测药物浓度以调整药量。

（四）标本采集部位

标本采集部位应有代表性，例如：血细胞分析尽量采集静脉血，末梢血容易混入组织液而影响检验结果；粪便常规检验应取有黏液、血液或脓液的部分，如外观无异常，应从表面、深处等多处取材；在许多有正常菌群出现的感染部位采样时应避免寄生菌的污染。

（五）标本采集量

采集的标本应足够用于临床检测与复查，若一次采集多管血液标本，尽可能合并检测项目，减少患者采血多的痛苦。实验室宜定期评估标本采集量，如不合适则须加以调整。

（六）标本采集程序

临床实验室应按照国内的行业规范及美国临床和实验室标准协会（CLSI）推荐的指南建立实验室标本采集作业指导书，并以此为依据对临床护士及标本采集人员进行培训。一般情况下，尿液及粪便标本由患者自行留取，实验室宜在公共区域内张贴患者自行留取标本操作示意图或给患者发放采样说明，内容至少包括自行留取标本的方法和注意事项。

第三节 标本转运质量管理

标本转运（specimen transportation）是将采集好的标本（如血液、尿液、组织等）从采集现场运送到实验室进行进一步分析和检测的过程。为了保证标本的质量，实验室应遵守国家和地方的法律法规，制订相关程序文件监控标本转运过程，确保运送过程中标本质量的有效性及不对运送者、公众及接收实验室造成危害；根据申请项目的性质和实验室相关规定，使标本转运时间和运送条件得到保障。

一、标本转运方式和温度

（一）标本转运方式

患者的原始标本应由经过专门培训的医护人员或护工运送，或者由自动物流运输系统运输，不得由患者本人或患者家属运送。送往外院或委托实验室的标本也应由经过培训的人员进行运送和接收。

标本在运输的过程中可能会发生丢失、污染、过度振荡、容器破损、唯一性标识丢失或混淆以及高温、低温或阳光直射等使标本变质等情况。为了避免标本在运送过程中出现以上情况，运送时宜使用专用的储存箱。

（二）运输温度的选择

标本采集后应尽可能在短时间内运送到实验室，建议依据项目类型选择适宜储存和转运的条件。有些检测项目不稳定，应立即送检或采取特殊运送措施。例如血气分析，室温稳定时间小于15分钟，采集后应即刻送检，如不能在15分钟内送检，应置于冰上（4℃）运输。

二、标本转运过程质量管理

（一）标本转运人员的培训

标本转运人员上岗前必须经过专业人员的相关知识培训，内容包括各种检验标本的来源、不同检验目的对标本传送的要求、标本采集合格与否的判断、送检标本的生物安全防护、运输中标本质量保证及发生意外时的紧急处理措施等。

（二）标本转运时间的控制

一般性检验标本在采集后宜控制在2小时内送至实验室，原则上标本采集后不做检验也应及时送达实验室进行预处理或暂存。急诊检验项目如血糖、电解质、血气分析等，应在标本采集后立即送检，这样既保证了检测结果的真实性，也为急诊救治赢得了宝贵的时间。常见检验项目的最佳送检时间如表7-4所示。

表7-4　常见检验项目的最佳送检时间

送检时间要求	检验项目
采集后立即送检	血氨、血气分析、酸性磷酸酶、乳酸以及各种细菌培养（特别是厌氧菌培养）等
采样后0.5小时内送检	血糖、电解质、血液细胞学、体液细胞学，涂片找细菌、霉菌等
采样后2小时内送检	各种蛋白质类、脂类、酶类、抗原、抗体测定等

（三）标本转运过程中的安全问题

1. 标本安全　标本转运过程中应密闭，防震，防污染，防止标本及唯一性标识的丢失和混淆，要防止标本对环境的污染和成分的蒸发，还要注意特殊标本的防腐。转运的任何临床标本，包括拭子、皮屑、体液或组织块，已知或可能含有致病菌，都应视为潜在性生物危险材料。对于疑为高致病性病原微生物的标本，应按照《病原微生物实验室生物安全管理条例》等的相关要求进行传染性标识、运送和处理。

2. 人员安全　标本转运人员严格按照生物安全要求戴手套，穿工作服，若有可能发生血液或体液的飞溅或渗出时还需要戴上口罩或护目镜。所有标本应以防止污染工作人员、患者或环境的安全方式运送到实验室。

3. 标本转运记录　检验的传送过程应有记录。记录应从标本采集后送检开始，到标本被实验室接收的全过程。内容包括标本送检日期和时间（精确到"分"）、送检人、标本接收日期和时间（精确到"分"）及接收人。

第四节　标本接收质量管理

标本接收（specimen receipt）指接收临床科室提供的标本和窗口采集患者的标本的过程。由于患者准备、标本采集及运送等过程的影响，实验室接收标本时会遇到各种不符合检验要求的标本。为了保证检验质量，实验室应制订标本接收制度，建立不合格标本拒收标准以及不合格标本处理流程。标本接收与拒收都应有记录。记录的内容至少应包括标本的唯一性标识、接收的日期和时间、拒收原因以及接收者或拒收者等信息，标本拒收后应通过一定方式通知临床。

一、标本接收

标本送达实验室时，应保持密封、无渗漏，签收人员应逐一检查标本状态，避免空管、量少、溶血、脂血或严重污染等情况。对于已实现信息化的实验室，标本上应贴有唯一标识码，通过扫描标识码进行标本核收。尚未实现信息化的实验室应附有相应的纸质检验申请单。接收人员应认真核对检验项目、患者信息、标本类型、标本采集时间等信息，并填写标本接收记录。

二、标本拒收

不符合实验室检测要求的标本为不合格标本，不合格标本原则上应拒收。实验室应制订标本拒收标准。标本拒收标准至少应包含以下内容。

1. 标签或检验申请单上无唯一标识，容器上无标签或标签错误，标签与检验申请单不相符。

2. 使用不适当的抗凝剂；血液与抗凝剂比例不正确（加入量不够或过量）；培养基不正确；标本类型错误。

3. 标本处理或运送不当。

4. 标本混合或可能被污染，从而可能影响检测结果。

5. 缺乏必要的信息，不能确定标本或所申请的检验项目是否适合解答临床问题。

6. 标本暴露于影响标本稳定性或完整性的极端温度。

7. 标本量不足。

8. 不恰当的容器。

9. 容器破坏或标本溶血。

10. 从标本（如尿液）采集到实验室接收的时间超过规定时限。

三、不合格标本处理

不合格标本应按照不合格标本处理流程及时反馈给申请科室，告知标本拒收原因并提出解决问题的建议及重新采集的要求。标本拒收应有记录。记录的内容至少应包括标本的唯一性标识，拒收原因，再次采集注意事项及建议，拒收的日期和时间以及拒收者信息。但在某些特殊情况下，如脑脊液、关节腔液、骨髓等采集困难或者无法被取代的标本，在与临床医生沟通后实验室可选择让步检验，并在最终检验结果报告上注明标本不合格类型，提示申请医生考虑标本缺陷对检测结果的影响。

第五节　标本检验前处理质量管理

标本前处理（specimen pre-treatment）指标本接收后，根据不同的检验项目进行预处理以方便下一步检验，包括离心、暂存等。大多数检验项目在检测分析前须进行标本前处理。标本检验前处理是检验结果可靠性的重要保证。

一、标本离心基本要求

大多数检验标本在检测前均须进行离心处理，选择正确的离心方式是获得高质量检验标本的重要环节。不同的标本类型以及检测项目对于离心条件有不同的要求，因此应该按照检测仪器、检测项目的相关要求设置离心条件，并对离心结果进行验证。

常用的离心要求如下。

1. 抗凝血液标本应尽快送检，血浆标本应及时离心分离血浆。抗凝标本须注意是否存在血凝块，血凝块将影响检验结果。凝血检验分离血浆标本选择甩平式转头离心机，离心条件为相对离心力 1 500g、离心时间不少于 15 分钟，以获得乏血小板血浆。

2. 不抗凝血液标本离心前须等待自行凝集，一般应在采血后 2 小时内分离血清，以防止血细胞内外多种成分水平发生变化，例如：不及时分离血清，不抗凝血液标本长时间放置后导致红细胞能量代谢受到抑制，红细胞膜上 Na^+-K^+-ATP 酶不能正常运转，造成血清钾升高，使测定结果出现假性增高。分离血清标本通常选择相对离心力为 1 000～1 200g，离心时间为 5～10 分钟。

3. 尿液标本离心处理时离心机内温度应尽可能保持 <25℃，离心机相对离心力应在 400g 左右，离心时间为 5 分钟。

4. 离心完成后应立即检查离心效果，观察有无溶血、乳糜、纤维丝等。

二、标本暂存基本要求

临床实验室应有相关检验程序保证标本在检测前处理及暂存过程中不变质、不丢失、不被损坏。血液标本是临床检验中最常见的标本，检测指标众多，不同指标的稳定性各异，所以应按照检测项目要求进行检验前处理和暂存。

（一）标本暂存的温度及时间要求

对当天不能及时检测的标本进行短时间的保存称为标本暂存。标本暂存应最大限度地维持标本的真实状态，保持标本内待检物质的活性和浓度，从而保证检验结果的可靠性。对于不能及时检测的标本，经处理后应根据检测项目的要求于适当的温度条件下在规定时间内短暂保存。实验室应梳理实验室开展的所有项目并制订项目稳定性清单。

（二）标本暂存的环境及设备要求

标本暂存的环境条件应保证标本稳定、不变质。环境温度、湿度应有监控，符合标本暂存及后续试验检测要求。暂存标本的冰箱必须设置目标温度及允许范围，有监控记录。实验室应有温度、湿度失控的处理措施，应记录处理过程。

本章小结

检验前过程主要包括检验项目申请、患者准备、标本采集、标本转运、标本接收及检验前处理。检验前质量管理就是针对可能影响检验结果的上述各阶段中变量因素加以控制，或通过标准化操作，以降低或消除其对检验结果的影响。本章对检验前过程各个环节进行详细剖析，结合临床阐释检验前过程质量管理的原则。通过本章的学习，可以了解检验申请的基本要素和联合检测方法，医生、护士、患者对检验标本采集应做哪些准备，标本采集的类型、容器与顺序的选择，标本转运、核收与检验前暂存的质量管理等，为正确处理标本以保证检验结果的准确提供重要指导。

（钟田雨　邰文琳）

第八章　检验方法性能评价

通过本节学习,你将能够回答下列问题:

1. 临床实验室检测系统包括哪些内容?
2. 什么是总误差?
3. 不确定度评定的基本方法是什么?
4. 定量方法学的评价内容包含哪些?
5. 精密度试验的定义和分类是什么?
6. 精密度评价的注意事项有哪些?
7. 正确度和准确度的区别是什么?
8. 回收试验的基本步骤是什么?
9. 分析测量范围和临床可报告范围的基本概念是什么?
10. 根据临床需求,如何针对性选择性能评价指标?

　　检验方法的性能评价是临床实验室质量管理中重要的环节。《医学实验室质量和能力认可准则》(CNAS-CL02:2023)在过程要求中规定:实验室引入方法前,应制订程序以验证能够适当运用该方法,确保能达到制造商或方法规定的性能要求。验证过程证实的检验方法的性能指标,应与检验结果的预期用途相关。临床实验室检验方法在常规应用前,应由实验室对未加修改而使用的已确认的检验方法及程序进行独立验证。性能评价涉及检验方法的精密度、正确度、准确度、检测限、可报告范围等基本指标。本章将系统介绍临床检验质量规范,检验方法的选择和评价要求,定量、定性和半定量检验方法的性能评价指标和方案。

第一节　临床检验质量规范

　　在理想情况下,实验室检验程序的每一性能特征都应有质量规范(quality specification)。在实验室质量管理体系中,检验质量规范通常以允许不精密度(CV)、允许偏倚(bias)及允许总误差(TEa)等质量指标表示,规定检测项目用于临床决策时所需要的性能水平。其中,以允许总误差要求最为重要,它反映了从临床实用角度所能接受的总分析误差大小。因此,实验室质量规范又称为性能规范、分析性能规范、分析目标和分析性能目标。质量规范是建立质量管理所必需的前提条件。

一、概述

　　现代质量管理涉及的内容要比日常工作中执行的简单统计质量控制丰富得多。在质量管理中还包括良好的实验室规范、质量保证、质量改进和质量计划。这些要素组成了检验医学领域全面质量管理的基本要素。

　　质量的定义有许多,在检验医学领域可解释为执行所有试验的质量是帮助临床医生进行良好医学实践的条件,所以在控制、实践、保证或提高实验室质量之前,必须准确知道确保临床决策满意时需要什么样的质量水平。因此,规定要求的质量目标是建立质量管理所必需的前提条件(图8-1)。

实验室试验具有许多不同特性,最好的名称为性能特征,每一方法可由其性能特征进行充分地描述。其可分为两大类:①实用性特征是关于执行程序的详细描述,包括要求的技术熟练程度、分析速度、要求的标本量、分析标本的类型等许多方面;②可靠性特征是关于方法的科学方面,如精密度、正确度、检出限和可报告范围。在理想情况下,实验室程序的每一性能特征都应有质量规范,特别是可靠性特征中的精密度和正确度。为了执行适当的实验室质量管理体系,必须规定精密度、正确度(偏倚)、测量不确定度以及允许总误差的质量规范。

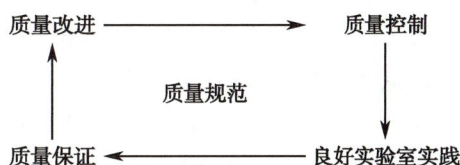
图 8-1 质量管理中质量规范的中心作用

二、总误差

总误差(total error,TE)能通过不同的方式来计算,最常用的方式是偏倚(bias,B)和不精密度(标准差 s 或变异系数 CV)的线性相加。注意,在这些计算中,偏倚使用的是绝对值,实际上就是不考虑偏倚的正或负。文献中有一些推荐方式,包括以下四种。

1. 偏倚加 2 倍不精密度,或 TE = 偏倚 + $2s$(或 CV)。
2. 偏倚加 3 倍不精密度,或 TE = 偏倚 + $3s$(或 CV)。
3. 偏倚加 4 倍不精密度,或 TE = 偏倚 + $4s$(或 CV)。
4. 然而,有许多质量计划的理论与实践的基本文献使用下列公式计算允许总误差(TEa)

$$TEa = 偏倚 + 1.65s(或 CV)。$$

图 8-2 显示了这一计算公式的基础。当采用报告结果的单位表示时采用 s,当以百分数表示变异或误差时采用 CV

$$CV(\%) = (s/\bar{x}) \times 100。$$

在此使用允许总误差的公式来源于以下方式。通常使用 95% 概率允许 5% 的误差。如图 8-2 所示,想要排除的数据仅是分布的一端,在分布两端即上端和下端有 5% 要排除,总和为 10%。满足 90% 的分布的合适系数是 1.65。这些系数就被称为 Z 分数。

允许总误差的公式为:

允许总误差 = 偏倚 + Z × 不精密度,或

允许总误差 = 偏倚 + 1.65 × 不精密度(95% 概率),或

$$TEa = Ba + 1.65CVa$$

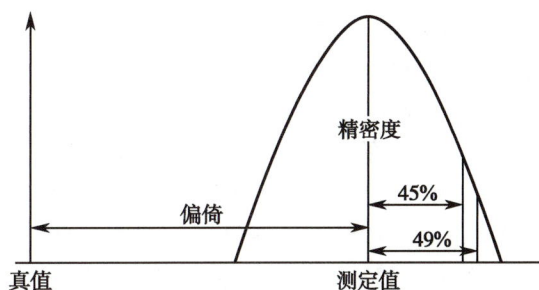
图 8-2 总误差概念

三、测量不确定度

国际计量局(Bureau International des Poids et Mesures,BIPM)、国际标准化组织(International Organization for Standardization,ISO)、欧洲标准化委员会(European Committee for Standardization,CEN)20 世纪后期共同合作制定了有关计量学术语标准"ISO/IEC Guide99,计量学国际词汇表一般概念和相关术语(International Vocabulary of Metrology—Basic and General Concepts and Associated Terms,VIM)"。1997 年欧洲分析化学中心与分析化学国

际溯源性合作组织共同进行修订的 *EURACHEM/CITAC Guide*: *Quantifying Uncertainty in Analytical Measurement*(QUAM)发布。1998 年,计量学指南联合委员会(JCGM)成立,其任务就是专门从事有关《测量不确定度表达导则》(GUM)的增补工作和《国际计量学通用基本名词术语》(VIM)的修订工作。VIM 从 1984 年颁布以后一路修订更新,于 2008 年修订及补充颁布了最新版本。《医学实验室质量和能力认可准则》(CNAS-CL02:2023)中定义:测量不确定度(measurement uncertainty,MU)表征合理地赋予被测量值的分散性的一个参数,规定应评定测量结果量值的测量不确定度,并保持满足预期用途。

(一)最大允许测量不确定度

测量不确定度的大小应该适合用于医疗决策的需要,并在技术上尽可能小。对于一个给定的测量系统,评估产生结果的扩展不确定度价值非常有限,除非它能够与基于医疗使用所需结果质量的允许扩展不确定度上限进行比较。实验室应在评价测量不确定度之前设定 1 个或多个最大允许测量不确定度目标,其设定目前尚无一致建议,可以基于生物学变异、国际或国家专家组推荐、法律法规制定的质量规范、实验室根据实际需求和能力等制订的目标。《临床生物化学检验常用项目分析质量指标》(WS/T 403—2024)对测量不确定度性能要求建议:评定检验结果测量不确定度的实验室可将本标准允许总误差作为目标扩展不确定度。测量不确定度评价得到的数据应与最大允许测量不确定度目标相比较,在常规操作中应定期实施核查。如果目标能够满足,则测试能够较有信心地用于临床诊断和监测。如果超出不确定度目标,则应研究不确定度的主要来源,并设法降低,如果仍无法满足,可能需要考虑更换方法,或对目标进行再评价。

(二)测量不确定度的来源

对于每一个测量过程,重要的是确定用来评价不确定度的技术点。不确定度的来源可能来自干扰物质,它们改变了被分析物与测量系统和 / 或测量过程产生的信号之间的相互作用。例如患者体内的抗体对分析物或试剂干扰,游离血红蛋白对分光光度法测量干扰,或结构相关分子的交叉反应。这些不确定度的测量来源通常是特定个别样品,并不包括在典型人类样品的测量不确定度估计中。如果使用质控样品作为精密度的观察对象,测量不确定度的常见来源包括:样品不均匀性;冻干材料的重新溶解程序差异,例如校准器和试剂;校准品值的不确定度,重新校准;仪器状态差异,例如机电波动、维护保养、零件更换;试剂和校准品的不稳定性;试剂和校准品的批号变化;实验室环境的波动;通过读取模拟仪表指示而引入的操作偏差;手动和半自动方法的操作差异;测量偏差与可接受的校准等级方案偏差;测量公式的计算偏差,例如近似值、假设、常数的不精确值、数字的四舍五入;一个以上的相同检测系统测量同一被测量物偏差。

(三)测量不确定度评定的基本方法

实验室根据测量方法的性质和测量目的可分为两种:一种是以常规方法测量患者标本为主的常规测量实验室,又称临床实验室;另一种是以参考测量程序测量和方法学研究为主的参考测量实验室,又称参考实验室。实验室测量不确定度的评定主要有以下方法:自上而下(top-down)的方法和自下而上(bottom-up)的方法。自上而下的方法是在控制不确定度来源或程序的前提下,评定测量不确定度,即运用统计学原理直接评定特定测量系统之受控结果的测量不确定度。典型方法是依据测量系统特定方案(正确度评估和校准方案)的试验数据、室内质控(internal quality control,IQC)数据或方法验证试验数据进行评定,正确度 / 偏倚和精密度 / 实验室内复现性[$S(Rw)$]是两个主要的分量。临床实验室常使用此方法评定不确定度。自下而上的方法常特指为 GUM 方法或模型方法,是基于对测量的全面、系统分析后,识别出每个可能的不确定度来源并加以评定。通过统计学或其他方法,如从文献、计量器具或产品的性能规格等搜集数据,评定每一来源对不确定度贡献的大小。然后将上述两种方法识别的每一个单一因素的测量不确定度用方差方法合并得到测量结果的"合成标准不确定度"。自下而上方法主要适用于参考实验室和临床实验室不确定度的再评价。

1."自上而下"的方法评定测量不确定度 医学实验室采用"自上而下"方法评定测量不确定度时，主要考虑正确度和精密度因素引入的测量不确定度。这是因为实际工作中，许多测量程序都是封闭的黑匣子系统，许多影响结果的成分对于不确定度的评估不易获取，较好的方法是使用内部质量控制和外部能力验证获取数据，同时假设质控品与患者样品表现一致。使用参考物质验证，合成标准不确定度评价典型流程可参考《医学实验室 测量不确定度评定指南》（GB/Z 43280—2023），见图8-3。

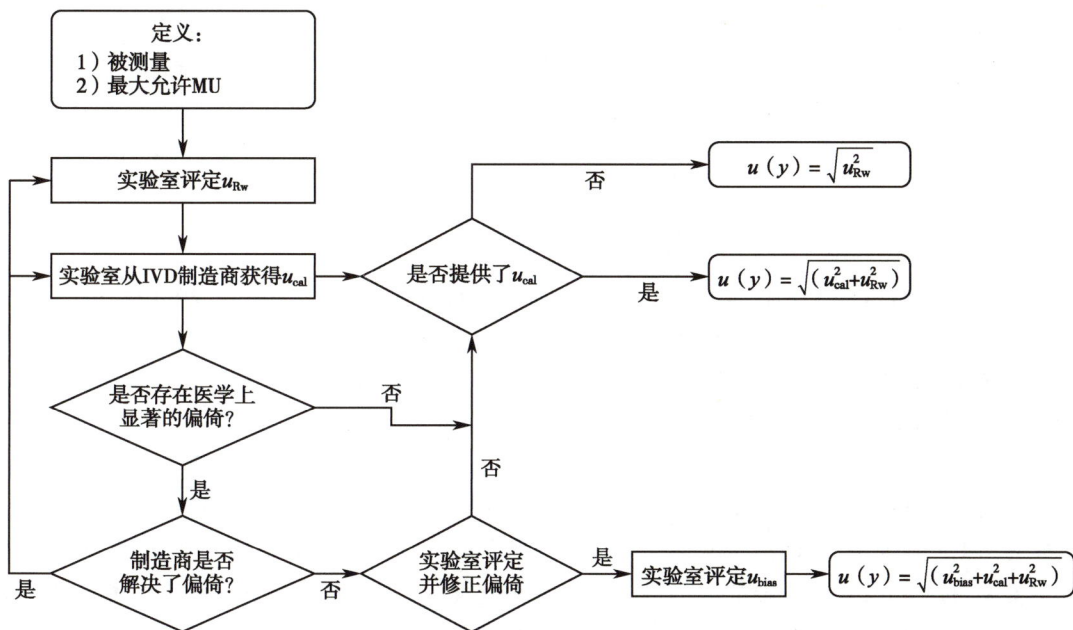

图8-3 合成标准不确定度评价典型流程

注：MU，测量不确定度；u_{Rw}，不精密度引入的总不确定度；u_{cal}，校准品定值引入的不确定度；u_{bias}，实验室评定修正偏倚引入的不确定度；$u(y)$，实验室合成的不确定度。

"自上而下"的方法评定测量不确定度范例：己糖激酶法测量人血清葡萄糖浓度测量结果不确定度的评定。

（1）定义被测量

系统：血清

被测量：葡萄糖浓度

单位：mmol/L

测量方法：己糖激酶法

被测量定义为：己糖激酶法测量人血清葡萄糖浓度（mmol/L）。

（2）不精密度引入测量不确定度分量

①某测量系统测量室内质控数据

质控水平1（L1）	质控水平2（L2）
均值（M_1）=10.15mmol/L	均值（M_2）=5.22mmol/L
标准差（SD_1）=u_{Rw1}（A）=0.16mmol/L	标准差（SD_2）=u_{Rw2}（A）=0.07mmol/L
相对标准差（RSD_1）=1.58%	相对标准差（RSD_2）=1.34%
测试数（n_1）=280	测试数（n_2）=276

②由不精密度引入的总不确定度（u_{Rw}）

$$u_{Rw} = \sqrt{\frac{RSD_1^2 \times (n_1 - 1) + RSD_2^2 \times (n_2 - 1)}{n_1 + n_2 - 2}}$$

$$= \sqrt{\frac{1.58^2 \times (280 - 1) + 1.34^2 \times (276 - 1)}{280 + 276 - 2}} = 1.47\%$$

（3）偏倚引入测量不确定度分量

①临床校准品定值引入的不确定度（u_{cal}）：IVD 生产商提供的校准品不确定度为（8.68±0.24）mmol/L（$k=2$），并声称可溯源到国际单位。校准品的相对标准不确定度为 1.38%。

②该项目参加室间质量评价，平均偏倚在最大允许范围内，即室间质量评价合格。

（4）计算合成不确定度（u_c）

$$u_c = \sqrt{u_{cal}^2 + u_{Rw}^2} = \sqrt{1.38^2 + 1.47^2} = 2.02\%$$

（5）计算扩展不确定度（U）

$$U = ku_c = 2 \times 2.02\% = 4.04\%$$

（6）测量不确定度的报告：患者在该检测系统的单个测量结果为：6.20mmol/L，则扩展不确定度为：6.20×4.04%=0.25mmol/L，即测量结果=（6.20±0.25）mmol/L。

结论：扩展不确定度=4.04%＜7.0%（室间质量评价最大允许偏倚范围），实验室己糖激酶法测量人血清葡萄糖浓度的测量不确定度符合要求。

2."自下而上"的方法评定测量不确定度 GUM 和 QUAM 是评定测量不确定度的经典理论，理论上也适用于医学实验室。采用"自下而上"方法评定测量不确定度主要是通过定义被测量、分析实验流程、寻找每一个测量不确定度来源、评定主要的测量不确定度分量并合成的方法评定测量不确定度。这种评定方法与目前医学实验室较多使用的"自上而下"方法比较，其使用性差，成本高，对实验室条件和技术人员要求高，且不同实验室结果很难一致，可比性差。但该方法在改进实验室测量技术水平方面具有不可替代的优势，可通过各影响因素测量不确定度分量的评定全面了解实验室被评价方法的性能，发现重要的测量不确定度来源，借此可优化实验流程，降低测量不确定度，改进测量质量，其意义重大。

（四）测量不确定度的复审和再评定

由于各种原因，医学实验室有时可能不得不改变原有测量系统或测量条件，此时须根据已经改变的测量情况重新计算已评定的测量不确定度。

1.测量阶段中的任何不确定度分量重要来源出现了显著性变化，如变更了试剂厂家来源、更换了检测系统、仪器进行了维护并更换重要部件。

2.评定的不确定度未达到不确定度的目标要求，需要系统审核不确定度的来源和组分，或采取自下而上的方法评定。

3.如果采用自上而下的方法评定的测量不确定度明显不同于自下而上的方法的结果，使用者应审阅自下而上的方法所采用的测量模型，很可能是测量模型不全面，所评定的测量不确定度偏低所致。

4.供应商或生产商提供的校准品定值中的测量不确定度是医学实验室测量不确定度中的一个重要来源。医学实验室在初次选择厂家校准品前，应仔细审核厂家评定测量不确定度所依据的数据是否可靠、评定方法是否科学。在更换新批号校准品、质控品时，只有在供应商或生产者验证了新批号的性能和储存稳定性达到曾用批号要求时，才能在使用新批号校准品、质控品时保留原批号的测量不确定度。否则,实验室应要求供应商或生产者提供重新评定的测量不确定度数据,实验室要根据新数据重新评定本实验室的测量不确定度。

5. 按实验室质量体系规定定期复审。采用自上而下的方法评定测量不确定度的基础是测量程序受控,依据的数据有代表性,因此需要实验室定期对测量程序及其控制状态进行评审,建议每年至少做一次系统的评审。

四、生物学变异

分析物在个体的生命周期内发生着变化,通常根据年龄对参考值进行分层。另外,某些分析物有生物学周期或节律可以预测。因此,当标本来自不同的生命周期时,所得的系列结果的变异可由生物学周期或节律解释。例如:当分析物在一天内存在变化节律时,一天不同时间的标本存在变异;当分析物在一个月内存在变化节律时,一个月内不同时间的标本存在变异;当分析物在一个季节内存在变化节律时,一个季节内不同时间的标本存在变异。

固有生物学变异是指在内环境稳态点附近的随机波动,这种随机变异叫做个体内生物学变异。不同个体的内环境稳态点会有所不同,个体间内环境稳态点的差异叫个体间生物学变异。也有些分析物通过非随机方法发生变化。理解非随机变异不仅对正确使用参考值有着十分重要的价值,而且可以帮助正确申请检验项目以及合理解释结果。

五、质量规范的层次模式和策略

国际理论和应用化学联合会(IUPAC)、国际临床化学和检验医学联合会(IFCC)和世界卫生组织(WHO)于1999年4月在瑞典斯德哥尔摩召开了相关会议,讨论在检验医学中设定质量规范的全球策略,协商一致声明将可获得的模式以分等级结构方式进行表示(表8-1)。

表8-1 设定质量规范策略的分等级结构

等级	策略	条款
1	评价分析性能对特定临床决策的影响	特定临床情况下的质量规范
2	评价分析性能对一般临床决策的影响	(1)基于生物变异的一般质量规范; (2)基于医疗观点的一般质量规范
3	专业建议	(1)国家或国际专家小组指南; (2)个别或学会工作组专家指南
4	由法规机构或室间质量评价组织者制定的质量规范	(1)由法规机构制定的质量规范; (2)由室间质量评价组织者制定的质量规范
5	已发表的当前技术水平数据	(1)已发表的能力验证和室间质量评价的数据; (2)已发表的特定的方法学

分层依据是根据《临床化学》杂志早期社论的建议。层次中较高的模式优于层次中较低的模式,一般建议适当的模式用于特定的临床目的。然而,这些建议并不是一成不变的,因为可能会有新的和更好的模式用于特定的专业。

设定质量规范策略的分等级结构也可分为以下3个层次:①基于分析性能对临床结果的影响设定性能规范;②基于被测量的生物学变异设定性能规范;③基于当前技术水平设定性能规范。

以上①层次实施有困难,②层次被最广泛接受也最常用。以上3个层次平行并列,根据需要选择具体的层次。

第二节 临床检验方法选择与评价要求

医学与医学检验技术的不断发展,促进了新方法与新项目的出现。临床实验室在开展新检验项目前,应判断所用检测方法为标准方法还是非标准方法,并根据国家行业与国际标准等要求实现对检测方法的选择与性能评价。若为标准方法,用于临床常规检测前须对其所标示性能进行验证;如为非标准方法,必须对其性能进行评价(性能确认),确认其满足临床常规检验工作的要求。本节将基于检验方法选择和性能评价等要点进行讲述。

一、检验方法的选择

检验方法满足临床确定的质量目标是方法选择的根本要求,即需要满足检验性能,如灵敏度、特异性、精密度、可靠性、测量不确定度、溯源性等方面。检验方法所涉及的测量程序、参考物质级别差异,决定了方法的等级及其校准层级、量值溯源性。

(一)测量程序与参考物分级

测量程序与测量参考物是决定检验方法检测准确度和精密度特性等级的关键因素。测量程序(measurement procedure,MP)也称为标准化操作程序(SOP),包括测量原理和测量方法。其根据检测的准确度、系统误差和权威性等由高到低分为高级别参考测量程序、一级参考测量程序、参考测量程序、国际约定参考测量程序、常规测量程序(包括国际一致性方案、制造商选定测量程序和制造商常设测量程序)。参考测量程序是被接受作为提供适合预期用途的测量结果的测量程序,主要用于评价测量同类量的其他测量程序测得量值的测量正确度、开展校准或为参考物质赋值。

参考物也称标准品或标准物质,是具有足够均匀性和稳定性的物质,且已确定其适合在测量或标称性能检查中的预期用途,可用于校准仪器(仅有赋值的参考物质可用于校准)、评价测定方法、测量精密度、给其他物质定值或正确度评价,包括了校准物、质控物、有证参考物质。有证参考物质(certified reference material,CRM)是附有"参考物证书"的参考物,是经有效程序确定了不确定度和溯源性的一个或多个特性量值的参考物质。根据参考物的溯源性与测量不确定度,分为一级参考物质、一级校准物、二级校准物和国际约定校准物、制造商工作校准物与产品校准物,其测量不确定度由低至高。

(二)测量结果的溯源性

测量结果的溯源性,是指检测结果可通过文件化的不间断校准链分析当下检测结果与参考物质或参考测量程序检测结果相关联,建立并保持测量结果的计量溯源性,每次校准都会引入该结果的测量不确定度。因此,检验中必须强调校准物、检测样品的溯源性,重视校准中每一步要控制测量不确定度,尽量降低终端用户校准物的测量不确定度,保证测量结果的一致性和准确性。

ISO 17511:2020 中根据是否有参考物质及参考测量程序的特征将计量溯源的模型分为六个常见模型校准层级结构。在这些模型中,"正确度"从第一个(最高级)校准物质和/或测量程序(MP)传递到溯源链最后一步的最终被测样品(人体样品)。其中仅模型1、模型2和模型3能溯源至国际单位(SI)。模型4、模型5由于没有参考测量程序和参考物质,进行的是"一致化"校准传递方案,模型6仅溯源到制造商内部定义的校准物,其测量结果的可比性最低(表8-2)。

量值溯源的过程也很大程度引入和决定了临床实验室检验方法测量结果的不确定度,其重要来源之一就是产品校准物的测量不确定度。校准层级模型的溯源链上的每一个校准物、每一个测量参考程序都会引入不确定度，因此，溯源中应对每一校准传递步骤进行严格控制，降低测量不确定度，实现测量结果的准确可比。

表 8-2　六个常见模型校准层级结构特征

模型类别	校准层级特征		是否可溯源到 SI 单位	使用场景举例
	测量程序要求	参考物质或校准物质要求		
模型 1	参考测量程序（RMP）	一级参考物质（RMs）	是	皮质醇，人血白蛋白等
模型 2	一级参考测量程序	无认证的一级参考物质	是，被测量由参考测量程序定义	人体血清（或其他体液）中酶的催化活性浓度
模型 3	参考测量程序	特定的一级校准物（具有 SI 的溯源性）	是	肽片段或表位，不是整个分子结构
模型 4	没有 RMP	国际约定校准物[国际约定且符合 ISO 1594 规定的校准物（非一级）]	没有一级 RMs 或一级校准物不能溯源到 SI 单位	—
模型 5	没有国际认可的 RMPs、没有约定 RMP	没有一级 RMs、没有约定 RMs	不能溯源到 SI	人体样品中的被测量由国际一致性方案定义
模型 6	无 RMPs，无一致化方案	无有证纯度参考物质，无一级校准物	不能溯源到 SI 单位	仅溯源到制造商内部任意定义参考物质

注：国际约定校准物的赋值由国际协议赋值方案赋予被测量的任意值，构成特定被测量的最高计量溯源性。

（三）检验方法选择原则

临床实验室选择检验方法时，须根据临床需要和检测要求特点，结合临床实验室自身条件、仪器设备、人员技术力量、试验成本和现有检测系统等因素，选择最合适的方法。一般来说，检验方法选择首先考虑符合国际标准、国家标准、行业标准或技术规范、地方标准；再考虑企业标准、学术文献发表方法、设备制造商指定方法和自行制订的非标方法等。其中首选实验室认证、认可能力范围内的检测方法。同时重点考虑实用性、可靠性和溯源性。

1. 实用性　一般应具备：①微量，快速，便于急诊，适合成套项目分析；②方法操作简便，试剂种类少，易于实现自动化，操作人员无需特殊培训；③安全可靠，试剂无毒，无需特殊防护措施；④试剂价格相对低廉，无需昂贵的仪器和设施。

2. 可靠性　具有较高的正确度和精密度，以及较大检测能力。正确度是指测量均值与"真值"的符合程度，用不正确度反映正确度的高低，一般偏倚应小于 5%。精密度常用变异系数（CV）表示，一般应小于 5%。检测能力一般用检测限度或检出限衡量。检出限是指能与适当的"空白"读数相区别的，检测系统以检出待测物的最小量。

3. 溯源性　量值溯源是确保检测结果准确性和可比性的关键环节。国际标准（ISO 17511:2020）明确了量值溯源的类型及过程，其确定不同校准层级下测量方法的不确定度，确保了检测数据的高准确性，也确保计量单位统一，检测结果具有可比性，促进了不同实验室和检测系统之间结果的互认与一致性。

（四）检验方法选择基本步骤

1. 提出问题　根据临床疾病诊断需要，结合临床实验室现有设备条件和人员技术水平等情况，提出开展某新检测方法；或为提高检验诊断正确度和灵敏度，对临床实验室的方法性能进行改进，提出检测方法要求的设想。

2. 收集资料　在临床实验室工作基础上，查阅相关文献，向同行专家进行咨询，在专业性会议上获取信息及资料，还可要求相关试剂、仪器生产公司提供技术资料，充分了解各种方法特点的科学依据和真实使用价值，特别应着重了解方法实用性和可靠性性能特征。

3. 选定候选方法 对获取资料进行认真研究和分析,重点关注检测方法原理、所需仪器和试剂、标本采集运输要求、详细操作步骤、结果计算和分析、生物参考区间及注意事项等方面,同时考虑所选检测系统特异性、正确度、精密度、线性范围、费用、临床价值及其他注意事项与安全防护措施等,并结合临床实验室具体条件选择方法。初步选定的方法称为候选方法。

4. 候选方法初步评价 ①对文献报道的最适条件作必要的验证,确定候选方法的最适条件,如须改变条件,须通过试验证明改变条件比原来条件更合适。②确定测量方法的细则,用患者标本及质控血清测试,以便熟悉操作过程及掌握一定技巧,通过重复测量初步考查方法的精密度。③分析浓度不同的样品,与公认参考方法的测量值对比,以初步考查方法的准确度。④仪器与试剂符合国家有关规定的证明等。初步评价的目的是使技术人员熟悉有关技术,掌握分析步骤的特性,了解操作是否可改进或简化,发现未曾预料的困难或误差来源等,决定是否有必要做进一步研究。在进行此项工作时,可参阅临床和实验室标准化研究所(CLSI)的相关文件。

5. 候选方法的方法学评价 方法学评价主要是通过检测系统性能评价来实现。检测系统常见方法学性能评价指标有正确度、精密度、灵敏度、可报告范围等。常按如下顺序进行:①按先后次序做批内重复性试验、批间重复性试验、回收试验及干扰试验;②上述试验达到可接受标准后,按先后次序做日间重复性试验、方法比较试验;③进行临床相关研究,做灵敏度、可报告范围及特殊患者样品的测量。

二、检验方法评价的时机与要求

检验方法评价(方法性能评价)根据评价的原因或背景不同,可分为方法验证和方法确认。方法验证(verification)是对已确认检验方法的性能(如实验室确认 IVD 厂商声称的性能,例如准确度、精密度、可报告范围等)在进行临床常规标本检测前,在实验室中复现的过程。方法确认(validation)是实验室通过提供客观证据证明检验方法可实现特定预期用途或应用,即通过评价方法学相关指标证实检测方法已满足预期用途的规定要求,是对非标准方法、实验室制订方法、超出预定范围使用的标准方法或其他修改的标准方法确认能否合理、合法使用的过程。

(一)检验方法评价的时机

1. 在检测系统常规应用前,如仪器设备装机、新检测试剂使用前,对其分析性能进行评价,以保证其能满足检验结果预期临床用途的要求。

2. 检验程序的任一要素(仪器、试剂、校准品等)变更,如试剂升级、仪器更新、校准品溯源性改变等,应重新进行检验方法评价或验证,以保证检测系统的稳定性。

3. 任何严重影响检测系统分析性能的情况发生后,如仪器搬迁、仪器维修更换检测系统关键部件、检测环境严重失控等,及检测结果发生重大偏移、质控失控未查明原因时,在重新启用前应对其进行性能评价,以保证实验室获得可靠检测结果。

4. 在检测系统常规使用期间根据实际情况选择有需要的性能指标(如定量项目的线性范围等)定期进行评价,或按照仪器制造商建议的频次进行方法评价。

(二)检验方法评价的要求

临床实验室在使用新的检验方法或检验方法的预期用途评估时,需要对方法的基本性能进行评价,以判断检验方法或检测系统性能是否满足临床需求。

根据《临床化学定量检验程序性能验证指南》(CNAS-GL037:2019)、《临床免疫学定性检验程序性能验证指南》(CNAS-GL038:2019)、《定量检验程序分析性能验证指南》(WS/T 408—2024)和《定性测定性能评价指南》(WS/T 505—2017)的要求:定量检验方法的性能评价内容至少包括正确度、精密度、分析特异性(含干扰物)、检出限、线性区间(可报告区间)

等；定性检验方法的性能评价内容至少包括符合率、精密度（重复性）、检出限、临界值等。以上评价要求可有效地确保检验方法的性能在临床应用前已满足临床检测需求。

关于检验方法评价的参数概念、评价方法及结果判断等内容详见本章第三节"定量检验方法性能评价"和第四节"定性检验方法性能评价"。

三、非标准方法确认要求

检测方法分为标准方法和非标准方法。标准方法包括国际、国家、行业、地方标准规定的检验方法，是指国家计量检定规程、部门和地方计量检定规程、国家计量技术规范（含国家计量校准规范、定量包装商品净含量检验规则）、国家统一形式评价大纲、国际标准、国家标准、行业标准规定的方法。非标准方法包括知名的技术组织或有关科技文献或杂志上公布的非标准方法、制造商指定的方法、实验室制订及设计的方法、超过其预定范围使用的标准方法、经扩充或更改的标准方法和实验室采用的其他非标准方法。

非标准方法必须经过确认后才能使用。确认应尽可能全面，以满足预期用途或应用领域的需要。《检测和校准实验室能力的通用要求》（ISO/IEC 17025:2017）中"7.2.2 方法确认"对非标准方法的确认进行了总体规定。实验室应对非标准方法进行确认，以证实该方法适合预期的用途。

1. 非标准方法文件化　对非标准方法的使用必须建立文件化的控制程序，并将新的检测方法制订成程序。程序中应包含以下信息：①适当的标识；②范围；③被检测或校准物品类型的描述；④被测定的参数或量和范围；⑤仪器和设备，包括技术性能要求；⑥所需的参考标准和参考物质；⑦要求的环境条件和所需的稳定周期；⑧程序的描述（包括物品的附加识别标志、处置、运输、存储和准备；工作开始前所进行的检查；检查设备工作是否正常，需要时，在每次使用之前对设备进行校准和调整；观察和结果的记录方法；须遵循的安全措施）；⑨接受（或拒绝）的准则和/或要求；⑩须记录的数据以及分析和表达的方法；⑪不确定度或评定不确定度的程序。

2. 非标准方法确认的要求　为证实非标准方法适用于预期用途，《检测和校准实验室能力的通用要求》（ISO/IEC 17025:2017）提供下列情况之一或其组合进行确认：①使用参考标准或参考物质进行校准或评估偏移和精密度；②对影响结果的因素做系统性评审；③通过改变控制检验方法的稳健度，如培养箱温度、加体积等；④与其他已确认方法进行结果比较；⑤实验室间比对；⑥根据对方法原理的理解及抽样或检测方法的实践经验，评定结果测量不确定度。

非标准方法在使用前，必须具备两个条件：一是征得实验室同意，二是对方法进行确认。确认有多种办法，根据对方法的理论原理和实践经验的科学理解，对所得结果的不确定度进行评定。方法的确认工作可以分为以下三个阶段：①确认实验室需求，说明实际的检测问题，制订相应要求；②选择确认的方法，并记录和分析该方法的特性；③评估方法的特性是否满足检测要求。由于确认是在成本、风险及技术可行性间的一种平衡，所以实验室可以进行复杂完整的确认，也可以只做部分特性的确认。只要能够在兼顾三者的情况下，找到符合实验室需求的方法即可，因此检验方法的确认是根据实验室需要、技术要求与资源限制而进行的一项综合性工作。

第三节　定量检验方法性能评价

检验方法性能特征主要包含测量精密度、测量正确度、测量准确度、临床可报告范围、线性区间、检出限等。临床实验室在开展新项目或者某个检验项目应用新的检验方法之前，应对此项目所选用的方法性能进行评价,验证所选用方法的分析性能符合要求。

一、精密度试验

(一)概念和分类

精密度(precision)指在规定条件下,对同一或类似被测对象重复测量所得值或测得值间的一致程度。测量精密度通常用不精密程度以数字形式表示,如在规定测量条件下的标准偏差、方差或变异系数。规定条件可以是重复性测量条件、期间精密度测量条件或复现性测量条件。

根据测量条件不同,精密度分为以下 3 种:①重复精密度,又称批内精密度,指在相同测量系统、相同操作条件和相同地点,短时间内对同一被测量对象重复测量的精密度;②中间精密度,又称批间精密度,指在一个长时间内,以相同测量系统、相同地点,对同一被测量对象重复测量的精密度;③复现精密度,又称实验室间精密度,指用同一检测方法,以不同测量系统、不同地点、不同操作者,对同一被测量对象重复测量的精密度。

(二)评价方法

重复性试验是评价精密度的常用方法,精密度验证主要参照中华人民共和国卫生行业标准《定量检验程序分析性能验证指南》(WS/T 408—2024)、中国合格评定国家认可委员会发布的《临床化学定量检验程序性能验证指南》(CNAS-GL037-2019)、临床与实验室标准协会发布的《医学实验室精密度和准确度的确认》(CLSI EP15-A2 和 CLSI EP15-A3)进行,以 CLSI EP15-A2 方案为例进行介绍。

每天检测 1 个分析批,每批检测 2 个水平的样品,每个样品重复检测 3~5 次,连续检测 5 天,在每一批次测量中应同时测量质控品。进行数据分析前,检查数据中由偶然误差引起的离群值,在实验进行过程中一般不进行校准检测系统。具体如下。

1. 计算批内不精密度

$$s_r = \frac{\sqrt{\sum_{d=1}^{D} \sum_{i=1}^{n} (x_{di} - \bar{x}_d)^2}}{D(n-1)}$$

式中,s_r 为批内精密度;D 为总天数或总批数(实验规定为 5 天);n 为每批重复测量次数(实验规定为 3 次);x_{di} 为每批每次的结果;$\bar{x}_d$ 为一批中所有结果的均值。

2. 计算批间不精密度 先按下式算出批间不精密度 s_b^2

$$s_b^2 = \frac{\sum_{d=1}^{D} (\bar{x}_d - \bar{\bar{x}})^2}{D-1}$$

式中,$\bar{x}_d$ 为某批所有结果的均值;$\bar{\bar{x}}$ 为所有结果的均值。

3. 计算室内不精密度 室内不精密度(within-laboratory imprecision),代号为 S_l,实际上是实验室的总不精密度,是批内不精密度和批间不精密度的总和。

$$S_l = \sqrt{\frac{n-1}{n} \cdot s_r^2 + s_b^2}$$

$$T = \frac{[(n-1) \cdot S_r^2 + (n \cdot S_b^2)]^2}{\left(\frac{n-1}{D}\right) S_r^4 + \left[\frac{n^2 \cdot (S_b^2)^2}{D-1}\right]}$$

式中,S_l 为室内不精密度;n 为每批重复测量次数(实验室规定为 3 次)。

(三)结果判断

将实验所得的不精密度与厂家声明的不精密度进行比较,验证厂家试剂在本实验室的性能是否能达到所声明的不精密度。若实验室得到的不精密度小于厂家声明的不精密度，则该方法可以在临床应用。如果实验室获得的不精密度大于厂家声明的，则需要进行统计学检验，通过验证值的计算来判断精密度验证是否通过；如果实验室观测的不精密度低于这一验证值，则通过验证厂家的声明。在这里应用的前提是厂家声明的不精密度水平（如变异系数或标准差）应小于行业公认的允许不精密度水平。

验证值（V）的计算公式为

$$V = S_{\text{cliam}} \times \frac{\sqrt{C}}{\sqrt{T}}$$

式中，S_{cliam} 为厂家声明的实验室标准差；T 为有效自由度；C 为从 X^2 界值表查得的结果。

（四）试验注意事项

1. 试验样品的选择 进行精密度验证的样品必须具有很好的稳定性和唯一性。常用的精密度评价样品有校准品、质控品、患者样品或混合血清，视其用途而定。要求如下：①校准品简便易得，可制成不同浓度、干扰因素少、可作为评价随机误差的最佳样品。②质控品稳定、使用方便，适用于进行中间精密度试验，但应注意质控品与患者样品不一样，加入的稳定剂、防腐剂可干扰某些成分测定。③患者样品或混合血清常用于短时间内完成的试验，如重复精密度试验，避免使用浑浊、溶血、脂血等有干扰物的样品。如果可能，应使用与厂家声明相同的材料，或非常类似的材料（基质）。

2. 分析物浓度的选择 通常高值样品的不精密度较小，低值样品的不精密度偏大。对于低值、有临床意义的检测项目，宜评估低值样品的不精密度；若检测结果没有明确的医学决定水平，可在参考区间上限附近选一个浓度，再根据检验项目的特点在测量区间内选择另一个浓度；若与厂商或文献报道的不精密度比较，所选样品水平宜与被比较的样品水平接近。

应至少评估 2 个水平样品的不精密度。当 2 个水平样品的不精密度有显著差异时，建议增加为 3 个水平，所选样品的被测物水平应在测量区间内。适宜时，至少有 1 个样品的被测物浓度水平在医学决定水平左右。

3. 试验样品数量 在试验周期内至少做 20 个样品的检测，增加样品量有利于更好地评价随机误差，但同时会增加成本和试验时间。最佳方案是在成本和试验周期允许的范围内尽可能多地增加样品量。

二、正确度试验

（一）概念

正确度（trueness）是指无穷多次重复测量所得量值的平均值与一个参考量值间的一致程度。测量正确度与系统测量误差有关，与随机测量误差无关。"测量正确度"不能用"测量准确度"表示，反之亦然。正确度通常以偏倚表示。

（二）评价方法

正确度评价主要参考中华人民共和国卫生行业标准《临床检验定量测定项目精密度与正确度性能验证》（WS/T 492—2016）、《临床实验室对商品定量试剂盒分析性能的验证》（WS/T 420—2013）、中国合格评定国家认可委员会发布的《临床化学定量检验程序性能验证指南》CNAS-GL 037-2019、临床与实验室标准协会发布的《临床实验室定量检验程序精密度和偏倚验证指南》（CLSI EP15-A2 和 CLSI EP15-A3）及《使用患者样品进行方法学比对及偏倚评估指南》（CLSI EP9-A2 和 CLSI EP9-A3）。常用评价方法有已赋值的参考物质验证、回收试验和方法比较试验等。

1. 已赋值的参考物质验证 具体如下。

（1）参考物来源：选择的参考物应来源于权威机构参考物。这些物质的基质为人血清，不存在基质效应。如参考物质基质和／或添加物不来自人类，可能存在基质效应，影响其互通性，使用前应验证其互通性。

（2）赋值不确定度：参考物除提供赋值外，还必须提供赋值不确定度。最理想的为厂家提供赋值"标准不确定度"或"合成标准不确定度"。如厂家提供扩展不确定度，应注意其覆盖因子。

（3）操作方法：选择适合的验证方法且覆盖整个测量区间的多个参考物（至少 2 个浓度，其代表方法可报告范围中高和低的决定性浓度）。按说明书要求准备参考物，使用前充分混匀，但不要强力振荡产生气泡。每个参考物浓度每天测定 2 次，连续测定 5 天。

（4）结果处理：计算均值和标准差以及置信区间，帮助验证指定值（参考物的已赋值）。

若置信区间包含指定值，则正确度验证通过；若置信区间不包含指定值，则这些实验数据不能证实正确度。

2. 回收试验 在常规样品中加入纯分析物（以质量、浓度或活性计量），用于评估试验方法能否正确测定的能力，结果用回收率表示。进行回收试验应满足以下要求：①使用常规大样品基质，如血清或血浆；如加入被测物为液体，应尽可能减少其在样品中的体积比，一般控制在 10% 以内。②保证样品基质的一致性，原始样品中应加入不含被测物的相同溶液，作为基础样品。③加入物质能实现准确定量，如称重、使用标准物质或标准品。④应选择有临床意义的浓度加入基础样品，一般加入浓度应有 3 个或以上浓度水平，并保证对试验样品最终测定结果在检测方法线性范围内。具体步骤如下。

（1）制备样品：在常规检测样品中分别加入一定量待测物标准物和同样量无被测物的溶剂，制作回收样品和基础样品（在医学决定水平附近）。

（2）计算加入待测物标准物浓度

$$加入浓度 = 标准液浓度 \times \frac{标准液体积}{基础样品体积 + 标准液体积}$$

（3）计算回收浓度：一般用回收率表示，计算公式如下（以加入被测物为标准液为例）。

$$回收率 \% = \frac{回收浓度}{加入浓度} \times 100\%$$

$$回收浓度 = 样品最终测定浓度 - 基础样品浓度$$

（4）临床可接受性能判断：一般测量方法要求回收率在 95%～105%，最理想回收率应是 100%。

3. 方法比对试验（comparison of methods experiment） 是指试验方法（待评价或待验证方法）与比对方法（参考方法或准确度已知方法）进行比较，从测定结果间差异了解待评价方法的检测结果偏倚。由于参考方法的可获得性受到限制，目前在临床实验室比较方法多采用已得到临床验证的常规方法。在使用患者样品的正确度验证方案中试验方法和比较方法同时检测患者样品，实际上此种"正确度"验证方案，得出的不是真正的"偏倚"，而是两种方法之间的系统误差，通常表示为差值或差值（%）。具体如下。

（1）实验步骤：①检测 20 份患者样品，其浓度水平覆盖检测方法的可报告范围；②在实验室以常规操作方式检测新鲜患者样品；③在 3～4 天内，每天由试验方法和比较方法在 4 小时内检测 5～7 份样品；④评价质量控制程序，确保稳定的操作条件和有效的试验结果；⑤检查比较数据，识别任何异常的结果；⑥计算配 2 份样品所得两种方法之间的差值，并绘制差值与比对值之间的差值图，用图形显示，详见 WS/T 492—2016；⑦将数据进行配对 t 检验计算，确定方法之间的平均差值以及差值的标准差；⑧计算置信区间和／或验证限，将测量的差值（或百分差值）与厂家的声明进行比较。

（2）结果计算：通过计算两种方法之间的差值及差值标准差，可得试验方法的置信区间，以相同的方式可通过厂家声明的差值计算厂家的置信区间。若试验方法和参考方法之间的差值落在厂家声明的置信区间内，则证明了厂家的声明，置信区间的计算具体参照 WS/T 492—2016。

（3）方法比较试验注意事项：①样品选择。一般选择样品不少于 20 例，且所有样品浓度、活性应均匀分布于测量整个线性范围，并关注医学决定水平，选择合适样品分析范围比增加样品数更重要。②比较方法。比较方法选择十分重要，一般应选参考方法或决定性方法，方法间任何分析误差可归于被评价候选方法。③结果验证。按照所采用文件（如 WS/T 492—2016）规定的方法进行验证。

三、准确度试验

（一）概念

准确度（accuracy）是指单次检测结果与参考值间的一致程度，以总误差表示。总误差为实验室用某方法在多次独立检测中分析某样品所得各个结果值与靶值之差在一定置信区间内的最大允许范围。

（二）评价方法

同参考方法进行比对。试验步骤：①检测 120 份患者样品，其浓度水平覆盖检测方法的可报告范围；②在实验室以常规操作方式检测新鲜患者样品；③在 3～4 天内，每天用试验方法和参考方法在 4 小时内完成检测，依据实际情况确定每天检测样品数量；④评价质量控制程序，确保稳定的操作条件和有效的试验结果；⑤检查比较数据偏离的观察值（离群点）是否错误，若确认此类错误，可删除，否则应保留。

（三）计算结果

1. 非参数分析法 对差值总体没有做任何特定分布的假设。使用非参数分析方法进行误差的确定方法：从候选方法与比对方法的测定结果得到 n 对观察值，并得到 n 对观察值的差值，即样品数为 n；将 n 个差值以升序排列，排序后的差值以 $x_1,…,x_n$ 表示；计算每个 x 的秩次；然后用秩次除以（样品数 +1）得到每个秩次的百分位数；对所有超过 0.5 的百分位数，应用 1 减去该百分位数得到调整的百分位数；取所需百分位数对应的差值即可得到对于误差区间的点估计。

2. 参数分析方法 参数分析要求差值总体符合正态分布，以调整的百分位数（Y 轴）对两方法测定结果的差值（X 轴）作图，目测图形是否呈钟形判断其正态性。对于参数分析方法，误差计算见公式

$$TE=\bar{x}±t×s$$

式中：TE 为误差；$\bar{x}$ 为差值均值；s 为标准差；t 为 t 分布表中相应自由度（差值个数 −1）与指定的差值分布比例有关的一个因数。据上述公式计算出的范围即为点估计。

（四）注意事项

1. 样品来源 样品应来源于健康人或患者，抽样样本应能代表常规检测的样品，并应在医学决定水平范围内均匀分布。所有抽取的样本均应包括在分析中。宜使用新鲜样品，若储存样品对分析无任何影响亦可使用。

2. 样品浓度 应覆盖分析测量范围，对于不同的浓度范围可设定不同的总分析误差目标。

3. 样品量 临床实验室使用的最小样品量宜为 40 例，每次分析应进行相应例数的样品检测。使用同批测定的一次结果确定总分析误差，亦可进行重复测定以减小参考方法不精密度对总分析误差评估的影响。生产厂家使用的样品量宜为 120 例，宜分析更多的样品，使用所有数据进行总分析误差的确定。

四、分析测量范围与临床可报告范围试验

（一）定义和概念

分析测量范围（analytical measurement range，AMR）指患者样品没有进行任何预处理（稀释或浓缩等），检测方法能够直接测定出待测物的范围，也就是系统最终的输出值（活性或浓度）与被测物的活性或浓度成线性比例的范围，它反映整个系统的输出特性。

临床可报告范围（clinical reportable range，CRR）是指对临床诊断、治疗有意义的待测物浓度范围。此范围如果超出了 AMR，可将样品通过稀释、浓缩等预处理使待测物浓度处于分析测量范围内，最后结果乘以稀释或浓缩倍数，CRR 是扩展的 AMR。选择高值样品进行稀释回收试验，回收率在 90%～110% 结果为可接受，稀释回收率 ＝（实测值 / 预期值）× 100%。试验得到最大稀释度，结合分析测量范围上限来确定临床可报告范围。

（二）评价方法

线性（linearity）是分析方法的一个特征。检测样品时，在一定范围内可以直接按比例关系得出分析物含量的能力，是描述分析方法的浓度或活性反应曲线接近直线的程度的量。不同于正确度和精密度，线性是分析（在给定范围内）得到与样品中被测物浓度成比例关系结果的能力。线性范围（linear range）是覆盖检测系统的可接受线性关系的范围，非线性误差小于设定标准。此时的非线性误差应低于允许误差。

试验步骤：对一系列浓度样品进行分析，对检测结果进行直线回归，评价该分析方法能准确报告的最低浓度、最高浓度或能检测到的范围。具体如下。

1. 样品准备 常用的样品有如下几种。

（1）样品基质：应与患者样品相似，如患者混合血清，不可采用含有对测量方法具有明确干扰作用物质的样品，如溶血、脂血、黄疸或含有某些特定药物的样品。

（2）推荐使用样品：浓度为预期线性区间上限 120%～130% 的患者样品，以及接近或位于线性区间下限的低浓度样品。高浓度样品的选择应按照以下优先级进行：①可获得的天然单人份患者样品；②可获得的混合患者样品或在患者样品中添加分析物（加入量不超过总体积的 1/10）；③商业质控物 / 定标物 / 线性物质。低浓度样品的选择应按照以下优先级进行：①可获得的天然单人份患者样品；②处理过的患者样品；③推荐的稀释液 / 商业质控物 / 定标物 / 线性物质 / 生理盐水 / 水溶液等。

2. 样品测定 一般采用浓度从低到高的 5 或 6 份样品，所选用的浓度水平应可覆盖整个预期测量范围，可将低浓度和高浓度样品按比例混合，即按 4:0、3:1、2:2、1:3、0:4 的比例混合，可得到 5 份线性试验样品；若按 5:0、4:1、3:2、2:3、1:4、0:5 的比例混合，则可以得到 6 份线性试验样品。全部试验在同一工作日内完成，检测序列应为随机排列，每份样品测定 3 或 4 次，计算其平均值。

3. 统计学处理 ①离群点检查。观察结果有无明显的数据错误，若有明显异常时，应判断是否为离群点。全部数据中的离群点如果有 2 点或以上，则应放弃全部数据或重新进行试验。②以分析物浓度（已知）为 Y 轴，测定均值为 X 轴，绘制 X-Y 线性图，目测分析测量范围。③若所有试验点在坐标纸上呈明显直线趋势，用直线回归统计方法对数据进行处理，得直线回归方程 $Y = bX + a$。

（三）结果判断

1. 理想状态下，预期值和实测值间呈通过原点、斜率为 1 的回归线，即 b 为 1，a 为 0。

2. 若 b 在 0.97～1.03 范围内，a 接近于 0，则可直接判断测定方法可报告范围在试验所涉及浓度。

3. 若 b 不在 0.97～1.03 的范围内，a 较大，试着舍去某组数据，另作回归统计。若缩小

分析范围后，回归式有明显改善，若 b 接近于 1，a 趋于 0，此时缩小的分析范围可作为真实的可报告范围。

五、检测限试验

（一）定义和概念

检测限（limit of detection）是指检测系统可检出最低分析物浓度，包含空白限（limit of blank，LoB）、检出限（limit of detection，LoD）、定量限（limit of quantitation，LoQ）。空白限是空白样品可能观察到的最高测量结果；检出限是由给定测量程序得到的测量值，对于此值，在给定声称物质中存在某种成分的误判概率为 α 时，声称不存在该成分的误判概率为 β，国际纯粹与应用化学联合会（IUPAC）建议 α 和 β 默认值等于 0.05；定量限指在规定的测量条件下以指定的测量不确定度能测量的样品中可被测量的最低量，在体外诊断标示中，有时候也被用来指检测下限、定量下限、测量下限。临床实际工作中，并非所有的项目都需要检出限的验证，只有在低浓度时就对疾病的诊断和治疗决策非常重要的项目才进行验证，如毒物、激素、核酸、特定蛋白等检测。

（二）样品要求

检测限试验用于评价检测系统可检测出的最低分析物浓度。试验要求及方法是评价检出限和定量限，依赖于空白样品和低浓度水平样品的测试。宜采用独立和天然人源样品。空白样品代表不含被测量的人源样品。对于空白样品的获得，可直接来源于人源样品，或对人源样品进行技术处理得到。如空白人源样品不易获得，也可以寻找可行替代物，例如样品稀释剂、缓冲液、生理盐水、纯水、蛋白质溶液和类似的基质等。天然低浓度水平人源样品不易获得，可采用稀释样品以便得到期望的被测量水平的低浓度水平样品。所有替代物样品应在测量过程中与天然人源样品表现相似，可通过线性、回收和/或其他适当的测试予以证明。

（三）评价方法

评价方法参考 YY-T 1789.3—2022 规范。

1. 空白限（LoB）推荐的方案 1 个试剂批，1 个仪器系统，3 个测试日，2 个空白样品，每个样品进行 4 次重复测量，计算空白样品测试结果中小于或等于 LoB 声明的结果占总数的百分比。

2. 检出限（LoD）推荐的方案 1 个试剂批，1 个仪器系统，3 个测试日，2 个检出限浓度样品，每个样品进行 4 次重复测量。在验证 LoD 值之前，需要首先验证 LoB 值是否准确。

3. 定量限（LoQ）推荐的方案 1 个试剂批，1 个仪器系统，3 个测试日，5 个定量限浓度样品，每个样品进行 3 次重复测量，测量结果数量为 45 个（3 天 ×5 个样品 ×3 次重复）。对于每个样品，计算其目标值的允许误差范围。计算每个样品的测试结果落在允许误差范围内的个数，从而计算满足 LoQ 声明的可接受目标标准的所有样品测量结果的百分比进行比较。

六、分析干扰试验

（一）定义与概念

干扰（interference）是指在临床化学中，被测物浓度因样品特性或其他成分的影响而出现的临床显著性偏差。这种影响可见于检测系统的非特异性、指示反应响应不佳、被测物活性抑制等情况。

但在临床实验室中，对干扰物引起误差的判断却非易事。任何一个测量程序都可能存在干扰物，对以患者标本为分析对象的临床实验室来说干扰物质来源通常有：①代谢物，如在特定患者群体（如糖尿病、多发性骨髓瘤）中可能出现的异常生化代谢物与药物代谢物；②药物及饮食，如常见处方与非处方药，接受某项目检测的特定患者群体中常用的药物，饮食如咖啡因、β-胡萝卜素等;③样品中的异常物质,如高浓度的血红蛋白、胆红素、甘油三酯等;④添加剂及在标本采集与处理过程中可与之接触的物质,如抗凝剂(肝素、EDTA、柠檬酸盐、草酸盐等)与防腐剂(NaF、HCl、碘醋酸盐等)、血清分离胶、样品采集容器及胶塞、导管、导管冲洗液、皮肤消毒剂、手部清洁剂、玻璃清洗液、手套粉末等。干扰试验是通过定量检测样品中物质所引起试验方法的系统误差,以评价方法的准确度。干扰物质引起的误差通常是恒定系统误差,与分析物浓度无关。

(二)评价方法

1. 干扰物筛查试验 列出的干扰物清单中可能包括多种物质,需要通过干扰物筛查试验对这些物质进行初步鉴别。首先在基础样品中添加较高浓度的可能干扰物质,使之成为实验样品。然后分别检测实验样品与对照样品中的被测量浓度,通过配对 t 检验判断两样品的测定结果间差异是否具有统计学意义:如没有统计学意义,则由此物质引起的偏差不会影响临床决定,不认为此物质是干扰物;如具有统计学意义,则考虑此物质可能具有干扰作用,须进一步试验以确定干扰物浓度与其产生的干扰效应间的关系,对其在不同浓度下对测定结果的干扰效应进行评价。

2. 干扰效应评价

(1)基础样品制备:从未服用过药物的健康人群中采集新鲜标本(血清、尿液等),将标本混匀后即成为基础样品,如新鲜标本难以取得,也可采用冰冻或冻干样品,但应注意这类样品中含有防腐剂与稳定剂,在应用此类样品之前应对其基质效应进行评价。

(2)确定基础样品中的被测量浓度:可通过添加纯分析物使样品中被测量浓度达到医学决定水平。干扰物质的纯品多为固体,需要用适当的溶剂将其溶解,制成干扰物原液。常用溶剂有纯水、盐酸溶液或氢氧化钠溶液、乙醇或甲醇、丙酮、二甲基亚砜等。原液浓度应至少20倍于实验浓度,以减少对基础样品基质的稀释,应注意防止有机溶剂的挥发并考虑其在水中的溶解度。

(3)干扰物浓度获得:干扰物高实验浓度样品与低实验浓度样品定量混合,可得到干扰物浓度介于两样品之间的一系列实验样品。确定线性剂量相关关系时需要5个浓度水平,与干扰筛查试验一样。评价干扰物剂量效应时也须排除方法精密度对结果的影响,通常每个水平重复测定3次即可满足要求。

(三)结果计算

计算最低干扰物浓度样品的测定均值,用5个水平样品的每个测定值减去此均值得出不同浓度干扰物的干扰效果。以干扰效果为 Y 值,干扰物浓度为 X 值,绘出干扰物剂量相关曲线,根据曲线趋势进行数据分析。

如曲线为近似直线,可用线性回归分析;对于非线性相关结果,如干扰剂量效应曲线为非线性,可采用非线性回归分析得出相应的最佳拟合曲线与数学模型,置信区间可用适当的非线性回归分析程序计算,具体计算方法较为复杂,建议采用统计学软件,如 SPSS、SAS等进行计算。根据得出的最佳数学模型可推断出在评价范围内任意干扰物浓度所引起的干扰效应值,计算干扰物浓度对测定结果干扰效应的 95% 置信区间。将干扰物引起系统误差的大小与行业标准中规定的总允许误差进行比较,若小于总允许误差即可接受。

(四)注意事项

1. 试验样品 标准溶液或患者样品均可作为干扰试验样品。因患者样品来源方便,基质成分相同于实际样品,常选择患者样品作为试验样品。

2. 吸量精确 吸量精度要尽可能高,以保证干扰样品和基础样品体积一致。

3. 加入干扰物浓度、体积 加入干扰物浓度尽可能达到病理样品最高浓度值,加入干扰物体积尽可能小,以减少稀释。

4. 干扰物选择 可根据方法反应原理、厂家建议和文献提示选择可能干扰物。常采用加入胆红素标准品来制备黄疸样品,机械溶血来制备溶血样品,加入脂肪来制备脂血样品或对高脂样品超速离心前后对比等进行干扰试验。

5. 测定次数 每个样品通常要重复测定 2 或 3 次。

七、基质效应评价试验

(一)定义与概念

基质指在分析样品中,除目标待测物以外的其余组分。基质效应(matrix effect)是样品中除分析物以外的其他成分对分析物测定值的影响,或者说是基质对分析方法准确测定分析物的能力的干扰。这些影响和干扰可能会显著改变分析物的活度系数,从而影响分析结果的准确性。在绝大多数的商业化质控品、校准品中都会添加防腐剂等其他材料或者对样品进行冻干等处理来增加样品的稳定性,以满足运输、存储的需要。这些添加的或者是经过处理后发生物理或化学变化的与正常患者基质不同的物质对质控品中分析物检测产生的影响称为"基质效应"。

产生基质效应的原因与以下四个主要因素的相互作用密切相关:仪器的设计、试剂的组成成分、测试方法的原理、质控材料的组成及处理技术等。通过回收试验可以评估分析方法是否受基质效应的影响,但分析方法是否受基质效应的影响一般是仪器生产厂家和试剂生产厂家所要考虑的,临床实验室更重视质控品、校准品等经过处理的样品带来的基质效应,因为它们直接影响实验室的日常工作,关系着检验报告的准确性。实际工作中,商品化的质控品和校准品并没有要求临床实验室对其进行基质效应评价。

(二)评价方法

用两种测定方法同时对选定的一系列具有代表性的临床样品和制备样品进行分析,利用两种方法测定临床样品的结果建立数学关系(回归),制备样品测定的结果偏离这一数学关系的程度即反映其基质效应的大小。一般来说,制备样品与临床样品的性质差异越大,数据的偏离程度将越大。

(三)实验步骤

将制备样品与 20 份新鲜临床样品随机穿插排列,分别使用评估方法与比对方法测定所有样品,重复测定 3 批,每批每个样品测定 1 次,每批测定都须校准。评估方法与比对方法宜同步进行。若不能实现同步测定,应在适宜的条件下储存样品。使用合适的方法剔除离群值,如 Grubbs 法。实验完成后,将实验样品在适宜条件下保存。如在数据分析过程中发现问题,有必要选用其他比对方法(如决定性方法或参考方法)对样品进行重新测定。

(四)数据分析

利用新鲜临床样品及制备样品重复测定结果的均值(使用不同符号)作散点图,y 轴为评估方法结果,x 轴为比对方法结果,根据新鲜临床样品测定结果散点的分布方式,选择合适的回归分析方法。

1. 线性回归分析 将评估方法测定临床样品结果的均值作为 y 值,比对方法测定临床样品的均值作为 x 值,进行线性回归分析。

2. 多项式回归分析 指二项式回归以上(包括)的回归模式。若最佳拟合为二项式,则回归方程为 $y = a_0 + a_1x + a_2x^2$,对该二项式回归方程中的回归系数 a_2 进行统计分析:若 a_2 与 0 有显著性差异(如 t 检验结果 $p < 0.05$),则采用此二项式回归模式;若 a_2 与 0 无显著性差异(如 $p > 0.05$),则使用线性回归分析;若两种方法测定结果之间不呈线性,很可能是因为 20 个临床样品的浓度范围分布较窄,建议增加样品以得到更宽的 x 值范围,不可利用 20 个样品的数据来判定非线性的原因出自何处;若临床样品测定结果分布近似等比数列(如 20、40、

80、160），而非均匀（如 20、30、40、50、60、70），可将测定结果进行对数转换后再进行分析。

用公式（具体参照卫生行业标准文件《血清的免疫测定》WS/T 356—2011）计算给定 x 值（重复测量均值）下，新鲜临床样品评估方法测定均值 y 的双侧 95% 置信区间，利用卫生行业标准文件《血清的免疫测定》WS/T 356—2011）提供的方程，将比对方法测定均值作为 x 轴，计算每个制备样品的 y 值的 95% 置信区间。如果评估方法的测定均值落在该区间内，说明该制备样品对评估方法无基质效应。须注意的是，若两种测定方法间的特异性差异较大，测定结果间的相关性将会受到影响，从而导致计算出来的置信区间偏大，以至于无法检出不太显著的基质效应，影响最终的结论。

（五）注意事项

要求比对方法对于制备样品（校准物或质控样品）没有或只有轻微基质效应。比对方法选择顺序如下：一级参考方法，如同位素稀释质谱法测定胆固醇；二级参考方法，如美国疾病预防控制中心（CDC）改良的 Abell-Kendall 法测定胆固醇；指定的比对方法，如美国 CDC 的高密度脂蛋白胆固醇（HDL-C）指定比对方法，硫酸葡聚糖 - 镁离子沉淀法制备高密度脂蛋白（HDL），用胆固醇二级参考方法测定胆固醇。理想的比对方法应为无基质效应的参考方法或指定的比对方法。在实际工作中，也可选择常规方法作为比对方法，但是在这种情况下，比较难以判断基质效应来自比对方法还是评估方法。

在实验浓度范围内，患者样品的分析物浓度或活性浓度应均匀分布，并涵盖制备样品的浓度范围。应选择具有代表性的患者样品（如健康人和患者的样品），避免使用含有已知干扰物的样品。若明确冰冻样品不影响测定，亦可采用新鲜冰冻样品。为便于实验，可根据实验批次计算样品份数，将实验样品分装后进行保存。某些情况下，为了提供更多的数据，需要增加新鲜临床患者样品的个数。

八、携带污染的评价及其解决方案

（一）定义和概念

携带污染（carry-over）是由测量系统将一个检测样品反应携带到另一个检测样品反应的分析物不连续量，因此影响了另一个检测样品的表现量。这意味着前一个测试过程中残留的物质（如生物样品、试剂、混合反应液或反应产物等）可能会通过仪器元件（如探针、比色杯、搅拌棒、管路等）被携带到下一个检测反应中，参与反应，影响反应进程，并可能导致检测结果出现显著偏差。常见类型如下。

1. 根据携带残留物的不同分类　可分为样品携带污染和试剂携带污染。

（1）样品携带污染：指待测物浓度范围分布极宽的项目，如肌酸激酶、类风湿因子等，在某些疾病发生时可能会有几千倍的升高，此时即便非常少量的样品探针携带也可能造成后一份样品的测试结果异常升高；待测物在不同类型样品间浓度差异非常大，当其在同一检测平台上紧邻测定时，也会发生明显的携带污染。曾报道在紧随尿液生化样品后检测的血清钾、尿素、肌酐结果明显增高。

（2）试剂携带污染　通常"配对"发生，即某一特定检测的试剂或其他化学残留被携带入紧随其后的另一个特定检测项目反应体系中。试剂残留物作为待测物直接参与反应，例如甘油三酯、总胆固醇等检测试剂所含胆酸被携带入下一反应体系，造成总胆汁酸检测结果异常偏高；或前一反应试剂中的某些成分与后一反应进程中的某些关键中间产物发生反应或影响反应条件，从而造成结果升高或降低；或前一反应残留试剂所含的某种成分或反应产物直接影响后一反应的吸光度值。

2. 根据携带污染发生部位的不同分类　可以分为样品探针携带污染、试剂探针携带污染、比色杯携带污染、搅拌棒携带污染、管路携带污染等。

（二）评价方法

由于每个实验室开展的检验项目不同,项目排布顺序也不同,使用试剂及其反应原理各有不同,故试剂携带污染的研究多为案例研究,少有系统评价,很少有实验室在设备启用前评估试剂携带污染。通常都是在可疑携带污染发生后,才以被污染项目为主要研究对象,分析可能的携带。仪器和试剂制造商有义务在检测系统建立时和增加新项目时向实验室提供"配对"携带污染信息及建议解决方案,也有义务协助实验室发现并解决临床出现的携带污染问题。

1. 样品携带污染的评估方法 很多文献报道了采用临床高浓度样品评估样品携带污染的方法。针对同一个检测项目,先检测 3 个或更多高待测物浓度的患者样品或质控物,紧随着测定 3 个或更多空白物质,可以是去离子水,也可以是不含该待测物的同基质样品。按照如下公式计算携带污染率。

$$CR = \frac{(L_1 - L_3)}{(H_3 - H_1)} \times 100\%$$

公式中, CR 是携带污染率, L_1 是低值样品第一次测量结果, L_3 是低值样品第 3 次测量结果, H_3 是高值样品第 3 次测量结果, H_1 是高值样品第一次测量结果。

2. 试剂携带污染确认试验设计 随机留取一定数量(如 20 份)待测物浓度不同(应尽可能覆盖待测物分析测量范围)的患者样品($X_1, X_2, X_3 \dots$),记录检测结果,同时留取混合样品检测携带污染物(Y)。以 Y、X_1、Y、X_2、Y、$X_3 \dots$ 顺序编制检测菜单,记录检测结果 X',计算每个样品的携带污染率($X_1' - X_1$)/X_1,($X_2' - X_2$)/$X_2 \dots$。另外,在某一台仪器上观察到了配对项目的试剂携带污染后,也可以在相同机型且项目设置完全相同的仪器上验证,观察这一组配对交叉污染是否普遍存在,以分析是共同规律,还仅是某一台分析仪的问题,再决定采取何种携带污染解决方案。

随着分析技术的不断进步,越来越多的制造商从硬件、软件多方面不断改进技术,如样品针/试剂针的涂层材料技术的进步,以及洗液配方的改进,已经大大降低了携带污染率。但实际工作中,临床实验室还是要随时关注携带污染的出现并及时解决。

第四节 定性检验方法性能评价

定性试验是临床检验方法的重要组成部分,有两个不同的层次:一是缺乏定量分析数据的,往往只有两种检测结果(有/无反应或阴/阳性);二是以量值或数值等级形式表达定性结果的定性检验方法,俗称半定量检验方法(结果报告为阴性或阳性,阳性时分等级强弱,如 1+/2+/3+/4+ 或 1∶2/1∶4/1∶8/1∶16)。

定性检验方法性能验证的内容主要包括符合率、精密度、检出限、临界值、携带污染率、抗干扰能力。

一、符合率评价

根据中国合格评定国家认可委员会发布的《免疫定性检验程序性能验证指南》(CNAS-GL 038:2019),诊断准确度标准明确时验证临床免疫学定性检验程序的诊断符合率,诊断准确度标准不明确时验证其方法符合率。

（一）国家标准血清盘的比对

国家标准血清盘是由国家最高法定检定部门生产的标准品,一般由国家生物制品检定所提供。实验室可采用国家标准血清盘对购进的每一批试剂盒进行验证,以有效地控制试剂盒在购进、储存和运输中的质量,保证试剂盒使用前的质量控制。当诊断和被检测物的结果明确,即用"金标准"进行检测,且满足诊断准确度标准时,可采用评估诊断灵敏度和诊断特异性的方法来验证诊断符合率。

1. 选择所需验证项目的标准血清盘 血清盘的标准品一般有阴性参考品、阳性参考品、灵敏度参考品、精密度参考品。不同检测项目的标准血清盘包含的各种参考品数量不同。

2. 选取样品 阴性样品 20 份(包含至少 10 份其他标志物阳性的样品)、阳性样品 20 份(包含至少 10 份浓度在临界值(cut-off 值)和 2～4 倍临界值之间的弱阳性样品,1 份极高值阳性样品),随机盲号法重新分号,检测样品,将所有检测结果按表 8-3 汇总填表。用待评价的试剂盒对相应标准品(参比方法)进行检测,记录结果。

表 8-3 待评价方法与参比方法相比较的 2×2 表

待评价方法	参比方法	
	+	−
+	真阳性数(a)	假阳性数(b)
−	假阴性数(c)	真阴性数(d)
总数	$a+c$	$b+d$

注:诊断灵敏度 $=\dfrac{a}{a+c}\times100\%$;诊断特异性 $=\dfrac{d}{b+d}\times100\%$;诊断符合率 $=\dfrac{a+d}{a+b+c+d}\times100\%$。

3. 判断标准 如果实验室计算得出的诊断灵敏度、诊断特异性和诊断符合率不低于厂商检验方法声明,则通过验证;如果低于厂商检验方法声明,则未通过验证,应寻找原因或更换检验方法。

(二)临床明确诊断的样品比对

并不是所有检验项目都有国家标准血清盘。当患者的临床诊断明确时,可用临床明确诊断的患者样品进行检验方法符合率的验证。临床明确诊断包含两种情况:一种是患者的实验室结果是已知的,如 HIV 携带者,其 HIV 抗体确认为阳性,而非 HIV 携带者,其 HIV 抗体确定为阴性,这些已知样品与定性方法的检验结果比较,两者的符合率称为阴性、阳性符合率;另一种是患者的实验室检验结果可以是不确定的,如结核病患者,经过涂片检查与细菌培养检测确诊为结核病患者,但患者体内的结核抗体可能为阴性也可能为阳性,这时,定性方法的检验结果与患者的临床状态相比,性能评价指标为方法的诊断准确性,即方法的临床诊断效能。本段主要讲述的是第一种情况。

1. 选择临床明确诊断的样品 该样品的检验结果已知,作为参比方法。应避免使用溶血、脂血、黄疸、污染等明显质量异常标本,相关要求参照"国家标准血清盘的比对"部分,对新方法进行检测、评价。

2. 判断标准 如果实验室计算得出的诊断灵敏度、诊断特异性和诊断符合率不低于厂商检验方法声明,则通过验证;没有厂家声明的情况下可选择其他接受标准。

(三)方法符合率

很多时候,临床信息不够明确,若实验室考虑启用新的或便宜的定性检测方法代替旧的或昂贵的常规方法,或新开实验室初次进行性能验证时,可采用评估方法符合率的方式来实现符合率的验证,包括用候选方法评估已知能力验证或室间质评的样品结果,以及不同方法学或 / 和相同方法学在同一或不同实验室之间进行方法学比对。评价两种方法的一致性,判断是否可以获得类似结果。然而,在没有可靠参照标准的情况下,如果两种方法一致性较差,就不能判断哪一种方法具有更好的性能,除非执行参考程序以外的试验。方法学比对具体步骤如下。

1. 参比方法（在用检测方法） 选择已经过验证,性能符合设定标准,日常室内质控、室间质评/能力验证合格的在用检测方法,作为参比方法。优先选用符合以上要求的经 CNAS 认可的医学实验室的检测方法。

2. 选取样品 选取阴性样品 10 份(包含至少 5 份其他标志物阳性的样品)、阳性样品 10 份(包含至少 5 份浓度在 cut-off 值和 2~4 倍 cut-off 值之间的弱阳性样品,1 份极高值阳性样品),共 20 份样品,随机每 4 份分成一组。

3. 采用参比方法和候选方法检测 均每天按照患者样品检测程序平行检测一组样品,并进行评价。

4. 用两种方法(待评价方法、已验证方法)**检测相同样品** 得出两种方法比较的 2×2 表(见表 8-3)。通过以下公式可以计算候选方法的方法符合率指标(总符合率、阳性似然比和阴性似然比)。

$$总符合率 = \frac{a+d}{a+b+c+d} \times 100\%$$

$$阳性似然比 = \frac{阳性符合率}{1-阴性符合率}$$

$$阴性似然比 = \frac{1-阳性符合率}{阴性符合率}$$

5. 可接受标准 为所用厂商检验方法(候选方法)标准。若无可用的厂商标准时,可根据实验室检测方法的预期用途制订实验室验证可接受标准。

总符合率不能足够地反映两种方法的一致程度,因为评估样品中疾病的患病率对一致程度的影响很大。在不清楚疾病患病率的情况下,可以按照下面的公式计算两种方法一致程度精确的可信区间。

计算一致程度的 95% 可信区间 $[100\%(Q_1-Q_2)/Q_3, 100\%(Q_1+Q_2)/Q_3]$, Q_1、Q_2、Q_3 按下面的公式计算。

$$Q_1 = 2(a+d) + 1.96 \times 2 = 2(a+d) + 3.84$$

$$Q_2 = 1.96\sqrt{1.96^2 + \frac{4(a+d)(b+c)}{n}} = 1.96\sqrt{3.84 + \frac{4(a+d)(b+c)}{n}}$$

$$Q_3 = 2(n + 1.96^2) = 2n + 7.68$$

上述公式中 1.96 是标准正态分布对应的 95% 可信区间的百分位点。

6. 计算卡帕(Kappa)**值** 评价两种方法的一致性:Kappa≥0.75,两者一致性较好;0.4≤Kappa<0.75,两者一致性中等;Kappa<0.4,两者一致性较差。

$$Kappa = (P_0 - P_e)/(1 - P_e)$$

式中,P_0 为实际一致比,P_e 为期望一致比。

二、精密度评价

有些定性的免疫方法,检测系统或试剂厂家会在其试剂盒说明书汇总给出精密度数据(重复性和中间精密度),实验室可参考定量检测项目的精密度验证方案对其进行评价;如厂家未提供数据,可参照《定性测定性能评价指南》(WS/T 505—2017)进行临界值浓度的精密度评价。

(一)基本概念

1. 精密度(precision) 在定性测定中,精密度的概念是一个阳性或阴性样品,重复多次测定得到阳性或阴性结果的比率。精密度无法用数字来表示,只能通过不精密度如标准差和变异系数来评估。在评价定性试验时,不能使用强阳性或阴性样品,只能使用接近临界浓度的样品。在评价化学发光免疫试验(chemiluminescence immunoassay,CLIA)和酶联免疫吸附试验(enzyme-linked immunosorbent assay,ELISA)等可将结果以临界值(cut-off index,COI 或 S/CO)方式表示的试验中,精密度的定义与定量测定的定义相同。

2. 重复性(repeatability) 即同一被测对象在相同状态(包括检测的原理或方法、操作者、测试仪器、检测地点、操作条件、环境因素)下短时间内、多次检测的结果符合程度的接近性。

3. 重现性(reproducibility) 即同一被测对象在不同状态(包括检测的原理或方法、检测地点、操作条件、环境因素,也可能包含其他条件的改变)下较长时间内、多次检测的结果符合程度的接近性。

4. C_{50}、C_5、C_{95} C_{50} 指在最佳条件下对恰好在临界值浓度的样品进行一系列重复性检测,检测结果有 50% 的可能是阴性,50% 可能是阳性。这个接近临界值的浓度,称为 C_{50}。C 表示浓度,下标 50 表示阳性结果的百分数。C_5 指某分析物经多次重复检测,得到 5% 阳性结果的浓度,称为 C_5。C_{95} 指某分析物经多次重复检测,得到 95% 阳性结果的浓度,称为 C_{95}。

(二)不精密度曲线

《定性测定性能评价指南》(WS/T 505—2017)为定性试验性能评价的实验设计以及数据分析提供了一个规范的、概括性的研究方法。本段内容主要介绍定性检验方法 C_{50} 的确定及不精密度曲线的建立。

厂家根据实验目的及临床所需敏感度和特异性来建立临界值浓度。一旦厂家建立了临界值,用户很少改变它。低于临界值为阴性,高于临界值为阳性。如果实验室在最佳条件下用浓度恰好等于临界值的样品进行重复性试验,其 C_{50} 刚好等于厂家建立的临界值。由于最佳条件不易获得,厂家定义的临界值与实验室实际建立的 C_{50} 之间可能存在差异,定性试验中的偏倚将与之有关。

图 8-4 描述了定性试验的"不精密度曲线"。该曲线显示经过一系列重复检测得到的阳性和阴性结果的百分数如何随接近 C_{50} 的分析物实际浓度的改变而改变。

增加分析物浓度(浓度向右移),重复检测后产生阳性结果的百分数将更大,阴性结果的百分数将更小。相反,降低分析物浓度(浓度向左移),重复检测后产生阳性结果的百分数将变小,阴性结果的百分数将更大。如果候选方法不同、不同的实验室进行检测以及相同实验室用相同候选方法在不同条件下进行试验,图 8-4 不精密度曲线显示的实际形状和陡峭程度都将不同。

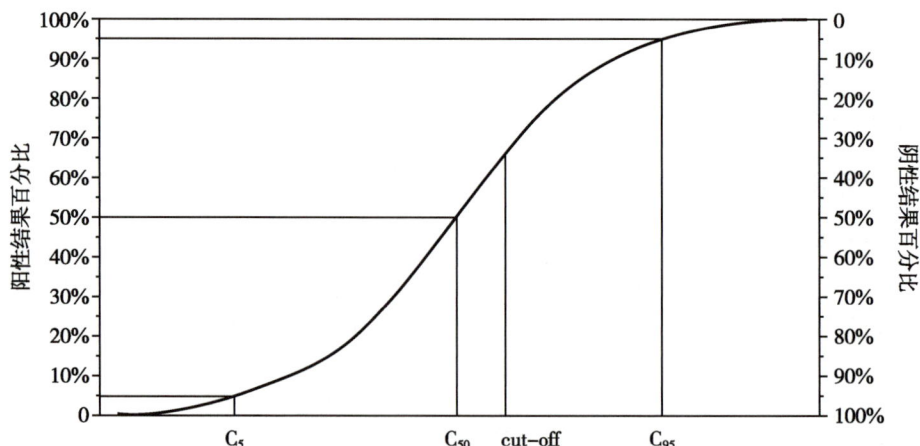

图 8-4 分析物浓度接近临界值时的不精密度曲线

用浓度小于 C_5 的样品进行重复性检测,结果将持续为阴性。用浓度大于 C_{95} 的样品进行重复性检测,结果将持续为阳性。分析物浓度在 $C_5 \sim C_{95}$ 区间之外,候选方法对同一样品的重复性检测将得到相同结果。分析物浓度在 $C_5 \sim C_{95}$ 区间内,候选方法对同一样品重复性检测,将得到不一致结果。因此,$C_5 \sim C_{95}$ 区间的宽度就表明了定性试验的不精密度,因为它反映了重复性检验结果不一致的浓度范围。$C_5 \sim C_{95}$ 区间越窄,代表方法越好。结果的真阳性或真阴性取决于候选方法的诊断准确性。

图 8-5 展示了两种不同检测方法的不精密度曲线。它们的 C_{50} 相同,因此两种方法间不存在系统误差。但方法 1 在接近 C_{50} 处的精密度高于方法 2,因为方法 1 在近 C_{50} 处的曲线更陡,任何一个方向,浓度稍有改变,将产生所有都是阳性或所有都是阴性的结果。方法 2 在近 C_{50} 处比较平滑,所以改变相同浓度将产生更多的阳性和阴性结果的混合。要像方法 1 那样得到一致的阳性或阴性结果,方法 2 需要更大的浓度增量。另外,从图 8-5 也可看出方法 1 的 $C_5 \sim C_{95}$ 区间比方法 2 的窄。所以,从曲线的陡峭程度以及 $C_5 \sim C_{95}$ 区间的大小,可判断出方法 1 的精密度优于方法 2。

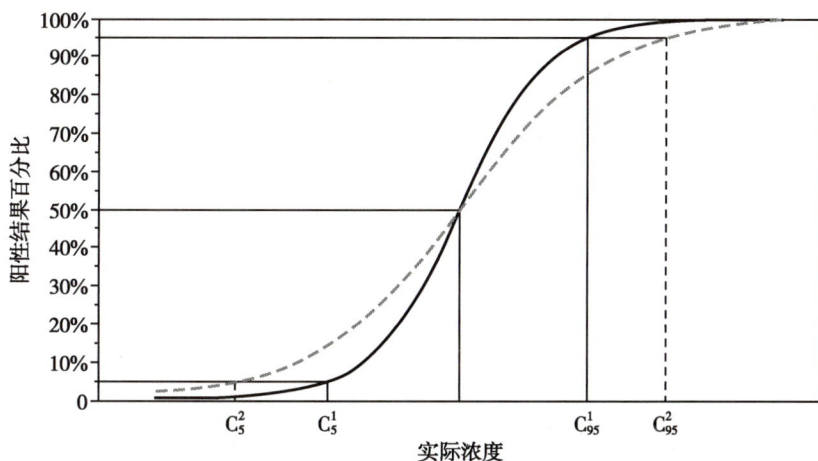

图 8-5 两种测定方法的不精密度曲线
注:实线为方法 1;虚线为方法 2。

实验室建立某定性检验方法的 C_{50} 以及不精密度曲线的具体步骤如下:①准备 3 份样品,一份浓度是 C_{50},一份 C_5,一份 C_{95},需足够样品量;②每份样品检测 40 次,得到每份样品阳性和阴性结果的百分数;③以样品检测浓度为横坐标,以样品阳性结果百分数为纵坐标,拟合出该方法的不精密度曲线;④利用不精密度曲线的陡峭程度、$C_5 \sim C_{95}$ 区间的宽度判断该方法精密度的优劣。

如果候选方法的说明书有提供临界值,可将临界值放在试验的 C_{50} 位置。如果没有提供临界值,可用阳性样品作一系列稀释,重复检测稀释后样品,直至得到正确的 C_{50}。判断 C_{50} 是否正确的标准见表 8-4。

表 8-4 C_{50} 准确性判断的标准

类型	检测次数 / 次	阳性结果次数 / 次	阳性结果所占百分比 /%	C_{50} 准确性
1	40	≤13	≤32.5	不准确或不可信(统计学的错误率为 5%)
		≥27	≥67.5	
2	40	14～26	35.0～65.0	准确或可信

注:C_{50} 可信度取决于实际检测结果以及检测的样品数量。

（三）定性精密度评价试验

如果两种方法的不精密度曲线一样，$C_5 \sim C_{95}$ 区间等宽，换言之，两种方法对各自 $C_5 \sim C_{95}$ 区间内样品的检测结果一致，实验室需要进一步使用某一特定浓度范围（如 $C_{50} \pm 20\%$），看它是否包含了 $C_5 \sim C_{95}$ 区间。如果 $C_{50} \pm 20\%$ 浓度范围包含了 $C_5 \sim C_{95}$ 区间，浓度 $\geq (C_{50} + 20\%)$ 的样品检测结果将一致，也就是说，在 $C_5 \sim C_{95}$ 区间之外的样品检测结果可认为是精密的，因为浓度 $> C_{95}$，将持续得到阳性结果，浓度 $< C_5$，将一直得到阴性结果。$\pm 20\%$ 只是用来举例，用户也可选择 $\pm 10\%$ 或 $\pm 30\%$，取决于实验的目的和可接受的精密度。具体方法如下：①以 C_{50}、C_{95}、C_5 和 $C_{50} \pm 20\%$ 共 5 个浓度点作样品，重复检测 40 次，记录每次阳性结果百分数；②观察候选方法的 $C_{50} \pm 20\%$ 浓度范围是否包含了 $C_5 \sim C_{95}$ 区间；③根据得到不同类型的结果，得出不同结论，见表 8-5。

表 8-5　样品浓度范围 $\pm 20\%$ 包含于 $C_5 \sim C_{95}$ 区间的判断

类型	样品浓度	阴性或阳性结果所占比例	结论
1	+20% −20%	阳性结果 ≤87.5%（35/40） 阴性结果 ≤87.5%（35/40）	−20% ～ +20% 浓度范围 $C_5 \sim C_{95}$ 区间之内；用该方法检测，浓度超过 $C_{50} \pm 20\%$ 的样品检测结果不一致；此结论错误率为 5%，须使用更宽浓度范围的样品（如 ±30%）进行另外的试验
2	+20% −20%	阳性结果 ≥90%（36/40） 阴性结果 ≥90%（36/40）	−20% ～ +20% 浓度范围包含了 $C_5 \sim C_{95}$ 区间；用该方法检测，浓度超过 $C_{50} \pm 20\%$ 的样品检测结果一致
3	+20% −20%	阳性结果 ≥90%（36/40） 阴性结果 ≤87.5%（35/40）	−20% ～ +20% 浓度范围只是部分地在 $C_5 \sim C_{95}$ 区间内（+20% 包含了 $C_5 \sim C_{95}$ 区间，但 −20% 浓度的样品在 $C_5 \sim C_{95}$ 区间内）；用该方法检测，$C_{50} + 20\%$ 的样品检测结果一致，$C_{50} - 20\%$ 的样品不一定能得到一致结果；需要用低于 C_{50} 更大百分率浓度的样品（如 −30%）进行补充试验
4	+20% −20%	阳性结果 ≤87.5%（35/40） 阴性结果 ≥90%（36/40）	−20% ～ +20% 浓度范围只是部分地在 $C_5 \sim C_{95}$ 区间内（+20% 在 $C_5 \sim C_{95}$ 区间内，但 −20% 包含了 $C_5 \sim C_{95}$ 区间）；用该方法检测，$C_{50} - 20\%$ 的样品检测结果一致，$C_{50} + 20\%$ 的样品不一定能得到一致结果；需要用高于 C_{50} 更大百分率浓度的样品（如 +30%）进行补充试验

注：如 C_{50} 估计不准，−20% ～ +20% 浓度范围也会变化，导致浓度范围的一侧落在 $C_5 \sim C_{95}$ 区间之外。

（四）特殊类别定性检测方法的精密度评价

临床免疫学定性检验程序若以量值或数值形式，如 S/CO、COI 表达定性结果，精密度验证方法可参照《临床化学定量检验程序性能验证指南》（CNAS-GL 037:2019）。

1. 精密度验证的基本原则　包括：①操作者必须熟悉检测系统或试验方法和/或仪器工作原理，了解并掌握仪器的操作步骤和各种注意事项，应在评估阶段维持仪器的可靠和稳定。②用于评估试验的样品一般采用临床实验室收集到的稳定或冷冻储存的血清（浆）样品；当实验室收集的样品不稳定或不易得到时，也可考虑使用稳定的、以蛋白质为基质的商品物质，如校准品或质控物。③评估精密度时，选取阴性样品 2 份（至少 1 份其他标志物阳性）样品、阳性样品 3 份（包含至少 1 份浓度在 cut-off 值和 2～4 倍 cut-off 值之间的弱阳性，1 份极高值阳性样品），共 5 份样品，按照患者样品检测程序进行检测。阳性样品参照《临床化学定量检验程序性能验证指南》（CNAS-GL 037:2019）进行检测，阴性标本跟随阳性样品同时检测。

2. 精密度评估　步骤：①应使用同一批号的试剂和校准品，通常只进行一次校准。②每天检测 1 个分析批，每批每个样品重复检测 3～5 次，连续检测 5 天，至少 20 个数据。

计算所得 S/CO 值的均值（$\bar{x}$）和标准差（s），计算重复性变异系数（CV）。③每批次同时至少测一个质控品。当质控失控，不论实验结果是否满意都应弃去不用，应重新进行试验以取得实验数据。要保存所有的质控数据和失控处理记录。④评价标准。变异系数（CV）应小于相关标准的要求，同时应不大于试剂盒说明书给出的批内、实验室内 CV。相关计算公式参见本章第三节。

三、检出限评价

和检验方法的精密度、准确度一样，样品浓度下限检测能力也是评价分析方法和测试仪器性能的重要指标。描述样品浓度下限检出能力的指标包括空白限（LoB）、最低检测限（LoD）、定量限（LoQ）。

检出限可分为测量方法检出限和仪器检出限。两种检出限相互关联，但不相等。方法检出限是某检验方法可检测的待测物质的最小浓度或含量。方法检出限反映了检验方法的检出灵敏度，也是衡量不同的实验室、实验方法和实验人员效能的一个相对标准。方法检出限是建立检验方法中较重要的一个参数，特别是评估一个检验方法对于低浓度样品的检测质量具有重要意义。仪器检出限指分析仪器能够检测的被分析物的最低量或最低浓度，这个浓度或量与特定的仪器能够从背景噪声中辨别的最小响应信号相对应。仪器检出限一般用于不同仪器的性能比较。

实验人员在检出限的确认过程中，需要清晰三个概念。空白限是测量空白样品时可能得到的最高检测结果；最低检出限是检测方法可检测出的最低被测物浓度，也称为检测低限或最小检出浓度；定量限是指在精密度和正确度可接受的情况下检测系统能够得到可靠结果的被测物最低浓度，分析物在这个浓度下被可靠检出。检出限是检验质量控制的一个重要概念和参数，既往确定检出限的方法是以健康人血清为空白样品作重复测定，计算这些结果的平均值和标准差，以 $3s$ 为空白检出限，$10s$ 为定量检出限。这种确定检出限的方法存在不足，因为它假设了重复检测空白样品的结果均为正态分布，而实际检测结果也存在非正态分布的可能。另外，它假设了系列低浓度水平的样品和空白样品的重复检测具有相同的标准差，不能区别表观的和实际的分析物浓度。制造商遵从的医药行业标准《体外诊断检验系统性能评价方法第 3 部分：检出限与定量限》（YY/T 1789.3—2022）与实验室可接受的卫生行业标准间也存在较大差异。本节内容主要介绍参照中华人民共和国卫生行业标准《临床检验方法检出能力的确立和验证》（WS/T 514—2017）确定临床检验方法的检出限。

1. LoB 的确定 用目标检测物阴性的健康人血清做空白样品，每天检测 1 批，每批检测 12 个样品，进行 5 天，共获得 60 个结果。设定 α=5%，即 LoB 有 5% 的可能性含有待测物。根据实验数据的分布，选择参数或非参数程序估计第 95 百分位数的值，即为 LoB。

2. LoD 的确定 用空白样品对已明确待测物阳性的样品进行稀释为低浓度样品。低浓度样品的浓度范围为 LoB 的 1～4 倍。收集 5 个低浓度样品，连续测定 12 天，共获得 60 个结果。LoD 是为了强调Ⅱ类错误，设定 β=5%，即 LoD 有 5% 的可能性不含有待测物，95% 的测量结果超过 LoB。根据实验数据的分布，选择参数或非参数程序估计 LoD = LoB + $D_{s,\beta}$。$D_{s,\beta}$ 是低浓度样品测定值中位数的值和低浓度样品的第 β 百分位数的间距。

3. LoQ 的确定 分别计算 5 个低浓度样品测定结果的平均值、标准差和变异系数，实验室根据临床要求设定该检验项目的总误差目标，选择符合质量目标要求的浓度作为 LoQ。

对于那些不能用数值报告结果，而是直接用肉眼判断阴性、阳性结果的纯定性试验或用滴度或稀释度表示结果的半定量方法，可对已知浓度水平的质控物或样品进行等比例稀释，再使用所选择方法学的试剂盒进行检测，以能判断出阳性结果的最大稀释浓度为最低检出限。

在卫生行业标准与 CNAS 文件的定义中，空白限和检出限分别用 LoB 和 LoD 表示，但医药行业标准中,因为其定义来自化学领域,LoD 的定义相当于卫生行业标准与 CNAS 中的 LoB。然而医药行业标准作为国内体外诊断试剂的行业标准,产品的申报、注册很有可能按此标准进行。同时,医药行业标准规定体外诊断试剂必须有 LoD 的声明。故如果体外诊断试剂厂商在说明书中声称的 LoD 相当于卫生行业标准中的 LoB,同时 CNAS 要求实验室必须验证定性项目的 LoD,即厂商声明的 C_{50} 浓度,而实验室需要验证 C_5、C_{95} 阳性的浓度,会导致实验室进行相关的性能验证时,无法判断各指标的准确内涵。各文件中 LoD、LoB 对应的含义见表 8-6。

表 8-6 不同标准中检出限对应的含义比较

文件	LoB	LoD
YY/T 1789.3—2022	最低检出限	
WS/T 514—2017	空白限	最低检出限
WS/T 505—2017/WS/T 494—2017	C_5	C_{95}
CNAS GL 038:2019	空白限	最低检出限

四、临界值评价

ELISA 定性试验测定结果需要报告"有反应性"与"无反应性",报告的依据是 cut-off 值(阳性判断临界值)。试剂供应商一般都会在其试剂盒说明书中明确标注 cut-off 值的定义及计算方法,但该 cut-off 值不一定适用于实验室所检测的所有人群。确定合适的 cut-off 值,对于检测结果的判断,减少假阳性和假阴性具有重要的意义,因此实验室有必要每年定期对所有试剂盒的 cut-off 值进行验证。cut-off 值可以选择以下方法之一验证。

1. 阴性来源 选择 60 份健康人新鲜血清和 60 份目标标志物阴性而有其他免疫标志物阳性的患者新鲜血清,共 120 份,分 3～5 批、3～5 天进行检测,计算 $\bar{x}$、s。cut-off 验证值为 $\bar{x}+3s$。

2. 阳性来源 选择弱阳性(cut-off 值 ±20%,应均匀分布)新鲜血清或质控血清共 120 份,分 3～5 批、3～5 天进行检测,计算 $\bar{x}$、s。cut-off 验证值为 $\bar{x}-3s$。

3. cut-off 值验证常见问题 ①不一定要进行试验,可以通过查询既往检测样品的信息(如人群来源、临床诊断等)进行样品结果的回顾性验证;②若选择用阴性样品进行验证,必须考虑其他阳性标志物的干扰;③实验室可根据实际情况选择 cut-off 值的验证方法,如 HIV 试剂盒的验证,由于地方性法规,实验室不能保存阳性患者血清,此时可选择使用阴性来源的样品来验证试剂盒的 cut-off 值;④化学发光方法学的试剂盒进行 cut-off 值验证时,若使用阴性样品进行验证的话,可以通过统计发光反应光量子数来进行 cut-off 值的验证;⑤验证试验的原始数据要保存下来,以备日后查阅之用;⑥在更换检验的关键试剂批次后(除非实验室主管认为这些更换不影响临界值)、更换仪器的主要部件后、仪器大修后以及室内质控失控无法纠正时,都应当进行临界值验证。

五、携带污染率

携带污染率的检测见本章第三节"定量检验方法性能评价"。

六、抗干扰能力

抗干扰能力的检测见本章第三节"定量检验方法性能评价"。

第五节 半定量检验方法性能评价

半定量分析（semi-quantitative analysis）是介于定性和定量分析之间的一种检测方法，适用于某些准确度要求不高，但要求简便、快速而又有一定数量级的结果，或在定性分析中给出其大致含量。分析结果不用给出具体的量值，而是用有序分类变量等级（必须两个等级以上，如尿蛋白阴性、±、1+、2+、3+、4+）或滴度［如梅毒血清学检测甲苯胺红不加热试验（TRUST）］等报告，其结果没有测量单位。

半定量检验方法在临床上常用于尿液干化学分析、尿液沉渣镜检（半定量）和李凡他试验等以有序分类变量报告的项目，以及梅毒螺旋体抗体 TRUST 法、肺炎支原体抗体检测、自身抗体检测和肥达外斐反应等以滴度报告的项目。感染性标志物采用化学发光法等（COI 值）及血型抗原抗体反应凝集强度（阴性、±、1+、2+、3+、4+）等以半定量方法检测而以定性方式报告的项目不在本章讨论范围内。

绝大多数在临床实验室中使用的方法已经被制造商确认过，并在没有修改的情况下实施。前面章节已分别介绍了定量和定性检验方法的性能验证和确认，而半定量检验方法更接近于定性检验方法。因此，常规实验室对半定量检验方法一般参照定性检验方法进行性能评价，不再赘述。本节主要介绍半定量检验方法特有的精密度和符合率的验证。

一、精密度试验

如果检验结果来自一个定量值（如 OD 值），或者制造商说明书中描述了分析的精密度，则半定量检验方法需要进行精密度验证。最常见的方法是以类似于定量分析的方式估计，使用来自质控品的测量信号而不是测量结果来计算批间精密度。对测量信号的结果进行半定量方法的偏差估计，计算和可接受标准与定量方法所使用的相同。

1. 精密度评价方案 批内精密度（重复性）样品采用新鲜或冻存的样品连续检测 10 次。当样品中待测物不稳定或样品不易得到时，也可考虑使用基质与实际待检样品相似的样品，如质控品或标准尿液等。应至少评估 2 个等级样品的不精密度。半定量检验的批间精密度分析批次可参考《医学实验室精密度和准确度的确认》（EP15-A2）（5 天，每天 3 个批次）。半定量检验是定性检验的延伸，可扩展到两个以上类别，每个类别至少测量 10 个数据，总计至少 30 个数据。

不同于定量检验研究观测结果与平均值之间的差异，半定量检验研究的重点是确定观察结果差异的频率。2007 年，Kader 和 Perry 提出了"不相似系数"（coefficient of unalikeability，CU）这一参数，它为分类变量的可变性（相似性）提供了一种量化方法。CU 被定义为一个等级中的差异总数与同一等级中可能差异的最大数量的比值，如果所有结果都在同一级别中，则没有可变性，CU 为 0；相反地，当所有结果均匀分布于各个等级中时，变异性最大，CU 为 1。

2. 判断标准 半定量项目重复性的判断标准以阴阳性结果一致、阳性结果等级一致的百分率来表示。实验室在进行评价前，应规定精密度合格结果的百分比要求。精密度评价的参比结果可以是商品化质控品制造商声明或重复测量出现频率最高的值。

3. 结果描述 在实际工作中，半定量项目的精密度评价可以使用重复性和 / 或不相似系数来表达，如某项目精密度的质量目标为"阴阳性结果一致，重复性≥90%；$CU\% \leqslant 9.0\%$"。

二、符合率试验

1. 半定量检验符合率验证的特点 半定量检验因结果有两个以上的备选值，其与临床诊断(有或无的二分法)符合率不能直接计算。实际工作中半定量项目更多是验证方法学或检测系统的符合率,采用业界公认比较成熟的参考测量程序、标准血清盘或与实验室目前使用的测量方法进行比对,如评价不同品牌,或同品牌不同型号的尿液干化学分析仪测量新鲜尿液结果的可比性。进行方法学比对时,有序分类变量每个等级至少要分析 10 个样品,并在所有等级中均匀分布。

2. 判断标准 符合率验证的统计方法最常用的是线性加权 *Kappa* 系数(κ_w),在进行统计分析前需要用鲍克尔对称性检验(Bowker test)观察两组数据是否存在显著性差异。实验室应根据检验项目的预期用途和性能要求,制订适宜的检测系统结果间可比性的判断标准,验证结果应满足实验室制订的判断标准。实验室制订判断标准时,应参考制造商或研发者声明的标准、国家标准、行业标准、地方标准、团体标准、公开发表的临床应用指南和专家共识等。

3. 结果描述 在实际工作中,符合率可以使用非统计学计算和 / 或 *Kappa* 系数计算的方法进行表达,如某项目方法学符合率目标为"阴阳性结果一致,符合率≥90%,$\kappa_w > 0.80$"。

虽然半定量检验项目结果是有序分类变量,但在临床应用时也要考虑与临床诊断符合率的问题,将结果二分化,并按照定性检验方法进行验证。同时,实验室也可参考定性方法验证厂家声明的临界值(cut-off 值)、携带污染和干扰等性能。在临床实验室对半定量检验项目进行方法学验证时,可能会因为某些等级的样品量无法满足统计学的要求,转而使用非统计学方法进行结果描述。

三、实验室间比对试验

半定量项目实验室间比对试验是指与其他实验室相同检测系统检测结果之间的比对,可用于判断检验结果的可接受性,并应满足如下要求:①规定比对实验室的选择原则。②样品数量至少 5 份,包括正常水平和异常水平。③判定标准。检测结果偏差应不超过 1 个等级,且阴阳性判断一致;应有≥80% 的结果符合要求。④结果不一致时,应分析不一致的原因,必要时采取有效的纠正措施,并定期评价实验室间比对结果,以促进实验室质量改进,保留相应的记录。

本章小结

掌握临床检验质量规范、可报告范围、量值溯源、测量不确定度等概念,是学习临床检验方法性能验证与确认的前提。检测系统或方法的性能可否接受,是决定检测系统能否应用于常规工作的前提。检测系统或方法的分析性能主要包括精密度、正确度、检出限和定量限、线性区间 / 临床可报告范围、分析干扰、携带污染等指标。在新项目或新技术用于临床检测结果报告前,必须做性能指标验证或确认。如果实验室改变了检验系统任何环节或建立新的检测系统,则必须对所有性能进行确认。定性和半定量检测系统或方法的分析性能跟定量检测系统或方法的分析性能不同,但也需要做验证或确认。定性检测方法性能评价的内容,涉及符合率、精密度、检出限、临界值等常用内容,与定量检测方法性能评价的内容大体相似,但也有特殊的地方,比如精密度和临界值相关的性能验证部分在应用中涉及多个来源的行业标准,需要仔细甄别各自适用的场景。诊断灵敏度和诊断特异性等诊断性能指标,是对方法的诊断准确性进行评价,与检测系统或方法的性能评价的目的、方法和意义均不相同。

(黄宪章 王厚照 蔡 蓓)

第九章 检验项目诊断效能评价

通过本章学习,你将能够回答下列问题:

1. 检验项目的诊断效能评价主要考虑哪三个方面?
2. 检验项目的真实性包括哪两个方面?
3. 什么是灵敏度?
4. 什么是特异度?
5. 什么是预测值?什么是似然比?
6. 如何利用联合试验提高检验项目效率?
7. 什么是参考区间?
8. 什么是临床决定限?
9. 针对不同疾病特点,如何选择最佳诊断效能指标?

检验项目的诊断效能(diagnostic performance)指应用检验项目的结果正确判断机体健康或疾病状态能力的特性,该特性由生物标志物的生物学特性所决定。诊断效能评价主要考虑三个方面,即真实性(validity)、可靠性(reliability)和实用性(practicability)。真实性是指检验项目具备能正确地鉴别患某病和未患某病的能力,用患病实际情况的相符程度表示。可靠性是指某检验项目在完全相同的条件下,重复测定时获得相同结果的程度,一般用符合率来表示。实用性包括仪器设备、试剂的来源、费用、效率以及操作难度、不良反应、患者的依从性等。

参考区间是临床检验结果有病与否的评价标准,对于临床疑似病例作出正确的诊断和治疗决策有非常重要的意义。临床决定限与参考区间不同,它表示临床作出不同决策的阈值,同一指标可以有多个临床决定限。

第一节 评价意义和原则

一、检验项目诊断效能评价的意义

对检验项目,尤其是新引入的检验项目,不仅要进行方法学评价,证明所选方法的分析性能符合要求,从而保证检验结果的准确可靠,而且必须了解该检验项目的临床应用价值,即对该检验项目在临床应用(包括诊断及治疗决策等)中的影响和价值进行评价。

医务工作者需要通过了解检验项目的诊断效能,判断检验结果对于临床诊断的贡献大小,从而确定和执行合理的医疗决策。

二、检验项目诊断效能评价的原则

检验项目的诊断效能评价需要考虑很多问题,原则包括:①遵守循证医学规律;②以金标准(gold standard)为依据;③选择恰当的研究对象;④避免偏倚。

(一)遵守循证医学规律

检验项目的诊断效能评价必须清楚研究目标,包括检验项目、评价目的、评价内容、该检验项目的主要临床意义等。另外实验室应对检验项目进行全面评估,多角度和多方面考虑,确保诊断效能评价的系统性和完整性。

(二)金标准

金标准是指被公认的诊断某种疾病最可靠的方法,能正确区分受试者患病与否。金标准选择有误,可造成研究对象的错误分类,影响对检验项目的正确评价。

(三)选择恰当的研究对象

检验项目的诊断效能评价是针对研究群体的某一部分个体或样本计算所得的估算值,如果研究对象选择得不恰当,当检测不同的个体或样本时,诊断效能的估算值有可能在数值上存在明显差异,因此研究对象应该包括合理的年龄范围和性别的人群,样本应包括典型的临床病例,使研究对象更具有代表性。另外样本量也应该达到统计学要求。

(四)避免偏倚

除了通过选择正确的金标准以及具有代表性的研究对象外,应在相同的条件下以盲法同步地用被评价的检验项目测试所有的研究对象,避免信息偏倚。此外还应注意选择正确的数据分析程序。

第二节 评价指标

一、灵敏度和特异度

检验项目的真实性包括灵敏度(sensitivity,Sen)和特异度(specificity,Spe)两方面。前者是指一项检验项目能将实际患病的病例正确地判断为患某病的能力,后者是指一项检验项目能正确判断实际未患某病的能力。

(一)诊断截点的确定

从理论上讲,一个理想的检验项目,健康受试者的分布和患者的分布应没有重叠、完全分开,灵敏度、特异度应均为100%,即假阳性与假阴性均为零,无漏诊与误诊发生(图9-1)。

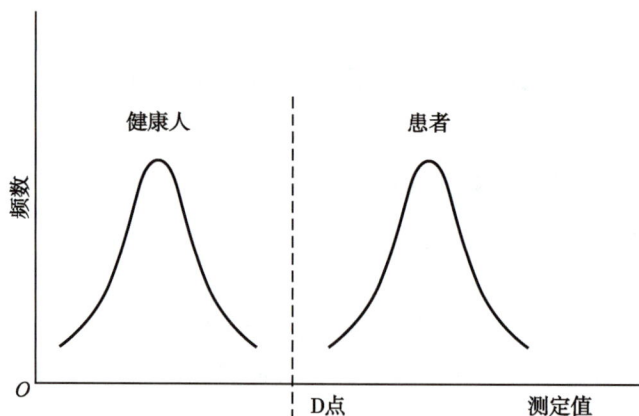

图9-1 健康人与患者群体测定值分布之间的理想分布关系

实际上这种情况很罕见,许多检验项目健康人和患者的分布有部分重叠,导致灵敏度和特异度会随着诊断截点(diagnostic cutoff,D 点)的变化而变化。当 D 点向左移,灵敏度增加,假阴性率减少,漏诊少,但特异度下降,假阳性率增加,误诊多;D点向右移,特异度增加,假阳性率减少,误诊少,但灵敏度下降,假阴性率增加,漏诊多。追求高的灵敏度则会牺牲特异度,反之亦然,见图9-2。由此可见D点的高低直接影响检验项目的诊断效能评价,在此情况下,应先初步确定几个D点,分别计算灵敏度、特异度、假阴性率、假阳性率等指标,最后根据检验项目的使用目的(包括诊断、疗效观察、预后及流行病学调查等)进行最终确定。

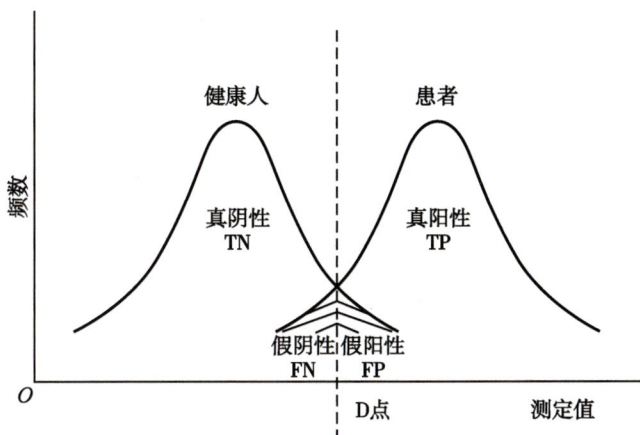

图 9-2 健康人与患者群体测定值分布之间的实际分布关系

（二）临床效能评价四格表的绘制

将用"金标准"方法确定的健康人及患者,以及根据已确定的诊断截点判断的阳性、阴性结果整理成四格表,见表9-1。

表 9-1 检验项目的临床效能评价四格表

检验项目的测定结果	金标准		合计
	患者	健康人	
阳性	真阳性(true positive, TP)	假阳性(false positive, FP)	TP＋FP
阴性	假阴性(false negative, FN)	真阴性(true negative, TN)	TN＋FN
合计	TP＋FN	FP＋TN	TP＋TN＋FP＋FN

（三）灵敏度和特异度计算

1. 灵敏度 即真阳性率(true positive rate, TPR),是"金标准"判断为患者的人中测定结果为阳性的比例,反映检出患者的能力。灵敏度越高,漏诊(假阴性)概率越小。其计算公式为

$$Sen = \frac{TP}{TP＋FN} \times 100\%$$

2. 特异度 即真阴性率(true negative rate, TNR),是"金标准"判断为健康人中测定结果为阴性的比例,反映排除患者的能力。特异度越高,误诊(假阳性)概率越小。其计算公式为

$$Spe = \frac{TN}{TN＋FP} \times 100\%$$

3. 正确诊断指数(Youden index) 又称约登指数,是灵敏度和特异度之和减去1,是综合评价性的指标,理想的检验项目应为1。其计算公式为

$$尤登指数 = 灵敏度 + 特异度 - 1$$

4. 准确度（accuracy） 也称效率（efficiency），是真阳性与真阴性人数之和占受试人数的百分比，反映检验项目结果与"金标准"判定的患病及健康人的相符程度，理想的试验应为 100%。其计算公式为

$$accuracy = \frac{TP + TN}{TP + TN + FP + FN} \times 100\%$$

二、预测值

预测值（predictive value，PV）亦称预告值，是反映应用某个检验项目的测定结果来预估受检者患病或不患病可能性大小的指标。根据阳性和阴性结果的预估分别为阳性预测值（positive predictive value，PPV）和阴性预测值（negative predictive value，NPV）。

1. 阳性预测值 是真阳性人数占试验结果阳性总人数的比例，反映试验结果阳性者检出真患病的能力，其计算公式为

$$PPV = \frac{TP}{TP + FP} \times 100\%$$

2. 阴性预测值 是真阴性人数占试验结果阴性总人数的比例，反映试验结果阴性者排除真健康的能力，其计算公式为

$$NPV = \frac{TN}{TN + FN} \times 100\%$$

3. 患病率（prevalence，Prev） 是经检验项目测定的全部个体中，患者所占的比例，其计算公式为

$$Prev = \frac{TP + FN}{TP + FP + FN + TN} \times 100\%$$

三、似然比

似然比（likelihood ratio，LR）分为阳性似然比（+LR）和阴性似然比（-LR），分别表示检验项目正确判断阳性和阴性的可能性之比，能反映检验项目的诊断价值。

1. 阳性似然比 是真阳性率与假阳性率之比，描述了检验项目正确判断阳性的可能性是错误判断阳性可能性的倍数。阳性似然比反映当就诊者的测定结果为阳性时，其患病与不患病的机会比。若该比值越大，就诊者患病的可能性也就越大，该项目确诊疾病的能力就越好。其计算公式为

$$+LR = \frac{TP}{TP + FN} \Bigg/ \frac{FP}{TN + FP} \times 100\% = \frac{Sen}{1 - Spe}$$

2. 阴性似然比 是假阴性率与真阴性率之比，描述了错误判断阴性的可能性是正确判断阴性可能性的倍数。阴性似然比反映当就诊者的测定结果为阴性时，其患病与不患病的机会比。若该比值越小，就诊者患病的可能性也就越小，该项目排除疾病的能力就越好。其计算公式为

$$-LR = \frac{FN}{TP + FN} \Bigg/ \frac{TN}{TN + FP} \times 100\% = \frac{1 - Sen}{Spe}$$

四、受试者工作特征曲线

受试者工作特征曲线（receiver operating characteristic curve，ROC 曲线），是以（1−Spe）为横坐标，Sen 为纵坐标作图所得出的曲线，见图 9-3，是表示 Sen 与 Spe 之间互相关系的一种方法，所得的曲线可以决定最佳的诊断截点。一般多选择曲线转弯处，离曲线左上角最近的点作为最佳诊断截点，因为此点的灵敏度与特异度综合评价最高。另外 ROC 曲线可利用曲线下面积来比较两种或两种以上诊断试验的临床诊断效能，曲线下面积越大，临床诊断价值越高，帮助医师作出最佳选择。

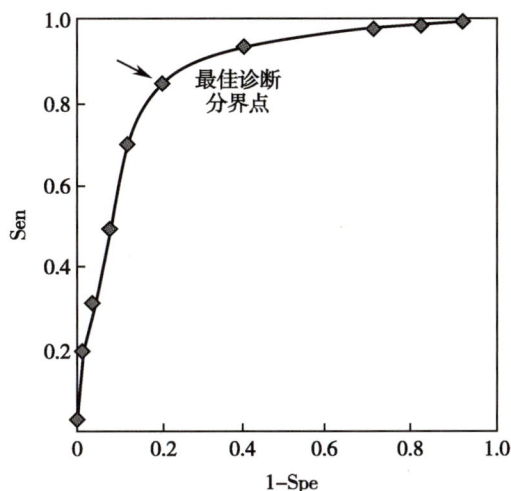

图 9-3　ROC 曲线

五、评价指标综合分析

Sen、Spe 是最重要、最基本的两个评价指标也是检验项目固有的指标，其他评价指标都可用它们来推导。PPV 及 NPV 在指导临床诊断时比 Sen、Spe 更直观、更容易理解，应用也很广泛，但容易受到患病率的影响，实际使用时要注意。准确度、尤登指数是综合 Sen、Spe 计算而来。LR 反映当就诊者的测定结果为阳性或阴性时，其患病与不患病的机会比。LR 分为 +LR 和 −LR，前者比值越大，就诊者患病的可能性也就越大。该项目确诊疾病的能力就越好；后者比值越小，就诊者患病的可能性也就越小，该项目排除疾病的能力就越好。ROC 曲线是目前公认的评价检验项目准确度的标准方法，对于确定最佳诊断截点以及评价几种试验的临床效能有非常好的应用价值。

第三节　提高诊断效能的方法

目前检验项目的数量逐年增多，单一检验项目实际很难满足临床诊疗的需求，每一个检验项目的灵敏度、特异度、预测值等都有限，因此合理组合有价值的检验项目，对于提高诊断效能有较好的临床意义。

联合试验是指采用两种或者两种以上的检验项目对同一研究对象进行诊断，根据每个项目的结果，综合判断最终的诊断结果。其主要包括并联试验和串联试验两种形式。

一、并联试验

并联试验（parallel test）也称平行试验，是指多个诊断项目中只要有一个结果为阳性即可判断为阳性，而须全部诊断项目为阴性才能判断为阴性。并联试验的判断方法见表9-2。并联试验的临床效能评价四格表见表9-3。

表9-2　并联试验的判断方法

检验项目1	检验项目2	判断结果
+	+	+
+	−	+
−	+	+
−	−	−

表9-3　并联试验的临床效能评价四格表

并联试验各检验项目的测定结果	金标准		合计
	患者	健康人	
阳性（全阳人数、有一个及以上阳性结果人数总和）	真阳性（TP）	假阳性（FP）	TP+FP
阴性（全阴人数）	假阴性（FN）	真阴性（TN）	TN+FN
合计	TP+FN	FP+TN	TP+TN+FP+FN

$$Sen = \frac{TP}{TP+FN} \times 100\%$$

$$Spe = \frac{TN}{TN+FP} \times 100\%$$

$$PPV = \frac{TP}{TP+FP} \times 100\%$$

$$NPV = \frac{TN}{TN+FN} \times 100\%$$

与单项检验项目相比，并联试验可以提高灵敏度和阴性预测值，但特异度和阳性预测值下降，即漏诊减少，但误诊概率增加。

二、串联试验

串联试验（serial test）也称系列试验，是指全部检验项目均为阳性者才判定为阳性，多个检验项目中只要有一个结果为阴性，则判定为阴性。串联试验的判断方法见表9-4。串联试验的临床效能评价四格表见表9-5。

表9-4　串联试验的判断方法

检验项目1	检验项目2	判断结果
+	+	+
+	−	−
−	+	−
−	−	−

表 9-5 串联试验的临床效能评价四格表

串联试验各检验项目的测定结果	金标准		合计
	患者	健康人	
阳性（全阳人数）	真阳性（TP）	假阳性（FP）	TP+FP
阴性（全阴、有一个及以上阴性结果人数）	假阴性（FN）	真阴性（TN）	TN+FN
合计	TP+FN	FP+TN	TP+TN+FP+FN

与单项检验项目相比，串联试验可以提高特异度和阳性预测值，但灵敏度和阴性预测值下降，即误诊减少，但漏诊概率增加。

单一检验项目很难同时拥有很高的灵敏度和特异度，就可以选择联合试验的方式，根据实际需求来提升灵敏度或特异度。例如需要更高的灵敏度，将更多的患者筛检出来，可以选择并联试验。相反，如需较高的特异度，将更多的健康人排除出去，则可选择串联试验。

第四节 生物参考区间

一、定义和相关术语

（一）生物参考区间的定义

生物参考区间（biological reference interval），也称参考区间（reference interval，RI）或参考范围，两参考限之间的区间，是指从参考下限到参考上限的区间，通常是中间 95% 的区间。在某些情况下，可能只有一个参考限具有临床意义，通常是参考上限，这时参考区间可能是从 0 到该上限。

（二）相关术语

1. 参考个体（reference individual） 是指使用特定标准筛选出的用于比较的个体。IFCC 并没明确规定参考个体一定是健康的。在制订参考个体的选择标准时，主要排除影响所研究指标的疾病和有关因素的同质人群，而不是所有体征正常，无任何疾病。针对不同检验项目，参考个体的排除标准也不尽相同。

2. 参考人群（reference population） 由所有参考个体组成的群体。

3. 参考样本组（reference sample group） 是由足够数量的参考个体所组成的能代表参考人群的组。

4. 参考值（reference value）**及参考分布**（reference distribution） 是通过对参考个体的某一特定量进行观察或者测量而得到的值（检验结果）。参考值的一个统计学离散分布，称为参考分布。

5. 参考限（reference limits） 源自参考分布用于分类目的的值。参考限通常是指规定部分的参考值分别小于等于或大于等于的下侧或上侧限值。在确定参考限时，大多数分析物以参考值分布的 2.5% 为低限，以 97.5% 为高限。当只有单侧参考限有临床意义时，以确定 5% 或 95% 作为参考限。

二、生物参考区间建立

参考区间是临床检验结果有病与否的评价标准，对于临床疑似病例作出正确的诊断和治疗决策有非常重要的意义。参考区间的设定可直接采用国家权威机构或权威期刊发表的适合本实验室的参考区间,也可直接引用供应商提供的参考区间或实验室自行建立的参考区间。

不同国家、地区、民族具有人种差异、生活环境差异、饮食差异等,决定不同国家和地区须建立符合本地人群特征的参考区间。另外因为方法学和检验技术不断更新,生活水平也在提高,一些原有项目的参考区间不再适用,也可以再次建立参考区间。

建立参考区间的基本步骤是选定足够数量的"健康"人(参考个体)作为调查对象,优化标本采集及检测体系,进行统一而准确地测定,最后进行统计学分析。

(一)参考个体的选择

参考个体的选择需要考虑参考个体的筛选标准以及参考个体的分组。筛选时,应尽可能排除对结果有影响的因素,设计调查表以排除不符合要求的个体,也便于他人再次评估或为其他实验室进行验证时提供参考依据。针对不同的检验项目,筛选标准不尽相同,主要考虑因素包括:遗传因素;性别、年龄、种族、身高、体重、居住地;吸烟、饮酒史;血压异常;长期或近期献血、输血史;近期与既往疾病、近期外科手术;内分泌及生殖状况(月经、妊娠、哺乳期、口服避孕药);使用药物情况;肥胖;吸毒;特殊职业;饮食、睡眠情况;运动;环境因素等。以上因素可用于筛选"健康"参考个体,但并不全面,不同的检验项目在筛选参考个体时,上述指标不一定需要全部纳入,筛选因素的增加或减少根据检验项目的性质而定。

参考个体可以根据特征进行分组。最常用的方式是按性别或年龄进行分组,除此之外,分组因素可考虑血型、种族、取样时的状态及时间、月经周期、妊娠时期、运动、饮食、是否吸烟、职业等因素。参考区间建立每组的样本量不少于120人。参考个体的抽样依据多级随机整群抽样原则。

(二)标本采集

标本采集时要考虑个体采样前准备、标本采集以及标本处理。个体采样前准备:注意饮食(包括酒与饮料)、空腹时间、应激、运动、姿势、吸烟、住院或非住院、内分泌及生殖状况(月经、妊娠、口服避孕药)、使用药物情况等。标本采集时注意采样时间、体位、标本类型以及标准化采样操作等。标本处理时注意标本运输条件、是否有血凝块、血清/血浆分离、储存的时间和温度等。

(三)检测程序进行验证

在正式测定前要完成检测系统、测定方法的精密度和正确度等监测,确保检测系统稳定,检测结果准确和可靠。

(四)标本测定

采用实际测定方法对标本进行统一的测定。

(五)统计学分析

统计学分析包括离群值处理、数据分布情况了解、根据统计结果划定参考区间。对于正态分布,采用 $\bar{x} \pm 1.96s$ 划定;对于偏态分布,采用 $P_{2.5} \sim P_{97.5}$ 划定参考区间。

参考区间建立流程见图9-4。

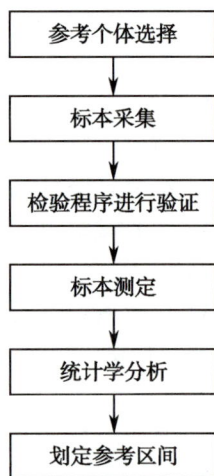

```
┌──────────────┐
│  参考个体选择  │
└──────┬───────┘
       ↓
┌──────────────┐
│   标本采集    │
└──────┬───────┘
       ↓
┌──────────────┐
│ 检验程序进行验证 │
└──────┬───────┘
       ↓
┌──────────────┐
│   标本测定    │
└──────┬───────┘
       ↓
┌──────────────┐
│   统计学分析   │
└──────┬───────┘
       ↓
┌──────────────┐
│   划定参考区间  │
└──────────────┘
```

图9-4 参考区间建立流程图

三、生物参考区间验证

参考区间的建立工程浩大,实验室可选择直接采用国家权威机构或权威期刊发表的适合本实验室的参考区间,或者引用生产商提供的参考区间,但前提是要对拟采用的参考区间进行验证,验证通过后方可使用。参考区间的验证流程包括如下内容。

1. 每一参考区间选择 20 名参考个体,必要时对性别和年龄分组,分别验证。
2. 统计各参考个体的测定结果,与引用的参考区间比较。20 份标本全部在参考区间内或不超过 2 个标本超出参考区间,则验证通过。
3. 如未通过,分析查找原因后重新进行参考区间的验证。
4. 如仍不通过,进行参考区间建立。

第五节 临床决定限和危急值

一、定义

临床决定限(clinical decision limit,CDL),也称医学决定水平,是指基于特定风险水平或某些疾病发病概率的临床判定的限值。它表明不良临床结局风险较高,或可诊断特定疾病存在的检验结果。治疗药物的临床决定限称为"治疗范围"。

CDL 与 RI 不同,如果一个个体的检验结果高于或低于 RI 的上、下限值,仅提示健康状态出现异常(而且 RI 只包括了 95% 的健康个体,超出限值也不一定就是异常),而不一定需要临床处理。而如果一个个体的检验结果高于或低于 CDL,意味着该个体已发生某种疾病,或该患者的病情趋于恶化,如果不及时采取临床处理的话,发生不良临床结局的风险会显著提高。在特定人群中建立的 RI 可以是唯一的,但 CDL 可能有多个,因为不同的临床决策需要相应的 CDL。

危急值(critical value)是指某项或某类检验的异常结果,而当这种检验异常结果出现时,表明患者可能正处于有生命危险的边缘状态,临床医生需要及时得到检验信息,给予患者迅速、有效的干预措施或治疗,以挽救患者生命,否则就有可能出现严重后果,失去最佳抢救机会。

二、制订方法

(一)制订方法分类

根据制订标准不同,临床决定限的制订方法分为两种。

1. 基于 Bayesian 理论的方法 该方法于 1975 年由 Sunderman 提出鉴别值,由 6 个基本制订步骤组成。

(1)定义需查找的疾病。
(2)划分疾病的病理生理阶段,由评估试验作出诊断的客观依据。
(3)了解检验项目的诊断灵敏度。
(4)了解检验项目的诊断特异度。
(5)了解疾病的流行率。
(6)了解漏诊和误诊的后果。

这是最常用的、基于证据的临床决定限制订方法,可用于改善患者的诊疗效果。但只有少数的临床决定限按照上述方法制订。

2. 基于流行病学的方法 该方法基于群体的调查研究,这些临床决定限大多在共识性会议或指南中提出。往往数值的选择精度较武断,常出于便于记忆的目的。

(二)危急值制订

危急值多采用基于医院患者结局的大数据分析来制订,具体步骤如下:①提取某时间范围内某医院来源的病例数据,包括不良临床结局(如死亡、住院期间转入重症监护室等)、住院期间特定指标的所有实验室检测数据以及人口学信息等；②充分考虑影响实验室检测结果的影响因素，设计数据的纳入与排除标准，筛选符合要求的数据构建分析数据库；③梳理数据，识别离群值，对离群值产生原因进行分析等；④计算每个实验室检测水平下的不良临床结局发生概率；⑤以实验室检测结果为横坐标，不良临床结局发生概率为纵坐标，绘制散点图及拟合多项式概率趋势曲线；⑥将与90%不良临床结局概率趋势线相交的实验室检测值定义为危急值。

本章小结

　　检验项目的诊断效能评价主要考虑三个方面，即真实性、可靠性和实用性。检验项目的真实性包括灵敏度和特异度两方面。灵敏度反映检出患者的能力，灵敏度越高，漏诊概率越小。特异度反映排除患者的能力，特异度越高，误诊概率越小。阳性预测值反映试验结果阳性者检出真患病的能力，而阴性预测值则反映试验结果阴性者排除真健康的能力。ROC曲线是目前公认的评价检验项目准确度的标准方法，对于确定最佳诊断截点以及评价几种试验的临床效能有非常好的应用价值。

　　单一检验项目实际很难满足临床诊疗的需求。合理组合有价值的检验项目，对于提高诊断效能有较好的临床意义。联合试验主要包括并联试验和串联试验两种形式。并联试验可以提高灵敏度和阴性预测值，但特异度和阳性预测值下降，即漏诊减少，误诊概率增加。串联试验可以提高特异度和阳性预测值，但灵敏度和阴性预测值下降，即误诊减少，漏诊概率增加。

　　生物参考区间是指从参考下限到参考上限的区间，通常是中间95%的区间。参考区间是临床检验结果有病与否的评价标准。参考区间的设定可直接采用国家权威机构或权威期刊发表的适合本实验室的参考区间，也可直接引用供应商提供的参考区间或实验室自行建立的参考区间。

　　临床决定限也称医学决定水平，是指基于特定风险水平或某些疾病发病概率的临床判定的限值。

（熊　矞）

第十章 室内质量控制

通过本章学习，你将能够回答下列问题：

1. 什么是室内质量控制？
2. 什么是质控品？
3. 质控品种类有哪些？
4. 质控品特性有哪些？
5. 常用的质控规则有哪些？
6. 室内质控失控的处理流程有哪些？
7. 常用的患者标本质控方式有哪些？
8. 室内质量控制每月周期性评价内容有哪些？
9. 如今时代快速发展，未来临床实验室质控可能面临哪些挑战和创新方向？

临床实验室检验目的是评估患者病理生理状况，以辅助和指导疾病筛查、诊断、监测和治疗，评估疾病风险、疾病进展和预后等。针对临床实验室特点，为保证检验结果的可靠性和临床决策价值，逐渐形成实验室质量保证理论和实践。室内质量控制的目的在于监测检测系统的稳定性，以评价检验结果是否可靠，使实验室尽快识别并排除检测系统中的异常变化，降低错误报告检验结果的风险，避免对临床决策产生不利的影响。

第一节　室内质量控制基础知识

一、室内质量控制的概念

质量控制（quality control）是质量管理的一部分，致力于满足质量要求。国家标准《质量管理体系　基础和术语》（GB/T 19000—2016/ISO 9000:2015）中对质量（quality）的定义：客体的一组固有特性满足要求的程度。对于"商品"而言，其质量反映在满足用户需要的程度，即产品的"适用性"；对于检验工作而言，最终的产品是检验报告，其"适用性"体现在检验报告是否对临床诊治起到有益的帮助。如果实验室的检测结果能够帮助临床医生正确地诊治患者、防治疾病，那么实验室的"产品"就是适用的，"质量"就是满足实验室预期要求的。反之，就是"质量"没有达到实验室预期的要求。

实验室内部质量控制（internal quality control，IQC），简称室内质量控制，或室内质控，是实验室检验人员按照一定的频度连续测定稳定样品中的特定组分，并采用一系列方法进行分析，按照统计学规律推断和评价检验结果的可靠程度，以此判断检验报告是否可发出。室内质控通过检测质控品，以质控结果评估检测系统的稳定性。若质控结果在可接受范围内，则证实检测系统稳定，意味着实验室报告的检验结果可靠性极高，可提高临床决策效率。若质控结果不在可接受范围内，则证实检测系统不稳定，须采取纠正措施，并在纠正措施后，重测质控品和失控批临床标本。

由此可见,室内质控是通过实验室内部一系列的技术操作和活动,用于监控检测过程,及时发现和排除质量环节中的不满意因素。长期有效的室内质控工作将很好地监控检测系统的精密度,提高常规工作中批内、批间检测结果的一致性。室内质控是全面质量管理体系中一个重要的环节,保证检验结果的精密度和可靠性,确保实验室质量能够完全达到预期要求。

二、相关统计学概念

室内质量控制应用统计学方法对质控数据进行归纳和分析。统计学原理主要包括正态分布和抽样误差,使用以下统计学基本概念。

(一)总体和样本

总体(population)是指研究对象的全体,是所有观察单位测量值的集合。总体的范围非常大,只是一个理论概念,实际工作中不一定能顺利取得。通常限定于特定时间和空间范围内,为有限数量观察单位,称有限总体。与总体相对的概念是个体,即组成总体的每一个观察单位,实际工作中往往从总体中按照随机原则抽取一部分个体组成样本(sample),从样本推断总体的情况。

(二)正态分布和抽样误差

正态分布(normal distribution),也称高斯分布(Gaussian distribution),当重复多次测量同一样本时,所得到结果并非完全一致,呈"两头小、中间大"的正态分布规律。理想的正态分布是以均值为中心,左右完全对称的钟形曲线。正态分布有两个参数:均值(μ)是位置参数,描述正态分布集中趋势位置;标准差(σ)是变异参数,描述正态分布计量数据分布离散程度,σ越大,数据分布越分散,σ越小,数据分布越集中。正态曲线下面积分布符合统计学规律:$\mu \pm 1\sigma$面积约占总面积的68.3%;$\mu \pm 2\sigma$面积约占总面积的95.5%;$\mu \pm 3\sigma$面积约占总面积的99.7%。

如资料呈正态分布或近似正态分布,μ和σ未知,可通过统计学方法求得样本均值($\overline{X}$)和样本标准差(s),可用样本均值($\overline{X}$)估计总体均值(μ),用样本标准差(s)估计总体标准差(σ)。只要求出$\overline{X}$和s,就可对其频率分布作出概率估计。以$\overline{X}$为中心,左右各1个s范围内的正态分布曲线下所包含的面积约为曲线总面积的68.3%,换言之,约68.3%的数据点应落在$\overline{X} \pm 1s$之间;以此类推,$\overline{X} \pm 2s$的范围内应包含约95.5%的数据点,$\overline{X} \pm 3s$的范围内应包含约99.7%的数据点(图10-1)。不同数据集合中,$\overline{X}$和s大小不同会导致正态分布曲线形状改变,但曲线下面积分布规律不变,这是质控图的理论依据,也是室内质控的统计基础。

对同一样本在短时间内进行多次测量所得到的结果肯定不会完全一致,也不可能与均数完全一致,这个差异就是抽样误差(sampling error)。在一个大样本中进行随机抽样时,会因抽样的不同而产生一定的误差。抽样误差不可消除,从一个数据集中任选一点(抽样)时客观存在。

在室内质量控制中,当一个质控结果与均值不一致时,须判断所发生的误差除抽样误差外,是否还有其他误差。如仅是抽样误差,此结果在控(in control),否则为失控(out of control)。失控

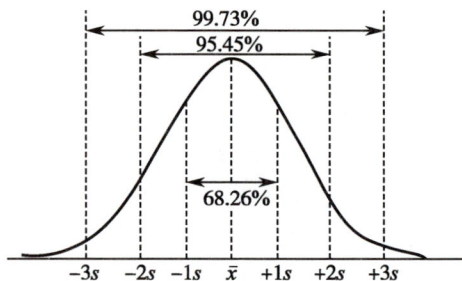

图 10-1 正态分布曲线及曲线下面积分布规律

的判断是依据质控结果与均值间的差异大小,是统计学大概率事件还是小概率事件。如差异大于 ±1s,但小于 ±2s,根据正态分布规律,约有 30% 的可能性为抽样误差所致,这是统计学上的一个大概率事件,将这个结果判定为在控;如差异大于 ±2s,但小于 ±3s,约有 5%的可能性为抽样误差所致。5% 是一个临界概率,根据质量控制的严格程度不同,将其判断

为在控或失控,以及介于二者之间的警告。如果一个质控结果与平均数的差异大于 $\pm 3s$,则仅有 0.3% 的可能性为抽样误差所致,0.3% 是统计学上的小概率事件,有较大把握判断该结果为失控,应进一步查找分析原因。

(三)均值、标准差和变异系数

1. 均值(mean,$\overline{X}$) 是最常用的统计数,对样本中所有个体的测量值计算总和后除以个体数即可求得。常用符号 $\overline{X}$ 表示。计算公式为

$$\overline{X} = \frac{\sum X_i}{n}$$

公式中 $\overline{X}$ 代表均值,X_i 代表各个测量值,n 代表被统计组中 X_i 的个数,$\sum X_i$ 代表所有 X_i 的总和。当所有 X_i 呈正态分布时,$\overline{X}$ 代表 X_i 的平均水平或集中趋势,n 越大,代表性越强。

2. 标准差(standard deviation,s) 是对同一被测量进行 n 次测量,表征测量结果分散性的量,常常用符号 s 或 SD 表示。计算标准差,首先须计算 $\overline{X}$,然后计算每个测量值与均值的差,将差值平方,再求平方和,除以($n-1$),然后取平方根。计算公式为

$$s = \sqrt{\frac{\sum (X_i - \overline{X})^2}{n-1}}$$

公式中 s 代表标准差,X_i 代表各个测量值,$\overline{X}$ 代表所有均值,n 代表所有测量值总数,$\sum$ 代表所有 $(X_i - \overline{X})^2$ 的总和。标准差是表示变异常用的统计量,反映样本中个体的离散程度。只有在测量值呈正态分布的前提下,且测量值总数 n 较大时,计算的标准差才有意义。

3. 变异系数(coefficient of variation,CV) 是标准差相对于平均数的百分比,是表示变异的统计指标,常用符号 CV 表示。计算公式为

$$CV(\%) = \frac{s}{\overline{X}} \times 100\%$$

公式中 s 代表标准差,$\overline{X}$ 代表均值,乘以 100% 是将比值转换为百分比。由于 s 常随 $\overline{X}$ 而变化,$\overline{X}$ 越高,s 越大。因此,在不同 $\overline{X}$ 下具有不同的 s,而 CV 为 s 相对于 $\overline{X}$ 的比值,较为恒定,在实际应用中更方便。

(四)误差

实验室对标本进行检测时,必然存在一定的分析误差。从误差性质来讲,可将误差分为随机误差和系统误差,两者合并称为总误差(total error,TE),即总误差为随机误差和系统误差之和。

随机误差(random error,RE)指在重复测量中以不可预见方式变化的测量误差的分量。常规工作中,标准差或变异系数可反映检测系统稳定状态下质控品测量值的预期分布宽度,标准差越大,测量值分布越宽,标准差越小,测量值分布越集中。在相同条件下,多次重复测定结果彼此相接近的程度称为精密度(precision),用标准差或变异系数表示。因此,精密度反映了随机误差的大小:标准差或变异系数越大,则精密度越差,随机误差越大。

系统误差(systematic error,SE)指在重复测量中保持恒定不变或以可预见方式变化的测量误差的分量。常规工作中,均值可评估检测系统在稳定状态下质控品测量值的预期分布集中趋势。测量值分布偏移或漂移,可导致均值变化,反映检测系统的正确度发生改变,与系统误差有关。正确度(accuracy)是指在重复性条件下,对同一被测量进行无限多次测量所得结果的均值与被测量真值之差,一般用偏倚表示。因此,正确度反映了系统误差大小:偏倚越大,则正确度越差,系统误差越大。

三、质控品

质控品(control material)又称为控制品或质控物,是专门用于质量控制目的的样品,准

备时已建立了目标分析物预期反应或在已知范围内的浓度水平,并在使用中得到确认。质控品用以监控检测系统的可靠性,并将其性能保持在既定范围内。

(一)质控品种类

实验室使用的质控品,可根据制造商来源、赋值表、性状等多种方式进行分类。

1. 配套质控品、第三方质控品、自制质控品 按质控品来源分类,可将质控品分为配套质控品、第三方质控品和自制质控品。配套质控品是与检测系统(仪器、试剂、校准品)制造商来源一致的质控品。配套质控品和校准品来自同一个制造商,很可能是以相同的方式生产。这种情况下,即使检测系统发生了改变,质控结果仍可能呈现稳定的性能。第三方质控品是独立于任何检测系统制造商的质控品。第三方质控品不限于特定检测系统,能为实验室提供无偏移的评估,客观反映误差水平。实验室宜选择商品化质控品,尽量选择覆盖开展检验项目更全的质控品,减少质控品数量。如选择非配套质控品,应在正式使用前对其质量和适用性进行评价。

自制质控品是实验室根据室内质控要求自己配制的质控品。若商品化质控品不可用,实验室可自制质控品。如果准备分装和使用患者混合样品,实验室必须考虑这类样品有传染性风险,必须进行必要的检测以保证使用的安全性。

2. 定值和非定值质控品 以质控品是否提供赋值表,可分为定值和非定值质控品。定值质控品提供赋值表,列出分析物在不同检测系统所对应的预期质控值和范围。通常,制造商邀请具有实力的多家实验室对定值质控品中的分析物在不同检测系统进行检测和赋值,甚至为某些分析物提供特定参考方法的预期质控值和范围。非定值质控品在原材料来源、生产工艺上与定值质控品并无任何差别,只是制造商没有邀请实验室为其检测,因而没有分析物赋值信息。选择定值和非定值质控品的注意事项如下。

(1)使用定值质控品时,可从制造商提供的赋值表中选择与自己实验室相同检测系统的赋值信息。这些信息仅供实验室参考和评估,不能以赋值表中的信息作为质控参数来源,不能将预期范围作为质控品的允许范围。对定值或非定值质控品,实验室都必须通过在检测系统中检测来累积质控数据,建立自己的质控参数,在日常的质量控制工作中加以使用。但是,对于小型实验室,定值质控品或许有助于对方法学问题进行故障排查。

(2)定值质控品仅能作为实验室精密度控制工具,不能以赋值信息作为正确度判断的依据。质控品不同于校准品,"溯源性"并非质控品的必要特征,不能作为校准品用于检测项目的校准。实验室的均值和制造商提供的均值相似或接近,不能证明检测结果准确,不相似也不能说明准确度有问题。

(3)非定值质控品的质量和定值质控品是一样的。由于赋值检测过程的成本,定值质控品价格通常要高于非定值质控品。从实用的角度看,非定值质控品较定值质控品成本更低。

3. 干粉质控品和液体质控品 根据质控品的性状,可分为干粉质控品和液体质控品。干粉质控品是指在生产加工处理过程中,经深低温冰冻和脱水,最终形成粉状性质的质控品。液体质控品是指保持液体性状的质控品。

(二)质控品的特性

1. 基质和基质效应 基质(matrix),定义为某物质体系中除分析物之外的所有成分的总称。对某一分析物进行检测时,除了待测分析物以外的所有成分就是该分析物的基质。如测定肌酐时,肌酐为分析物,样品中所有非肌酐成分和参与反应的试剂各组分等为基质。按照规定程序检测样品中分析物时,处于分析物周围的所有非分析物(基质)对分析物参与反应的影响称为基质效应(matrix effects)。

理想质控品应和临床样品具有相同的基质。在分析的过程中,不存在基质效应的差异,才能在检测时和临床样品具有相同的表现,质控结果才能真实反映临床标本的检测质量。

考虑质控品的基质效应是室内质控的重要环节之一。从减少基质效应考虑,实验室更倾向于选择人源物质制备的质控品。例如:应选用全血为基质的质控品用于血液分析仪、POCT全血葡萄糖分析仪、血气分析仪等;选用尿液为基质的质控品用于尿液分析仪等。由于人源性血清来源的限制,以及其潜在生物危害的风险,有些质控品制造商选用了动物血清,牛源性物质制备的质控品正逐渐普及。应注意的是,某些分析物的方法学对质控品具有选择性。例如,目前白蛋白测定普遍采用染料结合法,如溴甲酚绿法或溴甲酚紫法,对人血清中的白蛋白均有强烈的特异性,而对牛血清中的白蛋白结合非常差,特别是溴甲酚紫法。因此,最好选用人源性血清作为白蛋白的质控品。

质控品的原材料常来自人源性或动物源性物质,绝大多数分析物的稳定性无法达到室内质控品较长效期的要求,需要对原材料进行处理或选择替代的样品,如冻干、添加生物成分或化学品、使用其他模拟成分等。因此,即使选择了合适基质,质控品生产过程中进行的大量加工处理仍会改变原有基质状态。这些改变包括为达到特定浓度和/或稳定性而加入的人源和非人源的添加剂,以及由于冻干等处理产生的物理变化。例如,原有混合血清分析物浓度不理想,对浓度过高的分析物采取透析、沉淀、吸附等处理,对浓度过低的分析物采用加入各种非人源性原料,使其达到"理想"浓度水平。经过添加稳定剂或冻干处理,质控品稳定性增加,但是,与患者新鲜血清样品相比,产生了新的基质差异。冻干处理会使部分脂蛋白变性,复溶后液体变浑浊,而且随着冻干血清保存时间延长,浑浊越来越严重。这些添加的物质成分,经过处理后发生了物理或化学变化,导致质控品与临床样品基质不同的物质成分的存在,对分析物检测产生的影响称为"基质效应"。基质效应越高,质控品的同源性越差,其代表真实患者样品的能力就越低。

2. 稳定性(stability) 质控品的作用可以视为衡量检测系统运行正常与否的"标尺",如果每次检测使用的"标尺"发生变化,那么整个检测系统的稳定性就无法评价。室内质控是建立在对稳定质控品重复测量的基础上,稳定性是质控品最重要的性能指标之一。理想的质控品其检测特性应完全不随时间、环境、分装、冻融等主、客观因素发生改变。但是,在实际工作中无法获得这样的质控品。任何质控品不变化和稳定都是相对的,有变化和不稳定是绝对的,只能尽可能地选择稳定性好的质控品。

(1)"效期":质控品在某种条件下能够保持稳定发挥效用的期限。保存效期,指在一定的条件下,如低温或冷冻条件下,未使用的质控品的保存期限。开瓶效期,指质控品在开始使用后在一定条件下保存的期限。复溶效期,指冻干质控品复溶使用后在一定条件下保存的期限。一般而言,保存效期会明显长于开瓶效期和复溶效期,干粉质控品保存效期优于液体质控品,而液体质控品开瓶效期比冻干质控品复溶后效期要长。实验室尽量选择同一批号质控品,以保证质控品检测结果一致性,持续有效监控检测系统精密度变化,同时减少质控品更换新批号时,建立质控参数所需的平行比对检测与数据分析。质控品保存效期与其分析物稳定性有关,血细胞分析质控品一般为2~3个月,常规生化质控品可达2年以上。

(2)瓶间差:是指制造商将质控品分装密封于小瓶内以便实验室使用,同一批次分装瓶间的差异。某批次质控品检测结果的变异是检测系统的不精密度变化和批内不同瓶间差异的总和。因此,只有将瓶间差控制到最小,质控品的变异才能真正反映检测系统的不精密度。一个合格的质控品其基质应足够稳定,瓶间差远远低于检测程序的预期变异,且应当证明质控品中目标分析物在其声明保存效期及开瓶效期内保持稳定。

质控品说明书中质控品性能指标,如效期、瓶间差、冻干品复溶性能、溶解后的浑浊度、分析物的预期范围等,这些均是制造商在理想条件下预期的结果,都是反映稳定性的指标。质控品运输、储存、复溶、分装、检测等操作,均可能造成稳定性发生改变。因此,应严格按照制造商说明书的规定保存和处理质控品,不使用超过效期的质控品,才能够保证质控品稳定性达到预期目标。实验室应仔细查阅制造商提供的开瓶效期，并在实际工作中加以验证。在此基础上确定质控品开瓶（或复溶）后的最长使用时限。

对于液体质控品，因稳定性而减少了浪费、减少了瓶间差、消除了复溶过程中操作者因素带来的变异等，在成本、效期、运输、保存等条件允许下，建议实验室优先选择液体质控品。但由于液体质控品会含有某些添加物或防腐剂，可能会增加某些方法的基质效应，更易出现误差，使用前应对其适用性进行评价。对于冻干质控品，严格按照质控品说明书规定的步骤进行解冻和复溶。注意复溶操作标准化，避免在复溶过程中产生新的瓶间差：①复溶时必须使用指定的溶剂或 1 类去离子水，如果溶剂额外引入待分析成分，将影响质控品的使用和结果分析；②复溶时所加溶剂的量要准确，应使用经检定合格的 AA 级单刻度移液管、A 级容量移液管，注意保持各瓶加入溶剂量的一致性，避免引入新的瓶间差；③按照说明书要求进行复溶和混匀，确保有足够的溶解时间，内容物完全溶解，复溶时应轻轻摇匀，切忌剧烈振摇。

（三）质控品中分析物的浓度水平

1. 选择数量的原则 实验室若只检测 1 个水平的质控品，反映了可报告范围内该水平附近的质量表现。这个水平质控结果在控，说明分析物在该水平附近的质量符合要求，难以反映远离该点的较高或较低水平的质量也符合要求。若能同时检测 2 个或更多水平的质控品，则可反映较宽范围内的质量是否符合要求。因此，实验室应为每个分析物至少选择 2 个水平的质控品。

2. 选择水平的原则 定量试验通常应当检测 2 或 3 个浓度的质控品，至少选择 2 个浓度的质控品，一个在正常范围，另外的应为异常低值或异常高值，即浓度在临床决定限附近的质控品，可检出医学上的重要误差。定性试验至少选择阴性、阳性 2 个质控品。阴性质控品浓度一般为 0.5 倍临界值左右，阳性质控品浓度一般为 2～4 倍临界值左右。引进新检测方法或更换试剂批号时，可选择高值或超高值阳性患者血清作为验证"钩状效应"质控品。

（1）实验室应选择质控品的浓度水平处于临床决定限或与其值接近浓度，确保在该浓度附近的患者检测结果是可靠的，以此进行的临床决策是可靠的。同一检验项目常可有不止一种临床决定限，如血脂水平分层标准等。质控品更多浓度水平，适用于监控更多临床关联水平的性能。

（2）实验室应选择质控品的浓度水平处于方法性能临界值（如线性的高限和低限），监控分析物的重要性能水平。如在可报告范围内选择较高值和较低值浓度水平，可确认可报告范围的变化，评价临界水平的随机误差，并能够早期识别检测系统的偏移。

（四）质控品的检测频次和位置

1. 质控品的检测频次

（1）分析批（analytical run）：在质量控制范畴，分析批或批是一个时间概念，是指一段检测时间的区间，或一组检测样品量的大小，是室内质控确定控制状态的对象。在一个分析批中，认为检测系统的精密度和正确度不变，在此时间段内某个时间点通过检测质控品证实检测系统可靠，预期在整个分析批中检测系统可靠。导致检测系统的精密度或正确度发生改变的事件更易于发生在不同分析批之间。在每一个分析批长度内至少检测一次质控品，以监测检测系统的性能。

（2）分析批长度（length of analytical run）：检测系统或试剂厂家应说明检测系统的正确度和精密度稳定的时间或序列，推荐分析批长度。行业规范和指南也会规定分析批的最大长度，即每个分析批的最低质控频率。实验室应为检测系统和检验程序确定合适的分析批长度，确保每个分析批都有室内质控覆盖。实验室应根据临床样品中分析物的稳定性、样品数量、检测系统的稳定性、检验程序及检验人员素质等因素来确定分析批长度。

当检测系统的检测性能可能发生改变时，如试剂配方更换、检测软件升级等，实验室应重新对分析批长度进行评估。实验室可依据检验过程分析性能的变化来调整分析批长度。但是，不应超过制造商推荐的批长度，不能够随意延长分析批长度以降低质控频率，除非能够提供足够的统计学资料。实验室可根据具体情况在制造商或行业标准的基础上缩短分析批长度，增加质控频率，如单位时间内样品过多，检测系统状态不佳或老化等。

2. 质控品的位置

（1）实验室应确定每批质控品的位置，即什么时间进行质控。检测系统或试剂的制造商应推荐每个分析批质控品的数量及位置。在任何情况下，都应在报告患者检测结果前，评估质控结果。只有质控结果在控，才能向临床发放该分析批内报告。

（2）质控品在分析批中的放置位置有多种。质控品的位置应考虑检验方法的类型及可能产生的误差类型。例如：在规定批长度内，进行非连续样品检测，质控品放在分析批末，放在样品检验结束前，可监测系统偏移；质控品随机插于样品中，可检出随机误差。

（3）实验室也可以根据工作流程确定质控品位置。若样品数量较多，报告时间要求较短，质控品检测宜放置于分析批开端，保证报告及时发放。如分析批中室内质控失控，不仅此分析批中报告不能发放，还须重新评估前一分析批内室内质控在控后发放的所有临床报告。因此，质控品位置也应考虑追回临床报告的可能。例如，血常规检测出报告时间仅有30分钟到1小时，常选择开机后即进行质控，每天至少一次质控。条件允许情况下，实验室可根据样品量增加质控频率。在当日结束检测前进行第2次质控，便于在出现失控时追回当日的患者报告。

（4）质控品的检测条件是否与患者样品一致，直接决定了质控品检测结果是否能够充分代表患者样品检测的情况。质控品是否由日常检测患者样品的检验人员进行检测；检测前处理是否与患者样品一致，如复温、混合、稀释、浓缩、预处理等；是否按照临床样品的检测模式如开盖/闭盖模式、稀释模式、微量模式等进行检测。理想的质控品应是将其作为未知的临床样品进行检测和分析，参与预处理，且步骤与临床样品相同，这样才能真实反映临床样品在整个检验程序中可能出现的问题。如果分析方法易出问题，选择1或2个质控品不参与预处理，再加上1或2个参与预处理的质控品，将帮助检验人员在发生问题时区分是分析过程还是预处理过程的问题。

第二节 定量检测的室内质量控制

根据检验项目的特性和报告方式，分为定量试验、半定量试验和定性试验。三者检验结果的数据存在明显的差异，在以统计学为理论基础的室内质量控制方式上也有一定差异。随着医学检验技术的迅猛发展，很多检验项目实现了定量检测，大部分室内质控标准都是针对定量检测而制订。定量试验是指用确定的数值和量值测量，表述被测物特征的试验方法。本节讨论定量检测的室内质控方法，第四节讨论定性和半定量检测的室内质控方法。

一、定量检测的室内质控参数

（一）设定中心线和标准差

室内质控程序主要用于监控检测系统的精密度，实验室需要建立与精密度有关的质控参数，包括均值、标准差和/或变异系数。正确的质控参数是实验室后续进行质控结果判断是否在控的基础：①使用定值质控品时，实验室不能使用赋值表中的赋值作为质控参数，只能作为参考。实验室应使用自己现行的检验程序，独立建立质控参数。②实验室不能通过国内外标准规定的分析质量要求,间接计算得到质控参数,如标准差和变异系数。③实验室在建立质控参数时,须剔除离群值(通常超出 3s 的质控结果被认为是离群值)。

1. 稳定性较长的质控品 通常,实验室启用新质控项目时,须在 20 天内至少每天检测 1 次质控品,以此计算该质控品的质控参数。根据 20 次或更多独立批获得的至少 20 次质控结果(剔除异常值或离群值),计算均值和标准差,以此作为暂定均值和标准差。以此暂定均值和标准差作为下一个月质控图的中心线和标准差。

一个月结束后,将该月的质控在控结果与前 20 次质控结果汇集在一起,计算累积均值和标准差,以此累积均值和标准差作为下一个月质控图的中心线和标准差。重复上述操作过程,连续累积 3～5 个月,或逐月不断进行累积。以最初 20 个质控测定数据和 3～5 个月质控在控数据汇集的所有数据计算的累积均值和标准差作为质控图的常规中心线和标准差。

2. 稳定性较短的质控品 由于质控品稳定性不佳,实验室在确定均值时,常采用缩短测定周期、增加检测频率的方式,即在 3～4 天内,每天检测每水平质控品 3 或 4 瓶,每瓶重复测定 2 或 3 次,收集至少 20 次质控结果(剔除异常值或离群值),计算均值,以此均值作为质控图的暂定中心线。在某些特殊条件下,可通过 5 天内每天重复检测 4 次,计算得到暂定中心线。

一个月结束后,将该月质控在控结果与前 20 次质控结果汇集在一起,计算累积均值,以此累积的均值作为下一个月质控图的中心线。重复上述操作过程,连续累积 3～5 个月,或逐月不断进行累积。

与稳定性较长的质控品不同,不推荐使用上述累积数据来建立新的标准差,推荐采用以前的变异系数来估计新批号质控品的标准差,标准差等于上述均值乘以以前的变异系数。如果首次进行质控品检测,缺乏以前的变异系数,可以暂时使用质控均值累积过程中获得的标准差,或者根据预期的质控变异系数来确定标准差。当本批次质控品使用完后,开始使用下批次新批号质控品时,应根据本批次同水平质控品累积的变异系数来计算新批号相应的标准差。

(二)更换新批号质控品

由于不同批号的质控品可能存在较大的基质差异和瓶间差,质控品更换新批号时,应在"旧"批号质控品使用结束前,同时将"新"批号与"旧"批号质控品进行平行检测。开始使用"新"批号质控品前,重复上述过程,收集至少 20 次质控数据,设立新批号质控品暂定中心线和控制限。"新"批号质控数据应满足以下 3 个条件才能用于均值和标准差的累积:现用批号质控品结果在控;检测结果在制造商提供的允许范围之内;排除异常值或离群值。

(三)室内质控参数评估

除了质控品在有效期内分析物浓度水平不断变化,须不断调整中心线(均值)之外,理论上,为了持续监控检测系统精密度,一旦建立均值后,实验室应不再调整。实际上,检测系统不断动态变化,如试剂或校准品批号变更,或因储存时间延长而性能逐渐改变,仪器维护保养等,都会对质控结果造成不可预知的影响。试剂批号变更时,如因不同批号试剂基质效应差异,质控结果出现较大改变,实验室应以临床标本检测结果作为依据,评估批号变更后试剂性能是否可接受。如新、旧批号试剂的临床标本平行检测结果较一致,而质控结果因基质效应出现较大改变,实验室可以调整质控均值。同样,质控结果如出现较大改变,如检测系统的关键部件维修等,也应按照以上方法,重新评估其对临床标本检测结果的影响,确定对临床标本检测无显著影响后可调整质控均值。

质控参数是建立在实验室对质控品重复检测的基础上,反映了检测系统稳定状态下质控品检测的固有变异水平。由于短期变异往往小于长期变异,收集质控数据时间过短,会使检测系统的标准差被低估,控制限设立过窄,所以建立质控参数时,应基于正确的时间周期,根据 20 次或更多独立批获得的至少 20 次质控结果作为暂定标准差。上批号质控品的累积标准差是几个月甚至更长时间质控数据累积的结果,考虑了检测过程中更多的变异,更能真实反映实验室常规状态下检测过程的长期变异水平。

在检测系统未发生变化的情况下,改变质控品批次,均值发生改变,但稳定性不应发生改变,即 CV 不应发生改变。如既往 6 个月的某检验项目室内质控 CV 均在 5% 以内,如检测系统不发生变化,更换质控品批号后,仍应在 5% 以内波动。如与既往相比,CV 超出 5%,该质控结果提示检测系统不精密度增加,稳定性下降,实验室可能需要进行干预,查找原因。

二、定量检测的室内质控方法

(一)质控图的选择和应用

质量控制图,简称质控图(quality control chart),是对检验过程质量加以设计、记录,从而评估和监测检验过程是否处于控制状态的统计图。质控图是以质控数据或其统计量值为 Y 轴,时间或批次为 X 轴,以均值为中心线(central line,CL),用于判断检验过程和检验结果是否处于控制状态的界限。该界限称为控制界限或控制限(control limits),常以标准差倍数来表示,由均值和标准差来计算。质控图的前提条件是质控结果呈正态分布,在同一分析批内检测质控品和临床标本,并将质控结果绘制于图上。实验室可从质控图质控结果分布及变化趋势,评估检验过程的稳定性。若质控结果落在控制限外或排列不呈随机状态,表明检验过程异常(图 10-2)。当质控结果出现异常波动或缓慢变异,影响患者诊疗安全

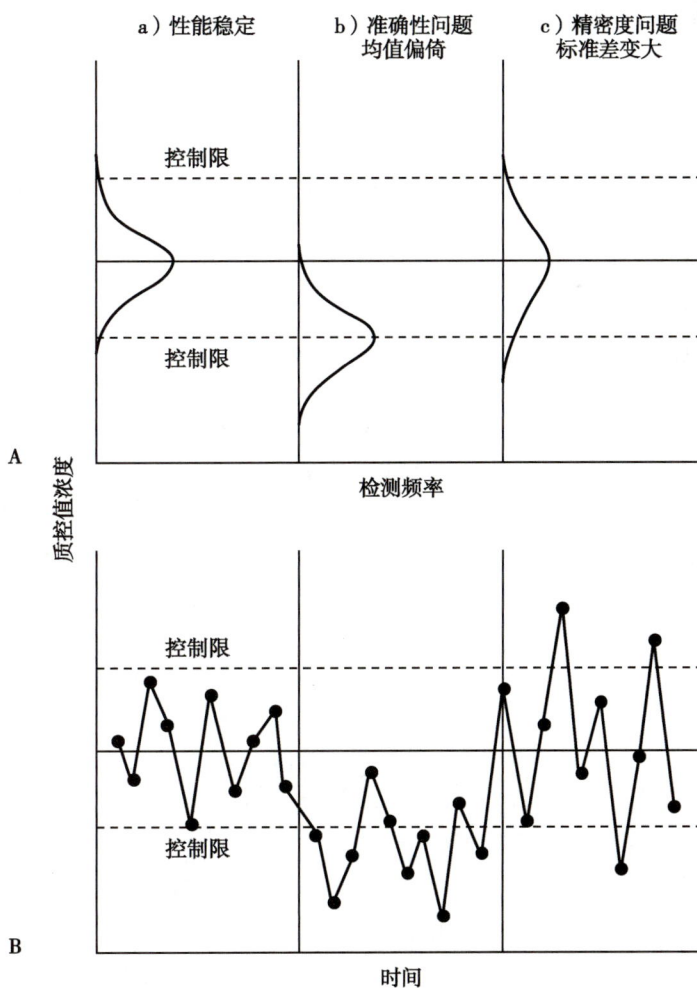

图 10-2　质控图的基本概念
A. 不同类型误差情况下,质控图的分布频率;B. 以浓度为纵轴,时间为横轴作图,质控图上质控值的分布。

时，实验室应对检测系统进行故障排除，实施质量改进措施并确认效果。因此，质控图是用于判断检验过程是否正常的一种统计工具，是实验室实现持续质量改进（continuous quality improvement，CQI）的重要工具之一。最常用的质控图是 Levey-Jennings 质控图和 Z 分数图。

1. Levey-Jennings 质控图（Levey-Jennings quality control chart） 又称为常规质控图或均值-标准差质控图，是实验室最常用的质控图。X 轴为质控品分析批次，Y 轴为质控品的浓度水平，中心线为 $\overline{X}$，控制界限分别为 $\overline{X} \pm 1s$、$\overline{X} \pm 2s$ 和 $\overline{X} \pm 3s$。由此可见，Levey-Jennings 质控图纵坐标为质控品检测的绝对值，同一质控图只能描点 1 个浓度水平质控品，是单一浓度水平的质控图（图 10-3）。

分析项目名称：_____　　分析方法：_____

质控物名称：_____　　质控物批号：_____

中心线：_____　　标准差：_____

时间段：__年__月__日至__年__月__日

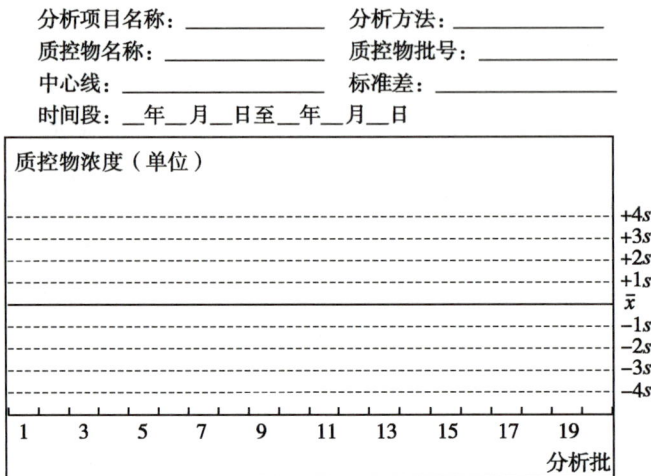

图 10-3　Levey-Jennings 质控图

2. Z 分数图 实验室一般会使用不同浓度水平的多个质控品，由于不同浓度水平质控品的中心线和标准差不同，所以无法在同一 Levey-Jennings 质控图上标记多个浓度水平质控结果，须使用多个质控图，在实际工作中很不方便。针对这一问题，Z 分数图（Z score chart）应运而生。Z 分数是质控结果与均值之间的差，除以标准差而得到。

$$Z 分数 = \frac{\overline{X} - X_i}{s}$$

可见，Z 分数是一个相对数，表示某批次质控结果与均值之差是标准差的倍数。Z 分数图 X 轴为质控品分析批次，Y 轴为 Z 分数，中心线为 0，控制界限一般从 -4 到 +4。例如，某钠离子有两个水平的质控品，均值分别为 120.0mmol/L 和 148.5mmol/L，累积标准差分别为 1.8mmol/L 和 2.5mmol/L，如某分析批测得质控结果分别为 122.0mmol/L 和 146.0mmol/L，则 Z 分数分别是 +1.11 和 -1.00。此时，将这两个质控结果转换为 Z 分数描在同一 Z 分数图上，在同一质控图上标记多个浓度水平的质控结果（图 10-4）。

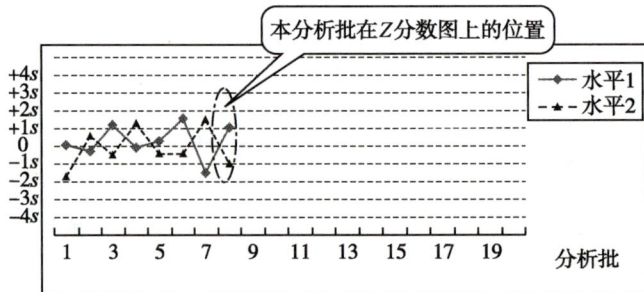

图 10-4　Z 分数质控图

（二）常用质控规则

质控规则是解释质控数据和判断分析批质控状态的标准，通常以符号 A_L 表示，A 代表超过控制限的质控结果个数或质控结果的统计量，L 为控制限，如 1_{3s} 的含义是 1 个质控结果超过 $3s$ 的控制限，这里 $A=1$，$L=3s$。当质控结果满足规则要求的条件时，则判断该分析批违背此规则（图 10-5）。

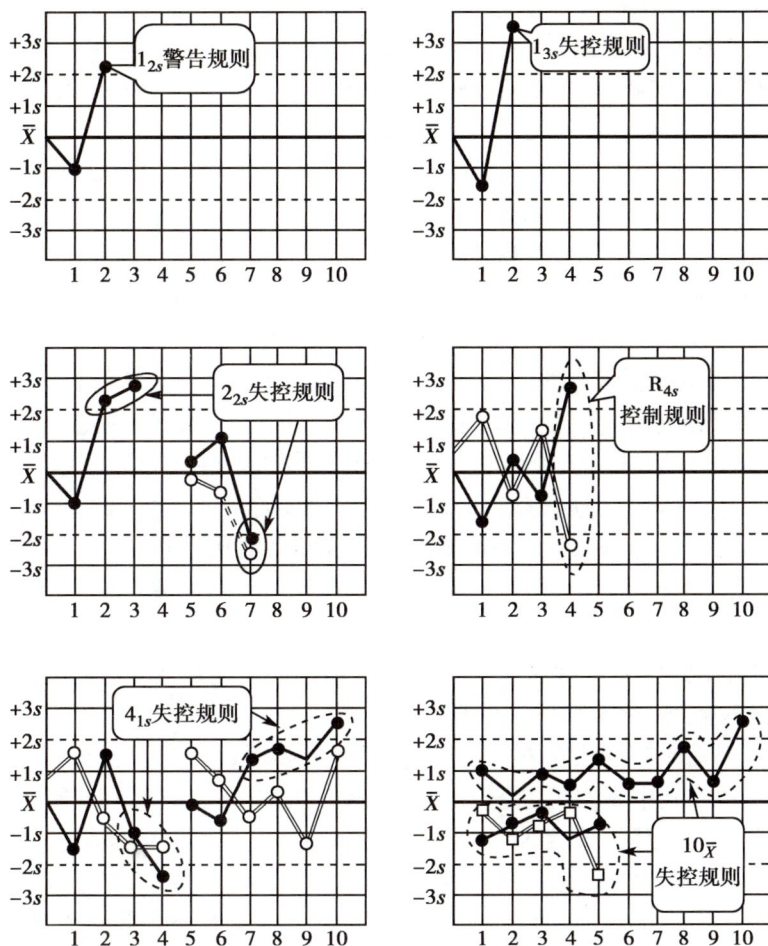

图 10-5　常用质控规则示意图

1. 1_{2s}　表示 1 个质控结果超出 $+2s$ 或 $-2s$ 的控制限，一般作为"警告"规则，如违背此规则，启动其他规则进一步判断质控数据是否失控。

2. 1_{3s}　表示 1 个质控结果超出 $+3s$ 或 $-3s$ 的控制限，常作为失控规则，此规则主要对随机误差敏感，但也对大的系统误差产生响应。

3. 2_{2s}　表示同一分析批内 2 个水平质控结果同方向超出 $+2s$ 或 $-2s$ 的控制限，或同一水平质控品连续 2 批质控结果同方向超出 $+2s$ 或 $-2s$ 的控制限，常作为失控规则，此规则主要对系统误差敏感。

4. R_{4s}　"R"代表范围，是质控结果的绝对差值。该规则表示在同一分析批内 2 个质控结果差值超过 $4s$，其中 1 个水平质控结果超出 $+2s$ 控制限，另 1 个水平质控结果超出 $-2s$ 的控制限，常作为失控规则，此规则主要对随机误差敏感。

5. 4_{1s}　表示 1 个水平质控品连续 4 次质控结果同方向超出 $+1s$ 或 $-1s$ 控制限，或 2 个水平质控品连续各有 2 次超出 $+1s$ 或 $-1s$ 控制限，此规则主要对系统误差敏感。

6. $10_{\bar{X}}$　表示 1 个水平质控品连续 10 次质控结果在中心线同一侧，或 2 个水平质控品

129

连续各有 5 次在均值同一侧(对于在一侧偏离中心线的距离没有限制),此规则主要对系统误差敏感。

7. 其他 如 7_T 表示 1 个水平质控品连续 7 次质控结果呈现出同一方向倾斜,如逐渐升高或降低,呈现倾向性改变,此规则主要对系统误差敏感。$1_{2.5s}$ 指 1 个质控结果超出 +2.5s 或 −2.5s 控制限,主要对随机误差敏感。

(三)质控规则的应用

质控规则用于解释质控结果,判断分析批检验过程的控制状态,发现检测过程中可能存在的误差,判断每一分析批是在控还是失控。下面主要介绍两种常用的质控方法,Levey-Jennings 质控方法和 Westgard 多规则质控方法。

1. Levey-Jennings 质控方法 实验室最简单和较为常用的是 Levey-Jennings 质控方法,其质控规则为单独的 1_{2s} 或 1_{3s}。如果仅以 1_{2s} 规则对质控结果进行判断,虽然提高了误差检出概率,假失控会明显增高。如果仅以 1_{3s} 规则对质控结果进行判断,尽管假失控明显降低,但对大部分检验项目而言,降低了误差检出,不能满足实验室质控要求。因此,Levey-Jennings 质控方法虽简单易行,由于质控规则过紧或过松,临床工作中应用越来越少。

2. Westgard 多规则质控方法 是在 Levey-Jennings 质控方法的基础上发展起来,将 1_{2s} 和 1_{3s} 巧妙结合,充分利用 1_{2s} 误差检出率高的优点,将其作为警告规则,指出可能有问题,最后判别要经过系列顺序检查,由其他规则判断。同时,利用 1_{3s} 假失控概率低的优点,将其作为失控规则,并引进其他质控规则,组成多规则质控方法。Westgard 多规则质控方法充分利用质控规则特性,同时使用 2 个或多个质控规则对质控数据进行判断,提高误差检出率,降低假失控概率。其具有多项优点:①同时选择"灵敏度"和"特异性"高的质控规则,多规则具有更高的误差检出率以及更低的假失控率;②同时选择对随机误差敏感的规则和对系统误差敏感的规则,多规则对系统误差以及随机误差均敏感;③可根据违背规则的类型确定失控的误差类型,便于查找失控原因。

Westgard 多规则质控方法对 6 个质控规则的用途有较明确的规定,即上文提及的 1_{2s}、1_{3s}、2_{2s}、R_{4s}、4_{1s}、$10_{\bar{x}}$,其中 1_{2s} 作为警告规则,启动其他质控规则来检查质控数据。如果没有质控结果超过 $2s$ 质控限,则判断分析批在控。如果 1 个质控结果超过 $2s$ 质控限,依次启动 1_{3s}、2_{2s}、R_{4s}、4_{1s} 和 $10_{\bar{x}}$ 规则,进一步判断质控结果是否在控。如果没有违背这些规则,则判断该分析批在控;如果违背其中任一规则,则判断该分析批失控。图 10-6 显示了应用 Westgard 推荐质控规则的实际应用方法。

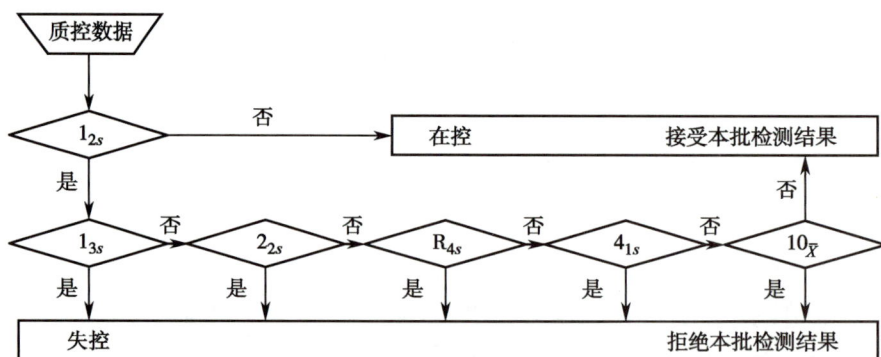

图 10-6 应用 Westgard 推荐质控规则的逻辑图

Westgard 多规则质控方法联合使用多个规则对质控数据进行判断,是非常有用的控制方法,实验室也可以根据具体要求,进行相应的调整。实验室可适当改变质控规则,甚至可增加或排除一些质控规则,如将 4_{1s} 和 $10_{\bar{x}}$ 修改为警告规则,用于启动预防性维护保养调整趋势改变,或将 $1_{2.5s}$ 规则增加到失控判断的确认规则来提高误差检出率。

三、定量检测的室内质控结果分析和评估

质控结果分析和评估关键在于设定合理的质控限,选择适合的质控组合规则。实验室应根据分析质量要求来选择每个分析批质控品水平数和适合的质控规则,应至少包括一个偶然误差及一个系统误差质控规则,常用的是 1_{3s} 和 2_{2s} 规则。实验室应以自己设定的质控方法和质控规则为依据,判断质控结果是否在控。如果质控结果违背了质控规则,意味着检测系统处于不稳定状态,导致检验过程"失控",可能对临床标本检测结果造成影响,应按失控处理流程进行处理。

完整的质控图记录应包括:检验项目名称、方法学名称;试剂和校准品名称、批号及有效期;仪器名称和唯一标识;质控品名称、浓度水平、生产商名称、批号及有效期;质控图的中心线、控制限和时间范围;每个质控数据点的日期和时间、干预行为记录、质控操作人员及审核人员的签字。

第三节 室内质量控制的应用

一、失控情况处理及原因分析

(一)失控情况处理

室内质控的目的是监控检验过程稳定性,保证临床标本检测结果的准确性。一旦发生室内质控失控,实验室应按制订的失控处理流程进行处理。一般处理过程如下。

1. 立即停止该分析批次标本的检测,停止报告的审核、发布和打印。如果是自动连续检测,检测仪器或检验程序应停止检测。如果在报告临床标本检测结果时使用自动审核,则发生失控后应立即停止自动审核。

2. 确定失控类型,分析查找失控原因,进行针对性处理予以纠正。

3. 恢复检测。进行质控品复测,直至质控结果"在控",纠正措施验证有效后,继续进行临床标本检测。必要时,通过临床标本仪器间比对、失控前后比对等方式,确认失控已纠正。

4. 根据失控原因和验证结果,评估可能受到失控影响的临床标本范围和检验结果影响程度。必要时,复测失控前部分甚至全部临床标本。

5. 完成失控及处理记录,由专业组组长(或授权人员)审核失控处理措施,确认对临床标本的评估结果和纠正措施的有效性。

6. 失控及处理记录包括失控项目、触发质控规则、失控时间、失控原因分析、失控处理后验证、评估失控对临床标本结果的影响等,并由有资质及授权的相关负责人员签字审核。

(二)失控原因分析

导致失控的原因很多,不同检测系统各有侧重,有些原因在某个检测系统常见,却很少出现在另一个检测系统。操作人员应在工作中不断积累经验,正确判断常见失控原因在质控图上的表现。当失控发生时,才可以根据质控图表现,快速、准确地分析查找失控原因。失控原因分析过程如下。

1. 根据质控图上质控数据分布和违背质控规则,大致确定误差类型,区分是随机误差还是系统误差。不同质控规则对不同误差类型的敏感性不同,比如:违背 R_{4s} 或 1_{3s} 通常提示随机误差,违背 2_{2s}、4_{1s} 或 $10_{\bar{x}}$ 通常提示系统误差。一般来说,随机误差失控时,可观察到

质控曲线突然改变或者出现较大幅度波动,质控失控点相对于均值的离散度增大。系统误差失控时,则可观察到近期质控点偏于一侧,出现渐进性升高或降低等趋势性改变,随时间逐渐增大形成失控。

2. 分析失控前新近改变与失控之间的关系。确定误差类型后,还应查找分析失控前检测系统的某些改变,是否引起失控的原因。例如,失控前更换试剂、校准品或质控品,仪器维护或更换部分硬件,变更反应参数或操作步骤,人员变动等,应首先确认其改变的正确性。对手工操作较多的项目,应回顾分析整个操作过程,有无定时定量方面错误、有无计算方面失误、有无更换操作人员等,排除人为因素后,分析查找是否存在校准品、试剂、仪器等方面的失控原因。

3. 分析检测系统多个项目的共性因素。质控品同时进行多个项目检测时,应分析失控是仅发生于某一个项目,还是发生于多个项目。如果个别项目失控,则基本确认仪器工作正常。如果多个项目失控,应分析失控项目的共性因素。例如,生化分析仪失控项目是否都使用较小或较大标本量,是否都使用相同光源、滤光片、波长比色,是否使用相同检测模式(终点法或连续监测法等),是否同时进行了校准,是否具有特定且共用的光学组件或机械组件等。如果找不到明显的共同原因,而且失控项目又特别多,甚至出现全部项目失控,很可能是仪器故障。

4. 根据误差类型,查找误差来源。随机误差和系统误差往往由不同原因引起。实验室应建立检测系统常见失控原因与误差类型之间的关联,较容易分析查找误差来源,确定失控原因。

(1)引起系统误差的常见原因有:①试剂、校准品。超过有效期或开瓶效期,保存温度和条件不符合说明书要求等;试剂批号更换未校准,校准品更换批号后未及时更改校准值,不同批号混合使用;同批号试剂瓶间差大,混合使用;试剂逐渐变质,试剂间的交叉污染等。②质控品。超过有效期或开瓶效期,保存或操作不当而逐渐变质或被污染等。③仪器。分光光度法光源衰减或老化,光路系统积灰;加样系统校准、老化等原因导致标本或试剂等加样量发生改变,或加样针部分堵塞或携带交叉污染;恒温系统温度改变;管路堵塞、漏液,移液器密封件损坏,混合器或泵故障等;零件达到寿命未按时更换,反应杯等清洗不净。④实验室水质、环境温度或湿度不符合要求。

(2)引起随机误差的常见原因有:①试剂、校准品。试剂不稳定、配制错误或未充分混匀,试剂瓶或试剂通道中混入气泡;校准品与试剂不配套使用,位置错误,复溶后未及时使用,反复冻融等。②质控品。溶解或复溶不正确、位置错误等;③仪器。检测条件不稳定,如孵育温度不稳定、电压不稳定或静电干扰等。④操作人员技术原因导致移液、加样等操作重复性差、反应时间控制差等,造成标本间检测结果差异。

(三)常见失控处理措施

在分析查找质控失控原因的基础上,应采取针对性处理措施,并在处理后验证其有效性。常见的处理措施如下。

1. 重新检测同一质控品 如是人为误差或偶然误差,重测质控品往往能够获得在控的质控结果。

2. 新开一瓶质控品,重测失控项目 如果质控结果在控,那么应继续查找质控品导致失控的具体原因,主要用以排除质控品原因。

3. 更换试剂,重测失控项目 更换合格的试剂后重测质控品,主要用以排除试剂原因。

4. 检查仪器状态,进行仪器维护,重测失控项目 对仪器进行功能性检查、清洗或维护保养,例如检查是否更换光源、是否应清洗或更换反应杯等,是否按时执行维护保养、更换仪器配件或耗材等,主要用于排除仪器原因。

5. 重新校准或定标，重测失控项目 质控图上质控数据长期偏于一侧，已经排除质控品、试剂、仪器维护、耗材部件等原因后，重新进行仪器校准或者项目定标，可以纠正检测系统漂移或倾向，主要用以排除校准问题。必要时使用新开瓶校准品，以排除校准品问题。

对失控的最佳处理是确认失控原因，发现问题并提出纠正措施，消除失控原因，防止以后再次发生。因此，确定失控原因至关重要。前面列举了实验室常见失控处理措施，并不能保证一两次处理即可确认失控原因，纠正失控。在实际工作中，先排除哪一种失控原因，先执行哪一个步骤，应根据检测系统常见的失控原因与误差类型关联进行初步判断。只有检验人员充分掌握检测系统，积累丰富的工作经验，十分熟悉质控参数的设置及日常质控运行情况，才能快速、准确地判断失控原因。如果实验室经过上述步骤仍无法纠正失控，则可能是更复杂的原因，应及时与仪器厂家或试剂厂家联系，请求技术支援。

引起系统误差增大的问题比随机误差增大的问题更常见，也更容易解决。查找分析失控原因时，如确定系统误差，进一步区分漂移和倾向，有利于准确判断失控原因。漂移现象提示准确度发生了一次性向上或向下的改变。这种质控结果的突然改变往往源于某个近期改变。一旦出现漂移，检验人员应检查试剂、校准、维护等记录，重点查找漂移前后哪些因素发生了变动，寻找误差来源的线索。如果更换试剂批号重新校准后立刻出现漂移，应检查试剂配制是否正确、试剂批号是否正确、校准品批号和校准值是否正确、新批号试剂重新校准结果是否通过等。倾向现象则提示检测系统可靠性逐渐丧失，准确度发生了渐进性趋势改变。这种改变往往是由一个细微的因素在很长一段时间内逐渐缓慢改变造成。倾向比漂移更难查找分析失控原因和发现误差来源。可能原因有试剂或质控品挥发、沉淀析出、缓慢变质，校准漂移，光源或滤光片老化等，而更换校准品或试剂则不大可能造成趋势性改变。查找原因时，可使用故障逐步排查法，同一时间只改变一个可能因素，逐步排查故障，直至解决问题。

随机误差不像系统误差那样能够预测或量化。标本或加样系统中偶然存在气泡，或一次性使用消耗品偶尔缺损导致的随机误差，并非检测系统精密度改变所致，而是偶发事件，很难通过室内质控发现，因此，发现并解决随机误差增大的问题更难。通常在重复检测标本过程中，仔细观察并反复比较检测系统每一个动作的细微变化，发现此类偶发事件原因，才可能发现随机误差的问题。因此，出现失控，重测质控品却又质控结果在控，应考虑排除精密度问题。例如，可对某个临床标本连续进行多次重复检测，进行精密度验证，以证实失控判断。

（四）评估失控对已报告患者结果的影响

室内质控的目的是保证临床标本检测结果的准确性，评估的关键在于分析失控原因，确认失控是否会对检测结果造成影响，改变患者临床决策。注意，这里需要评估的报告范围包括上次室内质控在控后到此次室内质控失控前的所有临床标本。由专业组长（或授权人员）评估是否发出质控失控同批次临床标本的检测结果，是否应及时追回并纠正失控前已发出的临床报告，以避免错误的检测结果发放临床，影响患者的医疗，并保存详细评估记录。

首先，评估失控原因对临床标本检测结果影响。如失控原因在于质控品、数据转录等人为误差，此批次失控不会对临床标本检测结果造成影响，可发出临床标本原来的检测结果。如失控来源于试剂、校准品、仪器等原因，来源于检验过程中加样、加热、稀释、测定、传输等任何部分故障，就可能会对临床标本检测结果造成影响。实验室应采取以下措施。

1. 失控项目有可用于复测的临床标本，对上次质控在控后至此次失控批的所有标本进行复测。通过在其他室内质控在控仪器复测，或在恢复在控仪器复测，将复测结果与最初检测结果进行比较。根据预先设定标准判断失控前的检测结果是否可接受，对失控作出恰当的判断。如果复测结果和失控纠正前检测结果之间的差异超过了预先设立的有医学意义的变化幅度，则应采取纠正措施，核发纠正后的复测结果。这种方法适合失控项目质控品检测的间隔时间相对较短,两次质控品检测之间临床标本数量较少的情况。

2. 失控项目有可用于复测的临床标本,按批或按固定时间间隔随机挑选一定比例的失控前标本进行复测,估计失控发生的时间点,复测失控时间点后所有标本。实验室可以按10份一批进行,如果这10份标本中有任何标本的结果需要纠正,则继续复测下批(10份)标本,直至复测的整批标本没有任何需要纠正的结果,或一直追溯到上次质控结果在控时间点为止;也可以按固定时间间隔复测上次质控结果在控后标本,从而估计失控发生时间。复测标本浓度应包括接近失控结果发生时的浓度水平,以确保正确判定失控发生时间。一旦确定失控发生的时间点,务必复测在失控状况下检测的所有临床标本。

3. 如果失控项目没有可用于复测的临床标本,或标本超过稳定时间,无法复测,应通过以下方式评估失控对临床标本检测结果准确性的影响。通过对质控数据中失控点和在控点质控结果差异分析,评估失控对临床标本检测结果的差异;通过患者检测结果与近期检测结果的比较回顾以及临床诊断符合性分析等方法,确定是否联系临床,重新采集标本进行检测,重发患者报告;如无法重新采集,则与临床沟通,说明检测结果是否有效。

二、室内质量控制周期性评价

实验室室内质量控制是长期的日常工作,每天都会产生大量质控数据。这些质控数据,不仅确保每天正确发放检验报告,还可在较长时间内对整个检测系统进行多方面质量控制及评价。因此,实验室除了每天完成质控品检测及数据分析之外,还应对质控数据进行周期性评价。每月所有质控活动结束后,应将当月的质控数据进行汇总统计分析,有利于发现存在的质量问题并及时纠正,以期达到持续质量改进的目的。以定量检测的室内质量控制的每月数据汇总和统计分析(月总结)为例,内容包括以下方面。

1. 比较室内质控数据的均值、标准差和变异系数 通过计算周期内质控数据的均值、标准差和变异系数,与之前累积质控数据进行纵向比较,查看与以往各月和累积质控数据之间是否有趋势性变化。分别包括:①周期内每个检验项目原始质控数据的均值、标准差和变异系数;②周期内每个检验项目除外失控数据后的质控数据的均值、标准差和变异系数;③此批号质控品之前每个检验项目除外失控数据后的所有质控数据的累积均值、标准差和变异系数。

检测系统准确度可能是长期而缓慢的变化。按月画出逐月均值和标准差(或变异系数)折线图,可更直观地观察质控数据与以往各月的差异是否有趋势性变化。若发现本月质控均值较前数月有较明显的增高或者降低,出现偏离中心线的渐进性或趋势性变化,提示检测系统的准确性可能发生改变。若观察逐月标准差(或变异系数)折线图,室内质控的变异系数较之前有增大,提示检测系统的精密度下降。应当进一步查找分析原因,纠正造成这种改变的因素。

2. 分析室内质控数据分布 质控数据的分布也是月总结的重要内容,质控图中不应该出现质控数据漂移,多数质控点偏于一侧;或者质控数据倾向,质控点出现趋势性改变、渐进性升高或者降低(图 10-7)。一旦出现以上数据分布,需要对检测系统进行检查。实验室通过设置警告质控规则,提醒工作人员早期发现质控数据的突然变化、周期性或趋势性改变,在失控前提前进行干预,去除可能导致误差的诱因。数据分布异常的起始时间点是十分重要的分析内容,将数据分布异常的起始时间点结合检测系统的变更记录进行分析,如试剂、质控品的更换记录、定标记录、仪器维修记录等,可以帮助实验室更容易查找到影响检测系统的原因。

质控数据均值和标准差,代表了实验室稳定状态下检测系统对质控品检测的固有变异水平。因此,质控图的中心线和控制限,应与质控数据累积均值和标准差进行比较和评估。

通过当月、累积的质控均值和标准差与质控图中设定中心线和控制限进行比较,能够对质控参数的准确性进行验证。如果均值与中心线差异较大,除了质控数据漂移之外,另一个可能原因为质控品的均值累积不当,此项评估在更换新批号质控品时,或在效期较短、平行检测时间较短的质控品新批号使用中尤为必要。另外,质控数据也不应该出现所有质控点均在质控中心线两侧小范围内长时间波动,如在 $\pm 1s$ 内波动。一旦出现,往往提示质控图控制限设置过宽(图 10-7)。一旦确认质控均值累积不当,或者控制限设置过宽,应扩大纳入的质控数据范围,重新计算和评估,应在征得专业组长(或授权人员)同意后,必要时进行调整,或重新设计室内质控程序。

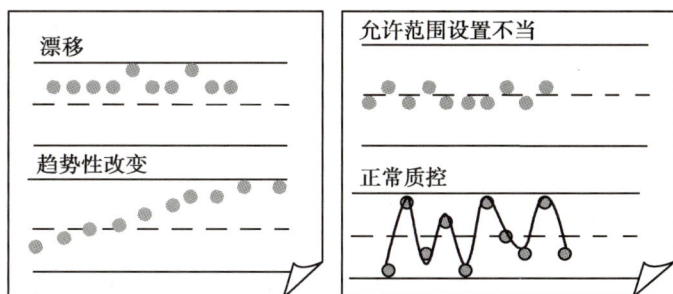

图 10-7 室内质控数据的漂移和趋势性改变

3. 分析失控数据及原因 每月还需要对当月室内质控的失控情况进行汇总统计分析,包括失控时间、失控类型、检测人员、失控处理、总失控率等。如果某月的失控率超出实验室的质量控制目标,某一个操作人员反复出现失控,同一失控原因反复出现等,实验室需要采取相应的纠正措施。解决问题和消除失控原因有赖于检验人员的专业知识、技术和经验。实验室应基于检测系统的运行特性和使用经验,将常见的失控原因与纠正措施记入 SOP 文件,建立故障排查流程,便于今后查阅使用。例如:项目定标有误、灯泡光源衰减是导致生化分析仪失控的常见因素;试剂稳定性下降是止血凝血检测常见的失控原因。实验室可以采取的措施包括以下几种。

(1)对检测人员进行培训以及定期考核,如:严格遵照制造商说明文件的要求进行仪器每日、周期性维护和保养;严格按照制造商推荐的保存条件保存试剂、校准品和质控品;严格参照制造商以及行业标准的要求进行校准以及检测项目的定标;实现仪器自动化,减少人工读数、计算、转录数据等步骤,控制人为误差造成的失控。

(2)充分记录检测系统的所有改变。试剂、校准品、质控品或仪器变动,软件升级,人员轮替等,都应有详细的记录,便于在失控时查找可能原因。

(3)在检测系统变更后,以临床标本比对、仪器间比对、室内质控等方式验证变更是否对检测系统的稳定性造成影响。

(4)全面考虑可能影响检测系统的因素,而并非仅仅将注意力集中在仪器部分。严格按照制造商的安装运行条件安装仪器,控制环境温度、湿度、电压稳定性以及仪器间距等条件,减少局部环境对检测系统稳定性的影响。

4. 形成总结报告 月总结完成后应形成完整的月总结报告,包括基于统计数据以及质控图数据分布资料的总体评价、相关试剂的使用情况、针对可能存在问题的描述及处理措施、下阶段需要关注的质控内容等,最终由实验室授权的负责人签字确认。例如:"本月质控均在控,未更换试剂批次,各个质控点围绕均值在上下 $2s$ 范围内均匀波动,提示系统稳定";"本月质控均在控,××日后出现质控渐进性升高趋势,考虑为试剂原因,更换新试剂后趋势恢复,下月继续观察目前使用试剂的开瓶稳定期"等。

三、室内质控数据汇总和保存

室内质控数据既是实验室每日室内质控工作的记录,也是日后向服务对象(医生和患者)提供质量保证措施的证明性文件,应妥善保存室内质控数据,作为实验室质量客观证据。每月室内质控数据周期性汇总和分析总结报告应作为实验室质控工作的溯源性证据予以妥善保存。所有的记录一般至少保留 2 年,保存形式可以是纸质或者电子格式,应不允许修改和删除电子记录。保存的数据包括:①所有项目的室内质控原始数据和质控图,包括检验项目、检测仪器、检测时间、检测人员、质控品批号和浓度等信息;所有周期性评估的统计数据,包括在时间范围内的均值、标准差、变异系数及累积的平均数、标准差、变异系数等)。②所有失控数据及处理记录,包括失控项目、失控时间、违背质控规则、失控原因分析、纠正措施及效果验证、患者标本结果评估、负责人确认记录等。③所有项目的月/年评估总结报告,包括当月质控情况评估,失控原因及纠正措施的规律性分析,下月改进措施,新批次质控品平行试验的相关数据分析等内容。

第四节 定性和半定量检测的室内质量控制

定性试验是指用有或无、存在或不存在的方式表述被测物质性质的试验方法。半定量试验是指以量值或数值等级形式表达定性结果的试验方法。定性、半定量试验的精密度难以用标准差或变异系数表示,难以绘制相应的质控图,目前尚无通用的质控方法。实验室应根据检测方法特点,按照专业领域的质量控制特点和方法,采用相应的质控方法,做好室内质量控制管理。

一、定性和半定量室内质控特点

1. 检测项目多、方法类型多 定性或半定量试验检测方法多,手工试验多,以手工操作为主。近年来,随着自动化仪器的普及,越来越多的仪器设备开始替代手工法进行标本检测和结果报告,不同的实验室的检测方法、仪器设备、检测过程均有明显差异。同一个检测项目可能有多种检测方法,如乙型肝炎病毒表面抗原(HBsAg)定性检测可用胶体金免疫层析法,也可用化学发光法和酶联免疫吸附法等检测方法。

2. 检测项目为单份独检 许多定性、半定量试验往往是"单份"测定。使用单份检测试剂时,一个试纸条只能测定一份标本,一个试纸条的质控在控并不能说明其他试纸条在控。"单份"测定的另一层含义是这些试验往往是一份一份标本"单独"进行,不在一个时间段内完成,这与定量检测时"成批"不同,进行质控时应考虑此种情况。

二、定性和半定量室内质控相关概念

1. 临界值 临界值浓度指分析物处于或接近于临界值浓度,理想条件下多次重复检测此浓度的单一标本时将获得 50% 的阳性结果和 50% 的阴性结果。试剂生产厂家根据检验目的、敏感性和特异性等性能结果建立临界值,此临界值一旦建立,用户不可随意更改。若检测结果低于临界值,判定为阴性或无反应,高于临界值,则判断为阳性或有反应性。

对于定性、半定量试验,无论采用何种检测方法、选用何种检测试剂盒,首先必须了解其临界值的确定是否与临床需求相符。如 HBsAg 定性检测,用于临床诊断时阴性的判断值为 <2ng/ml,用于输血机构的血源筛查时则为 <1ng/ml,如某试剂盒待测标本 HBsAg 浓度介于 1~2ng/ml 时,不能检出阳性,则不能用来筛选献血员。因此,选用试剂盒时必须要求

厂商提供这方面的资料,并经过验证后方可开始使用。实验室针对检测结果处于临界值的临床标本,可通过复核(同一厂家试剂)、复查(其他厂家试剂)、确证试验(定量检测方法、免疫印迹法、病原体核酸检测确认等方法)或动态追踪检测来确定患者结果为阴性还是阳性。

2. 准确度 定性试验的准确度定义是临床标本检测结果阳性或阴性与真实结果的一致性程度,与诊断标准的一致性程度。诊断标准可以是某个检测方法,例如经过验证的确证试验,也可以是多种检测方法和技术的结合,包括追踪随访、公认的诊断指南等。因此,准确度的评价是通过与临床诊断、金标准方法和经过验证确认血清标本盘的检测结果进行比较,评价其一致性。

和定量检测室内质控应建立实验室自己的质控参数不同,定性、半定量检测室内质控无须建立自己的质控参数,以质控结果是否符合预期响应值来作为质控判断规则。或者以定名定序的正确性来判断,如微生物鉴定过程中,对标准菌株作为质控品时的定名应达到较高的一致性。

定性检测手工操作步骤多,影响因素多,为了保证检验过程质量、检验结果准确、客观,实验室应根据检测方法,采用多种质控方法,在整个检验过程中进行有效的质量控制。实验室还可通过以下多种方式来判断仪器、手工检验结果的准确性,同时作为判断质控在控的证据材料。例如:仪器读数结果与人工读数结果进行比对,作为判断仪器读数质控结果的判断证据;以显微镜镜下有形成分分析作为尿有形成分分析的金标准,以人工镜检分类计数结果作为白细胞分类计数标准;血型鉴定通过定期或不定期验证标准血清或血细胞的效价及亲和力来验证和排除质控品问题。

三、定性和半定量室内质控方法

定性试验的特点是结果的二元性,即根据预先设定的临界值将检测结果判断为阴性或阳性、有反应性或无反应性。定性试验分为纯定性检测结果和以仪器信号值方式来判定定性结果,半定量试验以分级或滴度报告检测结果。定性、半定量和定量检测的室内质量控制均包括以下基本步骤:建立和执行室内质控程序;针对失控采取纠正措施,评估失控对患者结果的影响;详细完整的质控数据和记录;定期回顾分析质控数据,采取改进措施。和定量检测相比,定性和半定量室内质控方法有两个关键步骤:①选择合适浓度的质控品,尤其是弱阳性质控品的选择;②质控结果的判断。

(一)选择合适浓度的质控品

定性检测质控品建议选择 2 个水平质控品:阴性和阳性。阴性质控品浓度一般为 0.5 倍临界值左右,阳性质控品浓度一般为 2~4 倍临界值,且阳性和阴性质控品基质尽量与临床标本一致。定性检测结果的关键点是测定的下限,应选择目标分析物浓度接近试剂盒或检测方法的测定下限的弱阳性质控品。在引进新检测方法或更换试剂批号时,可选择高值或超高值阳性临床标本作为验证"钩状效应"的质控品。半定量检测应选择阴性质控品和具有分级或滴度反应性的阳性质控品。

定性检测可使用配套质控品;有合格第三方质控品时,应优先选择;使用非配套质控品前,应评价其质量和适用性。因试剂敏感性不同,应根据试剂和质控品说明书配制合适浓度的质控品。质控品的复溶、分装、储存和使用均须按照厂商说明书要求进行,如有修改,应验证其性能,并保存资料。

对于新开展检验项目,有些定性检测如自身抗体检测、抗中性粒细胞胞质抗体检测等,若没有商品化质控品,实验室可自制质控品。自制质控品使用前应确认性能,排除冷凝集、自身抗体、异常蛋白等干扰。如血型抗原抗体分布在人种和人群中存在差异,检测时存在剂量效应,实验室应特别关注质控品筛选细胞的选择和质量评价。

（二）质控结果的判断

1. 以信号值（量值或数值）形式判定定性试验 定性检测以仪器信号值（数值或量值）来判定定性结果时，应选择合适的仪器信号值。如用化学发光法和酶联免疫吸附法等检测方法时，信号值可有 OD 值、S/N 值、S/CO 值等，如 OD 值波动太大，一般以 S/N 值或 S/CO 值来判断临床标本检测结果，质控结果也应以 S/N 值或 S/CO 值进行记录和判断。质控品浓度应在检测范围内，至少 1 个质控品浓度水平在医学决定水平左右。当 2 个浓度水平质控品的精密度有显著差异时，宜增加到 3 个浓度水平。

定性检测的质控结果判断，应首先满足质控结果符合预期响应值，弱阳性和 / 或阳性质控品检测结果应与预期响应值结果一致，才可判断为在控，发出临床标本的检测结果。定性检测的结果以数值或量值方式表示时，精密度定义与定量检测相同，也可通过标准差和变异系数来评估不精密度。Westgard 多规则质控理论基础之一在于数据呈正态分布，如仪器信号值呈正态分布或转换后呈正态分布，可将定性检测结果转换为定量表达方式，采用 Levey-Jennings 质控图或 Z 分数图，启用 Westgard 多规则方法。如定性检测结果不呈正态分布或转换后也不呈正态分布，则不用勉强绘制质控图。检测系统或试剂厂家的试剂说明书中提供的批内和批间精密度性能参数，实验室使用前检测系统精密度的验证结果，均对建立质控参数有重要参考价值。质控品的均值和标准差等质控数据，也可用于室内质控的回顾汇总分析和周期性评价，评估检测系统的稳定性。

2. 直接判断结果的定性试验 阴、阳性质控品的检测结果分别为阴性和阳性即表明在控，相反则为失控。定性试验的精密度以重复多次测定得到阳性结果或阴性结果的比率判断，因此以阴性、阳性的符合率来进行室内质控的回顾性汇总分析。

对血涂片、骨髓涂片、细菌涂片进行染色分析时，用组化、免疫组化、免疫荧光等技术进行分析时，染色是镜检的必备条件。为了保证染色质量，每日使用前应对染色液质量和预期染色效果进行检查评估，对阴、阳性对照，对正常细胞、标准菌株同时染色，观察着色效果，以判断染色液的质量及染色过程是否可靠。微生物实验室应储存与诊断相配套的质控菌株，以便在染色、血清学试验、鉴定试验和抗菌药物敏感性试验中使用。药敏用标准菌株种类和数量应满足工作要求，保存其来源、传代等记录，并有证据表明标准菌株性能满足要求。分子诊断试验如开展基因突变、基因多态性或基因型检测，质控品应包括临床常见的，或者最具临床价值的突变类型或基因型，每次使用至少两种型别，并在合理的时间段内覆盖其他型别。

如果选用试纸条进行检测，应考虑不同试纸条之间质量的均一性，即测量结果在不同试纸条间的复现性。在试纸条的使用、保存过程中，尤其是更换批号时应随机抽取若干试纸条进行对比测试，证明质量可靠后方可使用。在评价定性试验时，不能使用强阳性或阴性标本，应使用接近临界浓度水平的弱阳性标本。当被测标本为阴性或低浓度时，皆出现阴性结果；当被测标本为阳性、强阳性时，不论试纸条间质量差异多大，也不论使用和保存过程中试纸条灵敏度是否已发生变化（差异及变化在一定程度内），皆出现阳性结果。当使用弱阳性质控品时，有的试纸条可能 100% 出现阳性结果，有的试纸条可能 80% 出现阳性结果，还有的试纸条可能只有 50% 出现阳性结果。弱阳性质控品可以较灵敏地检测试纸条在保存过程中及检测条件的变化，可检出假阴性（阴性对照则可判断是否发生假阳性）。因此，直接判定阴、阳性结果的定性检测，除阴性、阳性质控品之外，还要有弱阳性质控品。如弱阳性质控品出现阴性结果，这时检测为阳性的结果仍可报告，而阴性结果在查明原因前不能报告。

3. 滴度（稀释度）判定结果的半定量试验 半定量试验是以滴度（稀释度）判定结果，检测结果报告为阴性或阳性，阳性时分等级强弱，如 1+/2+/3+/4+ 或 1:2/1:4/1:8/1:16。其质控规则判断标准为：阴性质控品结果必须为阴性，不可为阳性；阳性质控品结果为阳性，与预期值相差不超过上、下一个滴度（稀释度），或不超过 1 个等级，且不可为阴性。

以尿蛋白半定量试验为例，由于尿液分析仪及所用试纸条不同，分析物检测结果相同等级所对应的浓度并不相同，所以应根据实验室尿液分析仪所用试纸条判断标准的相对应浓度，选用或自制质控品进行质控检测。这类仪器检测结果的质量不仅与试纸条质量有关，还与仪器有关，因此必须每分析批都进行质控品检测，不应以对仪器的校准代替质控品检测。如 ABO、RhD 血型检测可用已知血型的临床标本作为质控品，ABO 血型检测可选择 2 个质控标本，分别为 A 型和 B 型，RhD 血型检测可选择 1 个阳性和 1 个阴性质控标本。ABO 血型卡阳性孔凝集宜以 3+ 为最低标准，RhD 血型卡宜以 2+ 为最低标准，阴性孔应无肉眼可见凝集。

实验室应根据对半定量检测分析质量的要求，对允许的预期范围作出具体的规定，并通过统计符合率进行质控数据的定期回顾分析。如尿蛋白检测，预期结果为"2+"时，不允许有"−"或"4+"。可要求 90% 的结果与预期结果完全相符，10% 的结果只允许相差一个"级别"。90% 的结果应为"2+"，10% 的结果可为"1+"或"3+"。但如与预期结果相符率不足 90%，则必须寻找原因。

第五节　室内质量控制方法的设计

一、室内质量控制程序建立

（一）检验项目的分析质量要求

准确度反映了总误差的大小。通常，临床标本只做单次检测，检验结果中误差"最坏"表现为总误差。因此，临床对总误差更关心，是判断检测结果可接受性的最重要参数。实验室应基于可接受临床性能和检出能力，为每个检验项目设立分析质量要求。允许总误差（allowable total error，TEa）指根据临床需求、生物学变异及当前技术质量水平等资料建立的总误差要求，它代表一次测量或者一个检测结果中所含的最大可接受误差。

实验室设定 TEa 存在多种表达方式，包括：①百分率，如将靶值 ±16% 和靶值 ±15% 作为丙氨酸转氨酶（ALT）和天冬氨酸转氨酶（AST）的 TEa；②绝对值，如尿液化学分析，比重的 TEa 为靶值 ±0.005；③百分数或绝对值，取其中的大值，如降钙素原的 TEa 为靶值 ±15% 或 ±0.03μg/L（取大值）；④较高浓度时百分数，较低浓度时绝对值，如糖化血红蛋白的 TEa 规定为靶值 ±6%（>6.7% 时）或靶值 ±0.4%（≤6.7% 时）。

在引入检测系统或开展新检验项目时，实验室应首先评估该项目的检验程序是否满足分析质量要求，即 TEa。从误差性质来讲，总误差源于系统误差和随机误差：系统误差即不正确度，用偏倚表示；随机误差即精密度，用不精密度（CV）表示。目前，可采用国家卫生健康委员会临床检验中心使用的室间质量评价标准、国家卫生健康委员会发布的行业标准或根据生物学变异导出 TEa。《临床血液检验常用项目分析质量标准》（WS/T 406—2024）和《临床化学检验常用项目分析质量标准》（WS/T 403—2024）等卫生行业标准制定了检验常用项目的分析质量要求，包括允许不精密度、允许偏倚和允许总误差水平。须注意的是，并非所有检验项目的 TEa 都有相应的国内外标准。如未找到国内外标准 TEa，应设立实验室自己的 TEa。

实验室开展新检验项目之前，应按照实验室检验程序评价方案评估偏倚和 CV 是否满足允许不精密度、允许偏倚和总误差要求，具体内容见第八章"检验方法性能评价"。实验室正在开展的检验项目，可通过检测系统较长时间室内质控数据 CV 来估计随机误差，通过参加国内外权威的定量检测质量评价计划测定结果与期望值的差异偏倚来估计系统误差，持续监测偏倚和 CV 是否满足允许不精密度、允许偏倚和总误差要求。

Westgard 提出，从质量管理角度，总误差也可分为检测系统稳定状态（固有）误差和除此之外的不稳定状态（外加）误差。由此可见，以上两种常用方法评估的是稳定状态下（固有）的误差水平，反映了稳定状态下的随机误差（不精密度）和系统误差（不正确度）是否满足分析质量要求。日常检测工作中，实验室通过室内质控来监控检测系统的稳定性。若质控结果在可接受范围内，则证实检测系统性能处于稳定状态，保持在（固有）误差水平。若质控结果不在可接受范围内，在（固有）误差水平基础上，增加了（外加）误差，则证实检测系统性能处于不稳定状态，超过了允许总误差水平。这些外加误差产生的原因，正是导致失控的原因。因此，实验室正是通过室内质控来监控检测系统的稳定性，发现并消除不稳定状态（外加）误差，满足分析质量要求。

（二）室内质控程序性能特征

实验室期望所用室内质控程序能正确识别"真失控"，不误报"假失控"。理想情况下，室内质控程序只能用于识别和控制检测系统不稳定状态（外加）误差，但是，实际情况是任何质控规则或组合都存在不同程度的"假失控"或"假在控"。室内质控程序的性能特征包括误差检出率（Ped）和假失控概率（Pfr）。

1. 误差检出率（probability for error detection，Ped）　是除检测系统稳定状态（固有）误差之外，质控规则及组合能有效发现或检出不稳定状态（外加）误差的概率，相当于临床诊断试验的灵敏度。实验室须对医学上的重要误差有足够的检出能力，当检验过程正常时又不被假报警打扰。理想室内质控程序 Ped 应为 100%，实际工作中，Ped 在 90%～99% 常可接受。

2. 假失控概率（probability for false rejection，Pfr）　当检验过程正常时，除检测系统稳定状态（固有）误差之外，在没有加入其他（外加）误差的情况下，若质控规则判读为出现失控，即为"假失控"。假失控出现的可能性称为假失控概率（Pfr），相当于临床诊断试验的特异性。理想室内质控程序 Pfr 应为 0，实际工作中，通常可接受小于 5% 的 Pfr。

二、室内质量控制程序性能评价

过程能力（process capability）是指检测过程处于统计控制状态下，对检测过程质量波动或变异的控制能力。室内质控也称为统计过程控制，通过常规操作条件下重复检测稳定的质控品，通过每批次质控品检测结果与预期值比较，从而了解检验过程能力。实验室的产品是检验结果，而只是从检验结果很难判断其是否准确。室内质控用以监测检验程序性能，及时发现质量问题，并在检验结果报告前采取纠正措施。由于检测系统稳定状态下的（固有）误差，质控品重复检测结果不可能是一个数值，而是一个预期范围，所以须为质控品建立预期值和控制限。控制限过窄，误差检出率高，但假失控概率也高；控制限过宽，假失控概率低，但误差检出率也低。因此，实验室应通过检验项目性能特征的验证或评价，基于临床需求、行业标准和实验室质量要求，甚至基于不同的检测人群，借助合适的评价和设计工具，为检验项目和检测系统选择合适的质控程序，包括质控品的浓度水平、质控品的位置和质控品检测频率；设立质控参数和选择适合的质控规则或组合等。

常用的临床检验质量控制方法评价和设计的工具有西格玛度量工具图法、功效函数图法、操作过程规范图法等。实验室应根据评价结果，根据预测出的不同质控规则的特性，结合临床需求和检验实际工作，选择具有较高误差检出率和极低假失控概率，质控规则简单且质控品检测次数较少的室内质控程序。通常误差检出率在 90% 以上，假失控率在 5% 以下，即可满足普通临床实验室要求。当检测方法性能发生改变时（如不精密度、偏倚），须重新评估和设计室内质控程序。

（一）西格玛度量工具图法

Westgard 将西格玛度量应用于质控程序,将经典 Westgard 多规则质控程序逻辑判断图和 6σ 结合建立了 Westgard 西格玛度量工具图(Sigma-metrics)(图 10-8)。σ 是希腊字母,表示数理统计中的"总体标准差",是表征一组数据结果离散程度的指标。σ 大小可反映质量水平高低,6σ 质量管理为 6 个标准差的质量管理,6σ 质量水平意味着每 100 万次机会中有3.4 个缺陷可能性,是非常严格的质量控制要求。计算西格玛度量值可描述检验程序的精密度和正确度与质量要求之间的关系,同时可计算医学重要的临界系统误差。根据临界系统误差和质量控制方法的性能,实验室可选择不同的室内质控程序,选择适合的质控规则和每批质控测定值个数。

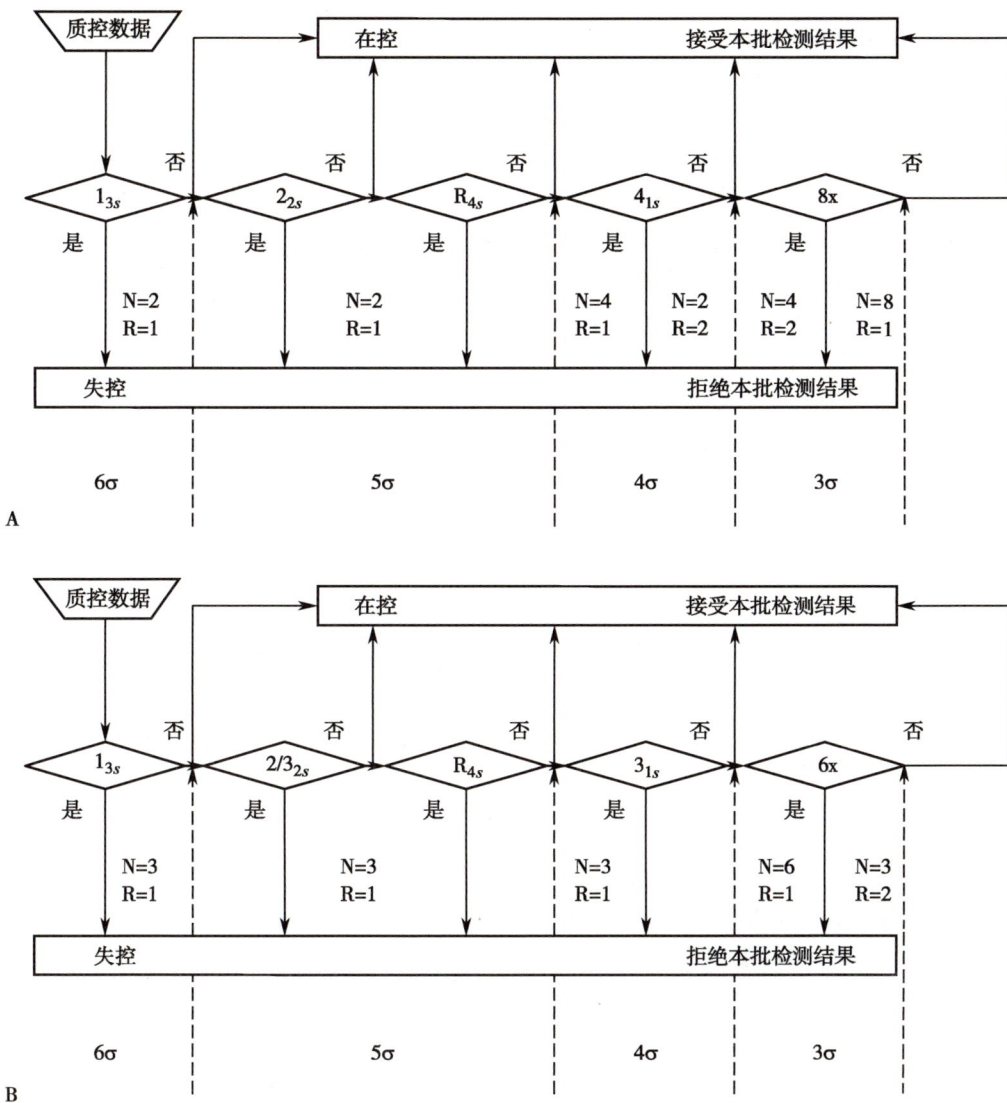

图 10-8 Westgard 西格玛度量工具图

A. 适用于 2 个浓度水平质控品;B. 适用于 3 个浓度水平质控品。

N 代表质控次数,R 代表质控批次。

计算临界系统误差

$$临界系统误差 \ \Delta SEc = [(TEa - |bias|)/CV] - 1.65)$$

σ度量值可以由下列公式计算

$$\sigma = [(TEa - |bias|)/CV]$$

其中 TEa 为允许总误差，bias 和 CV 表示检验程序的偏倚和不精密度。

西格玛度量工具图提供了实现质量目标和改进过程性能的具体方法。当检验过程处于稳态时，σ值越小，检验过程能力越好。如σ水平小于6，计算质量目标指数（quality goal index，QGI）

$$QGI = bias(\%)/(1.5 \times CV)$$

若 QGI≤0.8，提示导致方法性能不佳的主要原因是精密度超出允许范围，应优先改进精密度；若 QGI>1.2，提示方法正确度较差，应优先改进正确度；若 0.8<QGI≤1.2，提示正确度和精密度均须改进。

（二）功效函数图法

功效函数图（power function graph）是分析批失控概率（误差检出概率和假失控概率）与该批发生随机误差或系统误差大小的函数关系图，利用功效函数图可以评价不同质控方法的性能特征以及设计相应的质控方法，其中 Y 轴为误差检出率（Ped），X 轴为临界误差大小。图 10-9 为不同质控规则临界系统误差的功效函数图。功效函数图表示统计功效和误差大小（临界随机误差和临界系统误差）的关系。不同功效曲线描绘不同质控规则和不同质控检测次数（N）的性能，通过同时显示功效曲线，可方便地评价室内质控程序的性能特征，以便选择适合实验室的质控规则和质控检测次数（N）。功效函数图须计算临界误差，需专门的计算机软件来拟合，且必须控制许多变量，目前很少有实验室用此方法进行质量控制方法的设计。

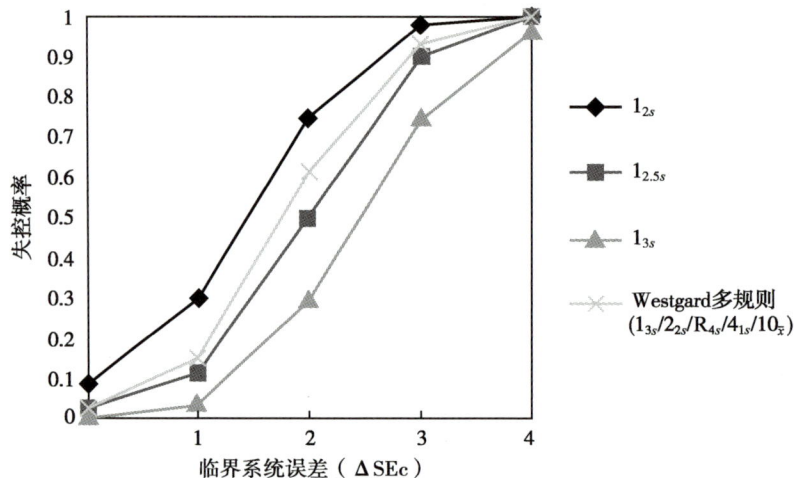

图 10-9　1_{2s}、$1_{2.5s}$、1_{3s} 和 Westgard 多规则（$1_{3s}/2_{2s}/R_{4s}/4_{1s}/10_{\bar{x}}$）检出系统误差的功效函数图（N=2）

（三）操作过程规范图法

操作过程规范图法（operational process specifications，OPSpecs）是对实验室检测操作过程要求的图示工具，显示的是检验程序的不精密度、不准确度和达到规定质量要求需要采用的室内质控程序之间关系的一种线条图。它描述了为达到允许的不精密度和不准确度应采用的统计质控方法，以及保证常规操作能达到预期质量要求的可能性。OPSpecs 图可用于证明当前所用的质控方法是否适当，或新质控方法是否达到分析质量要求。由于无须计算临界误差，减少了一些不必要的操作，只要将测定方法的不精密度和不准确度标记在图上，就可直观地得到所选室内质控程序在保证质量水平方面的能力，简化了室内质控程序设计过程（图 10-10）。

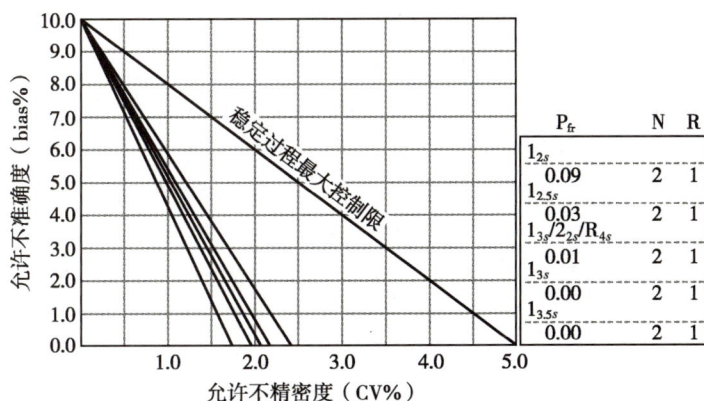

图 10-10 保证 90% 检测结果达到不超过允许总误差 10% 的 OPSpecs 图

三、室内质量控制数据实验室间比对

若多个实验室共用同一批号的质控品,可组织一个实验室间比对计划,对实验室上报的质控数据进行比对分析。一般情况下,质控品厂家可组织该比对计划,提供数据分析服务,如计算每月均值和标准差、绘制控制图、提供比对报告等。

实验室应积极地参与室内质控数据的实验室间比对计划,用来确定:①实验室内和实验室间不精密度;②实验室间同一方法组的偏倚;③精密度和相对偏倚的分析和统计参数。实验室可以实时将质控均值和标准差与一组实验室进行比较,查询比对报告和统计数据,对质控数据分析提供重要的辅助证据,对完善室间质量评价提供有效的补偿。值得注意的是,虽然这些计划通过实验室均值与一组实验室均值的比较得到了不准确度和偏移的评估,提供了实验室检验项目长期性能的补充信息,但该计划不能取代常规工作中质控数据的分析和处理。

四、基于患者数据的实时质量控制

基于患者数据的实时质量控制(patient-based real-time quality control,PBRTQC)是一种使用患者临床标本检测数据以实时、动态连续监控检测过程分析性能的质量控制方法。PBRTQC 可弥补传统室内质量控制问题,如质控品稳定性欠佳,或多或少存在基质效应,质控品检测频率过高造成成本浪费,而过低不能持续反映质控状态等。实验室的最终产品是患者检验结果,监测和分析这些结果是最直接的质量控制方式。PBRTQC 可提供更多检验过程中的质量信息,对检验前误差敏感,无基质效应,无额外成本,可用于无质控品检验项目的分析性能监控等,是基于患者风险的全新质控策略。PBRTQC 与 IQC 联合应用,可以持续全面监控整个检测过程,为患者和临床提供准确、可靠的检测结果,通常有以下几种方法。

1. 移动均值法 是用于血液学质量控制的方法,又被称为 Bull 算法。原理是血液中红细胞计数可因稀释、浓缩、病理性或技术性因素而有明显的增减,但每个红细胞的体积及其所含有的血红蛋白、单位红细胞体积中所含的血红蛋白则相对稳定,几乎不受这些因素的影响。根据这种特性,设计了通过红细胞平均体积(MCV)、平均红细胞血红蛋白量(MCH)、平均红细胞血红蛋白浓度(MCHC)均值的变动,来进行质控的方法。

Bull 计算法建立在连续 20 个患者红细胞指数(MCV、MCH、MCHC)的多组均值基础上。Bull 的控制限一般定为均值 ±3%,或最近 3 个 Bull 均值超过 2% 就算失控。Bull 计算法的最大不足之处是由于此方法基于多样本均值比较,质控限需要大批样本(至少 500 份)来决定,每个分析批至少要求 5 个均值点绘制质控图,即每分析批少于 100 例患者标本不宜采用此法。

2. 差值检查法 对于某一具体患者来说,若其疾病情况稳定,则患者前后试验结果也应基本稳定,患者连续试验结果之间的差值,即 Δ(delta)值应该很小。如果 Δ 值很大并超过预先规定的界限,则表明可能存在下列三种情况之一:①患者标本的试验结果确实有了变化;②标本标记错误或混乱;③计算 Δ 值的两个结果值之一有误差。差值检查法出现问题不一定就能说明检验过程出现误差,但对检验前和检验后误差敏感,能排除一些非实验室内的错误因素,增强实验室和临床对检验结果的可信度,减少复查次数。

3. 双份测定法 在一个分析批中,选择至少 10 例的患者标本进行双份平行检测,所选择的患者标本尽可能均匀分布在整个分析批中,避免选择极高或极低检测结果的标本。计算每个患者标本两次检测的差值,并以此至少 10 个差值计算该分析批双份测定患者标本差值的标准差。若检测系统稳定,那么各个分析批批内患者标本复测的标准差应无明显差异,一旦出现某个分析批标准差明显增高,则提示检测系统的精密度可能增大,识别出患者标本质控失控。

4. 留样再测法 同样属于患者标本的双份检测,是通过患者标本在标本稳定期内重复检测验证检测系统稳定性的质控方法。这是将患者标本作为质控品使用,在标本稳定期内进行重复检测。因标本的稳定期较短,质控限并非长期累积的变异系数,而是标本重复检测的偏倚(bias),以首次检测为靶值,计算其后的一次或多次检测的偏差。在标本的稳定期内,留样标本的偏差均应该低于某界限(该界限由实验室根据检测项目的稳定性以及检测系统的运行情况界定),如果偏差突然增大,可能提示在标本两次检测期间出现分析误差。同时使用 2 个以上的患者标本留样再测有利于区分随机误差与系统误差。

PBRTQC 有其固有的缺点,如大部分检验项目的患者标本的稳定性欠佳,难以形成长效质控,部分项目难以获得医学决定水平浓度的患者标本等,误差检出能力较低等。作为 IQC 的补充,实验室可首先选取 IQC 不稳定、检验结果易受检测系统干扰、试剂批间或瓶间差异较大的检验项目,选用合适的患者标本质控方法。除了上述列举的患者数据和患者标本质控方法以外,患者数据质控方法还有很多方面:①与临床相关性的分析。将检验结果与该患者有关的信息(如临床表现、治疗效果等)进行相关性比较,来分析检验结果的可靠程度。②与其他试验相关性的分析。有时某个单一试验结果似乎是合理的,但是将一个患者多项检查检验结果结合起来分析,就可能发现某个试验结果是不合理的。如果在检验结果发出之前比较这些试验结果相关性,可识别出误差。

本章小结

实验室质量控制是实验室管理的重要内容。本章首先介绍了室内质量控制的基本概念,以及正态分布曲线下面积与抽样误差的关系。室内质量控制是通过对质控结果的统计学判断,对同批次检测结果的可靠性进行评价,并且能够在可能产生误差时向检测者提出警告。实验室应关注质控品特性,如基质效应、稳定性、质控品中分析物的浓度水平、检测频次和位置等,为实验室选择质控品时提供依据。质控图和质控规则是实验室室内质量控制的重要内容,对质控图和质控规则的正确理解是判断质控结果的基础,根据质控规则识别误差类型,正确分析失控的原因和采取相应的处理措施。检验人员应在实际工作中不断积累故障排查的经验,相互交流,认真学习。每个检验人员都应熟悉常见的失控问题,善于发现问题并能采取合适的纠正措施,保证检验结果准确可靠。

室内质控的目的是通过监测检测系统的精密度和稳定性,避免错误的检验结果发放给临床和及时追回并纠正可能发生错误的临床报告。其中避免发放错误报告到临床是处理室内质控失控的核心,正确查找到失控的原因是处理质控失控以及避免下一次失控的关键。室内质量控制数据是临床实验室向临床医生和患者证明检验结果可靠性的有力证据,除妥善保存外,还应定期总结,持续改进。

（岳志红　陈大鹏）

第十一章 室间质量评价

1. 室间质量评价的概念及其主要作用是什么?
2. 室间质量评价是如何组织和实施的?
3. 临床实验室中常用的室间质量评价计划有哪些?
4. 室间质量评价的主要流程是什么?
5. 什么是质评物?
6. 质评物的检测有哪些要求?
7. 室间质量评价的结果如何分析?
8. 不合格室间质量评价的常见原因是什么?
9. 室间质量评价如何提升临床实验室的检测质量?

室间质量评价(external quality assessment,EQA)是临床实验室全面质量管理的重要组成部分,可作为评价实验室检测能力并加强实验室质量改进的重要工具。国家卫生健康委临床检验中心自1982年始开展全国临床检验室间质量评价活动,协助参评实验室及时发现并解决实际工作中存在的问题,促进参评实验室进一步采取相应的措施以提高临床检验质量。目前已涵盖临床生物化学、免疫学、血液体液学、微生物学、分子生物学、临床输血等主要检验专业的重要常规检验项目,且每年仍在增加新的室间质量评价计划。

第一节　室间质量评价组织与评价类型

室间质量评价可追溯到20世纪30年代,美国疾病预防控制中心率先在一定范围内开展了不同实验室血清学梅毒检测的室间质量评价活动。1947年,美国病理学家学会成立后全面开展了室间质量评价活动,也是目前全球最大的室间质量评价组织者。我国临床检验室间质量评价活动的组织者主要包括国家卫生健康委临床检验中心以及各省级临床检验中心。

一、室间质量评价的概念

室间质量评价是多家实验室分析同一标本,并由外部独立机构收集和反馈实验室的上报结果以评价实验室操作的过程。当室间质量评价提供者(组织者)的室间质量评价项目通过特定认可后提供时,室间质量评价也被称作能力验证(proficiency testing,PT),是为确定某一实验室进行某项校准或检测能力以及监控其持续能力而进行的一种实验室间比对。实验室间比对的定义为按照预先规定的条件,由两个或多个实验室对相同或类似的材料进行测量或检验的组织、实施和评价。

二、室间质量评价的主要作用

室间质量评价的主要作用包括:①评价实验室的特定检验能力并监测其保持情况;

②识别实验室质量问题,促进启动改进措施,提高检验质量水平;③判断不同检验方法的有效性和可比性;④识别实验室间的差异;⑤增强医生、患者等对检验结果的信任。室间质量评价是实验室能力保证和改进检验质量的重要手段,尽管其存在以上诸多作用,但需要注意的是,室间质量评价并不能准确反映实验室检验前及检验后环节,不能取代实验室检验全过程的质量保证体系。目前在我国,室间质量评价不仅是临床室间检验结果互认的重要依据之一,同时也是三级、二级公立医院绩效考核的重要内容。按照国家《医疗机构临床实验室管理办法》,医疗机构临床实验室应当参加室间质量评价机构组织的临床检验室间质量评价。

三、室间质量评价的组织与管理

室间质量评价提供者或其所在组织应是一个具有法律地位并可承担法律责任的实体,有责任确保提供的室间质量评价活动符合国家卫生行业标准的要求,并满足参加者、法定管理机构和对其提供承认的组织的需求。室间质量评价提供者应建立、实施和保持与其活动范围相适应的管理体系,其政策、计划、程序和指导书的规定以及文件化程度,应能满足保证室间质量评价各方面质量的需要。体系文件应传达至有关人员,并被其获取、理解和执行。

室间质量评价提供者或其所在组织应具备管理和技术人员,并具有履行职责所需的权限、资源和技术能力。管理层应规定组织中关键岗位所需资格和经验的最低要求,并确保人员满足要求。参与制订室间质量评价计划的人员在室间质量评价设计、实施和报告等方面应具有足够的技术能力、统计技能和协调管理技能。室间质量评价提供者能够获得特定类型室间质量评价控制物并建立相应的制备程序,确保其均匀性和稳定性。应有文件规定如何确定室间质量评价靶值。

四、室间质量评价的类型

室间质量评价计划通常依据被检测材料的特性、使用的方法等有所不同。大部分室间质量评价计划的共同特征是将一个检测系统与其他一个或多个检测系统所得的结果进行比对;在某些计划中,参加比对的实验室之一可能具有控制、协调或参考的职能。

实验室检测活动可以分为定量、定性及解释性三种基本类型。与之相对应,室间质量评价计划也可分为这三种类型。定量评价计划的结果是数值型的,用定距或比例尺度表示,其检测的精密度、正确度、分析灵敏度及特异性可能有所不同。定量评价计划通常对数值结果进行统计分析。定性评价计划的结果是描述性的,以分类或顺序尺度表示,如微生物的鉴定等。统计分析评定能力可能不适用于定性检测。在解释性评价计划中,室间质量评价样品是与参加者能力的解释性特征相关的一个检测结果(如描述性的形态学说明)、一套数据(如确定校准曲线)或其他一组信息(如案例研究)。

按照采用的样品及定值方法分类,室间质量评价也分为常规室间检测计划、已知值计划和分割样品检测计划。计划间可能有重叠,但其作用和要求有所不同。

(一)常规室间检测计划

常规室间检测计划由组织者选择质评物,同时分发给参加计划的各实验室进行检测,各实验室完成检测后将结果返回组织者,然后,组织者再进行分组统计,与指定值或公议值进行比较,以确定参评实验室该项检测结果与其他实验室检测结果的异同。实验室认可机构等组织在判定实验室的检测能力时通常采用该类型。该类计划中常用"分隔水平"设计,即质评物具有类似但不相同的测量值水平,用于估算实验室在特定测量水平的精密度。该类计划要求每次比对中提供给参评实验室的质评物必须充分均匀,以保证此后出现的任何极端结果均不能归因于质评物有显著变异。

（二）已知值计划

已知值计划是指组织者将实验室已知测量值的检测材料发放给参评实验室进行检测，完成检测后将结果与已知的测量值进行比对。如国家卫生健康委临床检验中心和其他部分省级临床检验中心组织的血细胞分析参考实验室网络体系，即依据国际血液学标准化委员会（ICSH）规定的一级参考方法对新鲜血定值，并将新鲜血发给参评实验室进行检测，将实验室测定的结果与已知值进行比对，就是应用的已知值计划。如果已知值由参考方法确定，检测材料采用新鲜全血或冷冻血清，用于评价方法正确度、验证所用方法溯源性时，此类计划也称为正确度验证计划。目前，正确度验证计划未纳入公立医院绩效考核。

（三）分割样品检测计划

分割样品检测计划指将样品分成两份或多份，每个参评实验室检测其中的一份。与实验室间检测计划不同，该类计划仅有少量参加者（通常只有两个），主要在同一实验室中两个同类检测系统间进行，用于识别不良的精密度、描述一致性偏移以及验证纠正措施的有效性。此类计划经常需要保留足够的样品，以便由另外的实验室做进一步的分析，解决有限数量参加者间发现的差异。在该类计划中，如果其中一个参评者使用了参考方法或更为先进的设备，或通过参加被承认的室间质量评价计划取得满意结果而证实了自身能力，可认为其检测具有较高计量水平（较低不确定度）。上述参评实验室可作为顾问实验室或指导实验室，其检测结果可用作参考值，而其他参评者的检测结果与之进行比对。

此外，根据组织方式，室间质量评价还可以分为顺序计划、同步计划、单次计划以及连续计划等。其中，顺序计划是将检测或测量的室间质量评价样品按顺序分发并按期反馈结果；同步计划是指在规定期限内同时检测或测量室间质量评价样品；单次计划是指为单个需求提供室间质量评价样品；连续计划是按照规定间隔提供室间质量评价样品。

五、室间质量评价流程

我国室间质量评价的工作流程主要由两部分组成，即室间质量评价组织者内部的工作流程和参评实验室的工作流程。

（一）室间质量评价组织者工作流程

室间质量评价组织者工作流程主要包括：质量评价计划的组织和设计；计划书和/或通知的发放；质评物的选择和准备；质评物的包装和运输；检测结果的接收；检测结果的录入；检测结果的核对；靶值的确定；评价报告的发放；与参加者的沟通。

（二）室间质量评价参加者工作流程

室间质量评价参加者工作流程主要包括：在线申请；接收质评物并检查有无破损或其他问题；将质评物接收状态回报组织者；按规定日期进行检测；结果回报；接收评价报告；分析评价报告；决定是否采取纠正措施；评估采取措施的效果。

第二节　室间质量评价计划申请与质评物检测

在我国，国家卫生健康委临床检验中心或省临床检验中心每年会发布当年临床检验室间质量评价通知，发布当年室间质量评价计划。室间质量评价计划书及相关通知可从相应室间质量评价信息系统运行网站获取。

一、室间质量评价申请

参评实验室应在室间质量评价计划通知发出之后，于规定截止日期前，整理本实验室开展的检测项目资料并完成申请。申请国家临床检验中心室间质量评价计划时，须在线维护本实验室开展的检测项目，确定参评计划，用本单位用户名和密码登录相应室间质量评价信息系统运行网站，尽早完整填写室间质量评价申请表后提交，并及时缴费。初次申请实验室需要提交新用户申请以获取实验室编码。从 2020 年开始，公立医院绩效考核是针对医院内部所有参加室间质量评价的实验室进行的综合评价，注意院内不同实验室已开展的所有临床检测项目均应申请相应的室间质量评价计划。

二、质评物及其接收、储存

质评物是指用于室间质量评价的样品、人工制品、标准物质和设备部件等。质评物的制备或采购应建立并执行相应的程序，确保所有质评物的均匀性和稳定性，并可以恰当的方式获得、处置、存储和处理。临床检验中心收到室间质量评价申请和费用后，各计划质评物会按照计划书约定日期向参评实验室寄出，并以手机短信等方式提示接收人，实验室也可从网上查询质评物邮寄情况。质评物的接收应按照实验室患者样品接收作业指导书的要求进行，实验室接收质评物后应认真检查核对，若发现质评物样品出现破损、重号、标识不清、标签脱落等问题，影响检测或结果填报时，应及时上报并申请补寄。质评物的存储应以"室间质量评价活动指导书"为依据，按照质评物的性质、存储要求进行保存。

三、质评物检测与处置

室间质量评价计划考察的是实验室日常检测能力。实验室应将质评物视同临床样品，必须由本实验室进行常规检测的工作人员按照"室间质量评价活动安排"的要求进行质评物复溶、恢复至室温等样品处理过程，并使用本实验室的主要检测系统和常规检测方法进行检测。检测次数等于常规检测患者标本的次数，检测操作及条件与常规检测标本一致。检测结束后，质评物须以潜在传染性物品进行处置，需要并可留存时，应按规定条件进行保存。

四、结果审核、记录与上报

参加室间质量评价的实验室应按作业指导书的要求对质评物检测结果进行审核。应将处理、检测、审核等每一步骤形成文件化的记录，保存至少 2 年。实验室应按照室间质量评价计划的要求，将检测结果等各项内容逐项填写于回报表中，通过网络回报给室间质量评价的提供者，提交前不得与其他实验室串通结果。质评物检测项目测量结果单位（如果测量单位和室间质量评价组织者要求的不一致，需要换算后上报）、有效数字或小数位数应按实验室常规检测项目填报。室间质量评价计划同时要求上报实验程序的方法原理、仪器、试剂、校准品等信息，这些信息与最终的评价结果统计密切相关，实验室应填报真实信息，从而获得客观的评价结果。

第三节　室间质量评价报告与分析处理

室间质量评价的报告形式和内容根据实验目的和分析物的不同而有所差异。理想情况下，室间质量评价报告应与实验室其他质量指标相一致，报告可以是图形或表格形式，关键是要能识别质量变化趋势及显示对质量体系的影响或过程的改变。室间质量评价报告应清晰、全面，须包含所有参评者结果的资料，并能够指出每个参评者的能力。报告主要由实际测定结果、靶值以及评价范围或允许误差三部分组成。参评实验室可通过网站查看室间质评成绩及相关数据分析，无论成绩是否合格，实验室都应仔细阅读并分析室间质量评价报告,尽早识别实验室检验程序可能存在的问题,并将其作为实验室质量持续改进的重要输入部分,不断提高检验质量水平。

一、室间质量评价成绩的评价原则及方式

(一)检测频次和样本数量

我国多数室间质量评价计划每年开展 1～3 次活动,以每年 2 次活动者居多,通常每个项目检测 5 个不同浓度(批号)的质评物。每年计划提供的质评物,其浓度应包括临床患者标本的浓度范围,质评物可通过邮寄方式提供或指定人进行现场考核。

(二)检测结果的评价方法

室间质量评价成绩的计算方式,因室间质量评价组织机构、计划类型的不同而有所不同。每一个项目的评价标准通常是由室间质量评价组织者预先制订,待收到参评实验室返回的数据后,通过相应的软件按照规则进行统计。

1. 定量检验项目判断标准

(1)确定靶值:定量检验项目首先需要确定靶值。除了参考测量室间质量评价、正确度验证室间质量评价计划外,多数定量计划的靶值都是按照公议值制订。《能力验证提供者认可准则》(CNAS-CL 03:2024)中介绍了室间质量评价靶值(指定值)确定的几种方式。

1)已知值:由专门的检测物品配方(例如用制造或稀释)决定的结果。

2)有证参考值:由定义法确定(用于定量检测)。

3)参考值:与一个可溯源到一个国家或国际标准的标准物质或标准并行进行分析、测量或比对检测物品所确定的值。

4)从专家实验室得到公议值:专家实验室利用已知的具有高精密度和高准确度的,并可与通常使用的方法相比较的有效方法,确定试验中的被测量时,应具有可证明的能力。在某些情况下,这些实验室可以是参考实验室。

5)从参评实验室得到公议值:利用一定统计方法得到的统计量,同时考虑到极端结果的影响。

很多情况下,组织者会先设计室间质量评价样品的浓度范围,再委托生产或者制备,但是并不能确定样品的靶值。需要在收集参评者的检测结果以后,根据适当的方法(按仪器、试剂或者检测方法)进行分组统计,才能确定各组的靶值,也就是采用第 5 种方法确定靶值。

(2)计算偏差:确定靶值后,通过计算测量结果与靶值的偏差来判断结果的偏离程度,即

$$偏差(\%) = \frac{测量结果 - 靶值}{靶值} \times 100\%$$

偏差评价准则可参照相关评价限,在该范围内的为可接受结果,不在该范围内的为不可接受结果。

2. 定性检验项目判断标准 定性检测项目的可接受性能准则为阳性或阴性。

3. 临床微生物学检验项目判断标准 微生物检验项目必须包括细菌的分离、鉴定、革兰氏染色和药敏试验。对于微生物检验项目的可接受性能准则考虑是否鉴定正确及药物敏感试验结果是否正确。

4. 在每轮次室间质量评价活动中,某一检验项目的得分计算公式为

$$得分 = \frac{该项目的可接受结果数}{该项目的总测定标本数} \times 100\%$$

5. 在每轮次室间质量评价活动中,所有检验项目的得分计算公式为

$$得分 = \frac{全部项目的可接受结果数}{全部项目总的测定标本数} \times 100\%$$

二、室间质量评价计划的成绩要求

1. 单次评分标准 室间质量评价活动中某一分析项目全部标本中可接受的测量结果小于 80%，称为本次活动该分析项目 EQA 成绩不合格（微生物学检验项目除外）。某次室间质量评价活动中所有评价项目中可接受项目小于 80%，称为该次评价计划 EQA 成绩不合格。

2. 全年合格评定标准 对于一年组织 2 次检测的 EQA 项目，要求每次得分都在 80% 或以上；对于一年开展 3 次检测的 EQA 项目，一般要求 2 次活动成绩达到 80% 或以上，也有些要求 3 次得分均须在 80% 或以上（细菌学专业除外）。

3. 未参加室间质量评价活动定为 EQA 成绩不合格，该次得分为 0 只有在下列情况下不予以扣分：①在规定检测室间质量评价控制物时，根据组织者的要求或其他原因暂停了患者标本的检测；②实验室已将暂停检测患者标本情况通知了室间质量评价组织者。

4. 在规定的回报时间内实验室未能将测量结果回报给室间质量评价组织者，将定为 EQA 成绩不合格，该次活动 EQA 得分为 0。

三、不合格室间质量评价原因分析与处理

不合格实验室质量评价成绩提示实验室可能在样品处理、分析及上报等过程中存在缺陷，需要及时评估风险，查找原因，并采取纠正措施等处理。

（一）不合格室间质量评价原因分析

出现不合格室间质量评价结果，可主要从以下方面发现问题并采取适当的纠正措施。

1. 结果上报问题 主要包括：①未提交（如未检测、未及时提交）；②结果抄写错误；③未正确上报所用的仪器、方法及试剂；④报告单位使用错误或小数点位数错误；⑤对原始数据进行了修改等。

2. 方法问题 主要包括：①仪器性能未达到要求或执行不当；②未能定期维护仪器或维护不当；③仪器校准不正确；④仪器探针未调整好，存在标本携带污染；⑤仪器数据处理功能有问题；⑥自动加样器没有校准到可接受的精密度和正确度；⑦方法灵敏度低，测量结果不精密；⑧试剂的复溶和保存不恰当，或超出有效期后仍然使用；⑨厂家试剂/校准物或生产厂家参数设置存在问题等。

3. 技术问题

（1）在仪器上样品没有以合理的顺序放置。

（2）检测温度不正确，用错稀释液或稀释液加量不准。

（3）尽管有不合格的室内质控结果，仍报告结果。

（4）室内质控数据在可接受限之内，但提示有出现问题的趋势。

（5）不适当的室内质控控制限或控制规则，如果可接受的控制限范围太宽，测量结果偏移不易被发现。

（6）形态学误差：①筛查误差（细胞病理学）；②错误的判断（血液学、临床显微镜学、微生物学、外科病理学、细胞病理学）。

（7）微生物形态学误差：①培养基选择不适当；②染色不充分；③培养不适当。

4. 质评物问题 主要包括：①基质效应。有些仪器/方法的性能受质评物基质的影响较大，当实验室使用该仪器/方法检测时，与所有方法的平均值或参考方法均值进行比较，可能出现不合格结果。②不恰当的混匀或冻干品处理不当导致质评物不均匀，或质评物的复溶和保存不恰当等，可能出现测量结果的显著差异。③细菌污染或溶血。④微生物学标本保存不当导致细菌死亡。⑤质评物具有较弱或临界的反应性。⑥质评物含有干扰因素。⑦质评物未在规定时间内或适当温度下接收。⑧质评物量不足等。

5. 室间质量评价提供者的问题 主要包括：①分组不合理；②靶值不合理，主要原因有质评物的均匀性较差或保留了异常值或离群值；③评价区间不合理，室间质量评价可接受范围过窄；④室间质量评价提供者数据输入错误等。

6. 经调查后无法解释的问题 当排除了所有可识别的误差时，单个不合格的结果可能是由随机误差导致的，这种情况可不采取纠正措施。如果两个或多个结果不合格，且两个结果偏向一侧，则提示系统误差的可能性较大。不合格结果分散在靶值两侧提示实验室方法精密度不佳。

（二）不合格室间质量评价处理原则

对于不是由未参加而造成的 EQA 成绩不合格，判断是系统误差还是偶然误差非常重要。系统误差通常持续存在，实验室须采取纠正措施；而对于偶发的单个随机误差，试图采用纠正措施反而有可能引入其他的误差。对系统误差和偶然误差的判断，通常可以采用重复测量分装后稳定保存的 EQA 样品的方法：如果重复测定结果仍然不可接受，表明存在系统误差，实验室须采取纠正措施；反之则提示可能是随机误差。另外，须对同一次 EQA 活动的各个结果进行审核，如果多个结果具有相对大的偏差且分散在靶值两侧，提示方法的精密度不足，即偶然误差；多个结果具有较大偏差并在靶值的同一侧，提示存在偏倚问题，即系统误差。

所有实验室可能会出现不合格室间质量评价结果，提示其可能在样品处理或分析过程中存在不恰当情况。因此，应彻底分析每个不合格结果，以提高纠正潜在问题的能力。后续措施包括确定其他结果是否受到影响、错误问题根源调查、排除问题根源的纠正措施以及对纠正措施监控等。调查、结论和纠正措施应有完整的文件记录，实验室应使用标准化格式记录每一个不合格室间质量评价结果的处理。

第四节 无室间质量评价项目的常用替代方案

一、理论依据

依据《医疗机构临床实验室管理办法》规定，医疗机构临床实验室应当将尚未开展室间质量评价的临床检验项目与其他临床实验室的同类项目进行比对，或者用其他方法验证其结果的可靠性。临床检验项目比对有困难时，医疗机构临床实验室应当对方法学进行评价，包括准确性、精密度、特异性、线性范围、稳定性、抗干扰性、参考区间等，并有质量保证措施。

实验室应当确定无法实施 EQA 的试验，并尽可能地为这些试验制订出进行实验室间比对的程序文件。无法进行 EQA 的检测项目包括（但不限于）下列几种情况：①新研究和开发的检测项目；②不常检测的项目；③特定的药物；④与 EQA 材料问题相关的试验；⑤容器分析物相互作用相关的试验；⑥需要对样品进行大量分析前操作的试验；⑦不常见基质中的分析物；⑧地理因素，如实验室所在的地区无法提供相关的 EQA。

二、分割样品程序

实验室间比对采用较多的是分割样品检测。

定量检验项目采用分割样品程序应每半年执行 1 次，每次检测至少 5 份患者样品（浓度应覆盖测量范围）。定量项目 5 份样品中至少 4 份样品结果的百分差值或绝对差值在规定的范围（允许总误差）之内，认为比对结果可接受。允许总误差可以根据生物学变异或当前质量水平或由实验室自行制订。

定性检验项目替代评价方法也可采用分割样品检测。将样品分为多份，由已获实验室认可并使用相同检测系统的实验室或使用配套检测系统的上一级医疗机构实验室或同级医疗机构的实验室对样品进行检测。分割样品程序应每半年执行 1 次，定性项目 5 份样品应包括高、中、低不同浓度的阳性样品以及阴性样品，至少 4 份样品的结果一致，可认为比对结果是可接受的。若有更多的分割样品进行比对，可采用 Kappa 统计量。可以按照如下方法为实验室 A 和 B 计算 Kappa 统计量

$$Kappa = （观测到的一致性 - 机会一致性）/（1 - 机会一致性）$$
$$机会一致性 = （实验室 A 阴性结果的比例）×（实验室 B 阴性结果的比例）$$
$$+（实验室 A 阳性结果比例）×（实验室 B 阳性结果比例）$$

Kappa 检验可比较观测到的一致性与由机会所造成的一致性。Kappa 值的范围是从 1（完全一致性）、0（小于由机会造成的一致性）到 -1（完全不一致：与实验室发现结果完全相反，可能由工作人员或者程序的错误所造成）。Kappa 值超过 0.8 表示分析一致性良好，Kappa 值位于 0.6～0.8 时，表明具有适度的一致性。如果样品数超过 20，Kappa 值大于 0.5，则具有统计学显著性，表明一致性并不是完全由机会所造成的。Kappa 检验适用于比较不同试验间、不同实验室间的一致性或者追踪随时间所发生的变化，有助于发现导致不一致的原因。

三、其他替代程序

（一）厂家校准品或正确度控制物的分析

提供试验方法的制造商所提供的校准物或指明与试验程序患者样品具有互通性并可溯源到参考物质或程序的其他参考物质，可用于确认方法的正确性能。在替代评价程序中使用制造商的校准物或正确度控制物时，最好使用与试验方法校准时所用材料不同的批号，确保验证的独立性。应当注意，不同批号的校准物有可能专用于不同批号的试剂。

（二）复审样品程序

对于稳定的分析物，实验室可以将某一患者的样品进行等份分装、储存，然后定期进行检测。定期分析复审样品，评估检测校准的重复性和稳定性。复审样品程序并不能评估正确度，也不能提供实验室间的比对。

（三）患者数据分析

1. 患者数据平均值 假定当试验程序稳定时，一组标本的平均结果将会保持相对恒定。该方法特别适用于较短时间内获得大量结果的试验过程。然而，当确认试验标本人群结果位于可预期的分布范围时，本方法也可用于测试量较少的试验。

2. 参考区间 通常，实验室使用参考区间来为每个患者结果的评估提供信息。因此，可通过对参考区间的定期重新评估来验证实验室内试验程序的稳定性以及实验室间的一致性。该方法通常需要至少 20 例患者的试验结果。通过非参数分析，如果 20 例结果中 18 例结果位于初始的参考区间内，则继续使用该范围，其错误拒绝率大约为 7%。如果不能满足这一标准，则需要对标本重新进行评估。如果无法验证参考区间，则需要进行更加详细的研究，确定是否由分析测试程序、标本采集与处理的预分析条件或者由相应的健康人群采样过程中存在的问题所导致。如统计数周或数月内的大量结果，可以获得结果分布的频数直方图，并可与前一段时间和 / 或其他实验室进行比较。从住院或门诊患者人群中获取适当参考值区间数值的多种统计学方法，可应用于替代评估程序。

（四）结果的重新评估

通过第二个人对已经给出解释的结果进行重新评估，这种方法适用于形态学分析、电

泳图谱、色谱图等。该方法能够鉴别形态学或其他被评估的图形之间的不一致情况。对于形态学分析,专业检测技术人员可以将载玻片或电子图像作为未知的分析物进行重新分析。

(五)临床相关研究

由于临床状况与实验室结果之间的相关性较差以及操作所造成的偏倚(例如试验选择偏倚、疾病分类偏倚),在常规的试验评估过程中,临床相关性研究的使用受到了一定的限制。然而,如果通过超过阈值范围的结果可以确诊或强烈支持特定疾病的诊断,而且在试验后的适当时间内能够独立确定这一疾病时,可以使用相关性研究。

本章小结

室间质量评价是多家实验室分析同一标本,并由外部独立机构收集和反馈实验室上报的结果,以此评价实验室操作的过程。它是临床实验室全面质量管理的重要组成部分,可作为评价实验室检测能力并加强实验室质量改进的重要工具。目前已涵盖临床生物化学、免疫学、血液体液学、微生物学、分子生物学、临床输血等主要检验专业的常规检验项目。实验室检测活动可以分为定量、定性及解释性三种基本类型。室间质量评价计划按采用的样品及定值方法分类可包括实验室间检测计划、已知值计划和分割样品检测计划,其工作流程涉及室间质量评价组织者内部的工作流程和参加实验室的工作流程两部分。EQA 活动中出现不合格结果的实验室,应尽快寻找和分析出现不合格结果的原因,开展有效的改进活动,并将详细的整改报告以书面形式保存。有效的改进活动包括对质量体系相关要素的控制、技术能力的分析以及进行相关的实验和有效地利用反馈信息等。无法进行 EQA 的检测项目常采用替代评价程序。

(杜鲁涛)

通过本章学习,你将能够回答下列问题:

1. 检验后质量管理主要包含哪些内容?
2. 检验结果审核要求包括哪些?
3. 一份完整的检验结果报告单应包含哪些内容?
4. 常见的检验结果异常有哪些情况?
5. 检验过程中出现危急值如何处理?
6. 如何做好检验咨询及临床沟通?

检验后质量管理(post-examination quality management)是指针对检验后过程,为使检验数据准确、真实、无误并能为临床提供疾病诊疗信息而确定的措施和方法。检验后过程(post-examination process)是指标本检测后,从检验报告单发出到临床应用这一过程,又称为分析后阶段(post-analytical phase),主要包括结果审核、结果报告、结果发布和样品留存等。检验后质量管理是临床实验室全程质量管理的最后关口,这一阶段的质量管理主要有三个方面:①检验结果审核与发布;②检验咨询及与临床沟通服务;③检验后样品管理。

第一节　结果审核

检验结果的审核是指检验结果在被授权者发布前的全面复核确认,是检验结束后发布报告前须首要执行的过程,也是检验后质量管理的关键环节。

一、结果传输与录入

检验结果的录入分为计算机自动录入和手工录入。

1. 自动录入　是检验结果生成后传输给计算机并由计算机程序直接接收,存入数据库,根据仪器、时间、标本号、项目等的不同来进行标识。分析仪器完成检测后生成的试验数据通过联机传输方式导入 LIS 中,传输及录入结果时要对联机参数设置认真核对,并对参数更改的权限进行控制。同时,要对 LIS 的数据传输正确性进行定期验证,保证仪器检测结果与 LIS 中的导入数据一致。

2. 手工录入　是手动将各种检验结果输入 LIS,非仪器设备自动传输。临床上比较常见的如细菌手工药敏结果、体液检验和其他显微镜检查结果等。手工录入时,须有防止错误录入的机制。如采用双人核对录入、计算机系统设置拦截错误结果等,保证录入结果正确。

二、结果审核方式

临床实验室人员对检验结果审核,可分为人工审核和计算机自动审核两种。

1. 人工审核(manually reviewed)　是指人工对检测结果进行浏览、分析、审核并把关检验结果的合理性。在人工审核时,由检验者结合临床和患者的相关信息,对每一数据进行浏览、分析、判断和确认。

2. 自动审核（autoverification） 是指计算机系统按照临床实验室设置的已通过验证的规则、标准和逻辑，自动对检测结果进行审核并发布检验报告成为医疗记录的行为。在此过程中，与实验室预设的可接受标准相符的结果自动输入到规定格式的患者报告中，无需任何外加干预。当自动审核程序判断结果不符合预设规则时，程序对该标本进行标记，报告将被保留，进行相应分析处理后由人工进行审核。实验室可以自己设计自动审核程序或者引进已含有自动审核程序的信息系统实施自动审核。自动审核的判断数据来源可包括检验前的患者信息和标本信息，检验中的检测系统状态信息以及检验后的结果警告提示信息，同一患者相同检测项目的历史测定结果，该标本其他检测项目的结果等。自动审核的数据分析过程常包括且不限于：将检验结果与患者信息（年龄、性别、送检部门、诊断等）结合进行分析；识别采集、送检时间不符合要求以及具有影响检验结果的异常性状（如溶血、脂血、黄疸）的标本；识别各类警告符号（如结果超出分析测量范围、受干扰、质控失控等）；将检验结果与设定的参考区间、分析测量范围、可报告范围、危急值、医学决定水平等进行数值比较；对设置的一定时间范围内的患者历史结果进行差值检查；对不同项目的结果进行逻辑关系与关联性分析，比较结果应符合逻辑要求（如总胆红素不应小于直接胆红素，某一类型的白细胞计数不应超过白细胞总数）和项目之间的关联性（如血肌酐与尿素、全血血红蛋白浓度与红细胞计数之间的关联性）并符合临床诊断（如慢性肾功能不全患者的血肌酐水平是否与诊断相符）。

自动审核功能的应用可提高审核效率，减少人工审核的误差，降低人工核对工作量，能及时发现检验结果数据的异常，加快了审核速度，提高了工作效率和医疗质量，还确保了检验数据的有效性和安全性，完善检验后的过程管理和质量控制，缩短报告时间。但也要注意在使用过程中要进行定期评估并持续改进。

审核签发后的检验结果通过各种有效途径向患者和临床发布。在信息化条件下，常可以实现 LIS 与 HIS 的无缝连接，可实现无须等待书面报告即可在各种终端快速查阅检验报告结果，如临床可在医生和护士工作站就能查询报告结果，患者可在医院网站等查询报告结果。

三、结果审核要求

检验报告的双审核制度可保障录入结果的准确性。审核人员除了需要审核报告单上结果与试验结果是否一致外，还需要对患者资料进行再次核对，对检测项目的质控数据、检测结果与历史记录变化情况、是否符合临床诊疗情况等进行分析。

（一）对照检验过程进行的审核

1. 标本合格 即标本的采集和送检合格，处理得当，没有干扰测试的因素。在特殊情况下，对于不符合要求而又进行了检测的标本及其结果，必须予以说明；不管结果正常与否，原则上应将不合格标本退回并重新采集。

2. 检验仪器工作运转正常 即仪器系统误差在可接受范围内，仪器定期校准与保养。

3. 检测试剂无质量问题，在有效期范围内。

4. 检验人员技术熟练，操作规范，无差错。

5. 该批次检测的室内质控项目"在控"。

6. 检验结果计算准确无误。

7. 排除在整个检测过程中可能存在的影响因素，如环境温湿度失控、纯水水质下降等。

当上述检验过程的关键要素、环节均得到肯定时，则基本上可以认为该批（次）检测结果是相对准确、可靠的。

（二）根据临床信息进行的审核

审核内容包括：临床医生所申请的检测项目是否已全部检测、是否存在漏项；检验结果是否填写清楚、正确；有无异常或难以解释的结果；是否需要复查等。对异常变化或与临床不符的结果，应通过恰当方式与临床沟通，了解患者情况，以确定结果的可靠性。对于检验结果与病情不符的，应进一步查明原因，如通过再取一份标本检测等方式进一步确认结果无误，方能发出报告。对难以解释的异常结果，有条件的实验室可在不同检测系统或不同仪器上进行重复检测以进一步确认结果。

（三）根据以前检验结果进行评估

对于一些有怀疑的结果，如检验结果超出参考区间或处于临界值的报告，如不是初诊，可以通过信息系统（LIS、HIS 或区域性卫生信息系统等）与以前检验结果进行回顾性对比，确认符合后发出报告。否则，应进行进一步确认后再作决定。

第二节 检验报告

一、报告格式与内容

临床检验报告单常见有两种格式：①纸质检验报告单，常用于门急诊患者。患者可按需凭就诊卡或取单凭证到自助查询机打印，或到检验报告取单处人工打印检验报告单。②电子检验报告单。检验报告单以电子方式发布，如通过 HIS 或网络以电子报告单的方式将检验结果报告给临床医生等。电子检验报告单可实现检验信息的无纸化传送，更利于保护患者的隐私，避免了检验报告单实验室内的交叉污染。

一份完整的检验结果报告单应包含以下内容。

1. 实验室标识 包括实验室主体单位（医院）名称、实验室名称或委托实验室的名称，最好有实验室的联系方式，如地址、电话等。

2. 患者标识 即患者的唯一性标识，包括姓名、性别、年龄（或出生日期）、科室、床号，必要时注明民族等。

3. 标本标识 包括标本类型、采集日期、时间等。

4. 检验申请者标识 包括申请医生姓名（或工号）、申请日期等。

5. 检验者、结果审核人（或授权报告发布人）**标识** 相关人员的能力应符合实验室相关岗位规定的要求，并获得实验室负责人的授权。

6. 检验项目标识 检验项目名称，可包括检测方法或检验程序。

7. 检验结果及单位、参考区间及异常提示。

8. 标本接收时间、报告时间。

9. 需要时对结果进行解释 诊断性的检验报告应有必要的描述并有相应诊断意见，诊断性检验报告的报告者应具备相应资质。

10. 检验结果如有修正 应可提供原始结果和修正后的结果。

11. 报告单页数及总页数。

二、结果报告

1. 异常结果识别与确认 检验报告审核者通过审核过程，在确认检验结果可靠的基础上可将检验报告发出。检验报告审核者应能快速、准确地识别出可能异常的检验结果并进行进一步确认，实验室信息系统应能帮助识别和标识可能的异常结果。

检验结果可能出现的异常情况包括以下方面。

(1) 高于或低于参考区间，可用升高或降低的箭头（或 H 和 L）标识。

(2) 与临床诊断不符。

(3) 与以往检验结果差异大。

(4) 与关联检测结果不符。

临床实验室遇到上述结果异常情况时，可通过检查标本质量、与临床联系沟通、查阅病史明确患者情况，或考虑是否需要原标本或重新采集标本复查，或检查当天检测系统的可靠性等方法来进一步确认。在结果可靠性得到确认的基础上，可以将报告发出。

2. 报告发布 检验报告单是临床医生对患者作出诊断、治疗及预后判断的重要依据，是重要的医疗文书，同时也是司法、医疗保险理赔、疾病和伤残事故鉴定以及医疗纠纷和医疗事故处理的重要法律依据。检验报告的发放管理能在一定程度上反映临床实验室的管理水平，实验室要建立检验报告单发放管理制度及检验结果报告程序。

(1) 授权报告发布人：检验结果报告单实行"双审双签"，即除操作人员签字外，还应由另一位经验丰富、技术水平和业务能力较强的检验人员核查并签名，最好由本专业组负责人审核、签名。但在特殊紧急情况下或单独一人值班（如夜班）时，可执行单人两次核对后发出报告单。实习生、进修生、见习期人员无报告发布权限。新员工见习期满后，经考核合格且临床实验室主任批准后可获得相应的报告权限。诊断性的检验报告应由执业医生（检验医师）出具。某些检验结果报告者还需要取得相应资格证书，如 HIV 初筛培训合格证、产前筛查项目资格证等。临床实验室检验报告的审核要对检验全过程每一环节进行分析审核，确保检验结果的真实性和可靠性。审核者应具备相应的资质并对检验报告单的质量负责，应熟悉检验管理的流程，有运用相关的临床知识对检验结果的准确性和可靠性进行判断的能力。当检测结果与临床病情不符时，应该采取必需的措施，以保证检验报告的准确性。

(2) 授权报告接收人：检验报告单（包括电子报告单）只应发给授权报告接收人，防止非授权人员使用，以充分保护患者隐私。委托实验室同样要向委托单位公示检验报告、报告时间、报告方式及报告途径。患者或授权报告接收人领取或查阅报告单应有相应的凭据，以避免错拿或非授权使用报告单。

(3) 特殊报告方式：特殊情况下可能采用口头报告或临时报告等特殊报告方式。如：对于危急值或急诊的检验报告单，可先电话报告检验结果后补发正式检验报告单；信息系统故障情况下、血培养阳性结果等可先发临时报告，后补发正式检验报告单。实验室应建立特殊报告管理制度，确定特殊报告方式的适用场景及操作流程并规定事后应补发正式检验报告单。

(4) 延迟报告：实验室对于检验项目报告期限应有规定，并向临床和患者公示。报告时限须满足各级管理要求和临床需求。如果临床实验室有特殊情况（如仪器故障）不能按时发出检验报告，应及时与申请医生或患者取得联系，说明原因，取得谅解并尽早发布检验报告。

三、特殊检验结果报告

实验室应建立特殊检验结果（如检验危急值、传染病阳性结果等）的报告制度。

1. 检验危急值报告制度 危急值报告制度是我国《医疗质量管理办法》中规定的医疗质量安全核心制度之一，检验危急值结果的及时报告是临床危急值报告管理制度的基础和重要组成部分。

(1) 危急值的确定：应根据医院服务对象和临床诊疗指南，由临床实验室相关人员和临床科室医生共同商定确立。经商定后的危急值项目应该在使用过程中定期评审，以保证危急值项目的安全和有效性。危急值项目和限值在不同实验室可有所区别，我国临床实验室可参照临床指南、行业标准、临床实践与患者安全需求等并结合其所在医院特点来确立。有条件和能力的实验室还可以根据医院不同专科特点设立专科特性的危急值项目和限值。

（2）危急值的识别和标示：检验人员在临床工作中须具备快速、精确识别检验危急值的能力。利用实验室信息系统可帮助检验人员快速识别和标示检验危急值，通过制订识别检验危急值的规则，采用信息系统进行自动判断，并用醒目的标记识别出检验危急值，同时可赋予计算机自动搜索功能，在检测过程中一旦出现危急值，实验室计算机的界面就会及时发出警报，提示检验人员对该项目结果及时审核、复查和确认。检验危急值确认后可通过信息化平台（如短信平台、HIS 系统等）立即通知临床，由临床快速启动后续危急值处理程序，保障患者安全。如果缺乏上述系统或系统不完善时，则须靠检验人员在结果检测过程中或报告审核时去识别、筛查检验危急值并将之及时向临床报告。检验报告单上危急值可予以醒目标示，以利于检验人员和医护人员对危急值的快速、准确识别。

（3）危急值的通知和记录：危急值报告应遵循全程负责制。当发现危急值时必须立即报告临床医生或其他授权医务人员。通知可以采用不同的方式，如电话报告、信息系统报告、手机短信报告等。不管采用哪一种或多种形式报告，均须确保危急值报告传达过程的闭环完成，同时通知的过程须形成记录（也可以是电子记录的形式）。记录要求包括：危急值报告的患者信息、标本类型、检测项目及结果、通知人和被通知人姓名（或工号）、报告日期和时间等。电话通知应要求被通知人复述患者信息和危急值结果，防止信息传递错误。临床接获危急值信息后，应立即按照诊疗规范进行相关紧急处理。

（4）危急值的质量监控：及时报告危急值是保证医疗安全的重要环节，危急值通报率是临床检验质量控制指标之一。实验室须设立危急值质量管理目标，如危急值报告及时率、危急值报告漏报率、临床处理危急值的及时率等，并对其进行系统监控。

2. 传染病报告管理制度 按照国家的法律和法规关于传染病报告的相关要求，实验室须制订传染病的报告管理制度和程序，规范各级传染病的报告流程，确保传染病的及时上报。

（1）根据相关国家法律法规以及疾控的要求，确定传染病报告项目。

（2）当实验室检验出传染病阳性结果时，检验人员应立即确认传染病报告。确认无误后，须尽快通知临床，由指定的传染病报告人（一般为申请医生）按照国家相关法律法规要求，在规定时限内上报传染病。

（3）传染病报告记录按照相关要求进行保存。

四、数据保存与报告修改

临床实验室要建立检验数据管理制度，对数据的保存和修改进行管理。

1. 检验数据保存 检验结果、报告和原始记录等应归档保存。实验室应建立数据保存管理制度，规定数据保存的期限及保存媒介。一般检验报告单至少保存 2 年；检验结果数据至少保存 2 年；细胞遗传及 HIV 等检测的相关记录保存的时间要更长；质控和能力验证记录至少保存 2 年；仪器维修和状态记录要保留到仪器使用终身。保存在电子媒介如 LIS 中的电子数据和报告要定期备份，并拷贝保存在不同地方以保证其安全性。

2. 检验报告修改 检验人员在审核和发布检验报告时要认真仔细，检验报告一旦发出不得随意更改。当发现检验报告错误时，实验室应立即通知相关人员，及时修正报告，并记录。

（1）已审核但未发出的检验报告需要进行补充或更改时，须由原检验者进行，并经签发报告者审核和批准，记录修改的原因。

（2）已发出的检验报告须修改时，必须由授权人员修改，未经授权的人员不得修改检验报告。对发出的检验报告的修正须本着慎之又慎的态度，应事先联系临床和患者，取得同意和谅解后按照规定制度和程序执行，修改过程须记录存档，所有的修改结果应该可被查询和应用。

（3）实验室应定期对检验报告的更改情况进行统计，认真分析原因并采取必要的整改和预防措施，以保证质量管理持续改进。

五、检验结果查询

提供检验结果查询也是临床实验室服务项目内容之一。临床实验室在信息化条件下可提供多样的结果查询方式。

1. 凭就诊卡或取单条码到检验科、咨询服务台或自助报告打印机现场查询并打印报告。

2. 通过 HIS 或 LIS 工作站，临床医护人员登录有相应权限的账户，查询所管理患者的检验报告。

3. 患者可在医院网站、区域性卫生信息网站、医院手机 APP 应用或公众号等查询报告结果。

4. 特殊情况下，部分实验室也提供报告单邮寄或快递服务。

第三节　检验咨询与临床沟通

检验工作者除了要为临床和患者及时、准确、经济地提供检验信息外，还应全方位地面向服务对象（临床医生、护士和患者等）提供检验咨询和临床沟通服务，提高检验医学的服务质量。

一、检验咨询

检验咨询（examination consultation）是由科主任授权的检验医师、技师向临床医、护、患提供的全面检验咨询服务，包括检验项目介绍、检验流程解释、检验结果咨询等，确保其对检验结果的正确理解和合理应用。实验室常会收到来自患者、患者家属及临床医生、护士等的咨询，咨询内容可来自各个方面，主要集中在检验前的检验项目选择及标本采集处理、检验中的方法性能、检验后的检验结果解释并对进一步检验提供参考意见等方面。检验结果的解释是咨询服务中的核心内容，也是最常见的问题。实验室提供检验咨询服务可以帮助临床医生更有效地利用检验信息，帮助护士正确采集标本，帮助患者了解检验结果的临床意义等。

1. 检验咨询的内容和方法

（1）设立检验咨询门诊或热线电话：解答来自临床医护或患者提出的检验医学相关问题。需要注意，对于相应咨询，注意掌握分寸，要针对具体的检验项目给予限定范围内的解答。对于一些有特异性价值的阳性检验结果，要提醒患者及时就医，以免贻误病情。

（2）参加临床查房：实验诊断新技术、新项目不断在临床上应用，临床医生可能在检查项目的选择、方法学评估、临床意义、结果解释、标本种类和采集要求、检验结果影响因素等方面存在疑问，检验医师及检验技术人员通过参加临床查房等医疗活动，向临床医生介绍最新的检验项目或诊断技术，检验项目组合，综合分析、评价各项目的检测结果、影响因素及其意义，为临床提供诊疗依据。

（3）参加临床会诊和病例讨论：检验医师及检验技术人员应积极参加临床会诊和病例讨论，这是学习参与临床工作并发挥检验诊断价值的好机会，也是提高临床检验学科地位和影响力的好场合。检验医师及检验技术人员参加病例会诊和病例讨论时，侧重于从检验诊断角度解读检验结果，阐明实验室检查结果与疾病的联系以及实验室相关检验结果在相应患者疾病诊疗中的作用，提出进一步实验室检查的建议。

（4）参与科研和教学：检验医师及检验技术人员要发挥熟悉医学理论与实验方法的知识和技术优势，积极参加检验与临床结合的科学研究，包括检验诊断新方法与新技术的临床评价、与疾病相关机制的研究及药物临床疗效研究等。

2. 检验咨询服务须注意的问题 临床检验项目复杂，方法学差异大，影响因素多，检验咨询时除重点关注检验前因素对检验结果的影响以及实验室质量控制情况等外，还应注意以下几个问题。

（1）参考区间：这是解释检验结果正常或异常的依据之一，参考区间设定受很多因素影响。须注意以下几个问题：①生理性变异或生活习性的差异，如年龄、性别、民族、居住地域及妊娠等。②不同检验方法的差异。同一项目可有多种检测方法，且即使相同的检测方法，由于仪器及试剂的不同，检测结果也可能出现差异，所以各实验室应建立自己的参考区间。③统计学意义。结果解释时还须注意参考区间建立从统计学意义上纳入的是 95% 可信区间的正常人群。

（2）"窗口期"问题：这在病毒感染性疾病中比较常见，如感染了某种病毒，早期血清标志物可能为阴性，在一定的"窗口期"后才出现阳性。这种情况要考虑患者的病程，采用间隔一定时间后再行复查的办法予以核实。

（3）标本采集时间及患者状态：如输液同侧抽血检查血糖及钾、钠、氯等电解质显然是不适当的。某些药物也会影响检验结果，如有可能，应暂停用药一段时间再进行检验项目的复查。

（4）敏感度及特异度：临床检验项目对疾病的诊疗效能各有差异。"敏感度"指的是某病患者该试验阳性的百分率，"特异度"指非该病患者该试验阴性的百分率。不论是定量试验还是定性试验，没有一个项目的敏感度及特异度都达到百分之百，因此可能存在着一定的假阴性或假阳性。

（5）保护患者的隐私：隐私权是患者基本权利之一。原则上所有检验结果都属于该患者隐私权的一部分，未经本人同意，不得公开，所以检验结果原则上只发送给患者和参与患者临床诊疗的医护。用电子信息发布的检验结果应有安全保密措施。临床实验室应有保护患者隐私的规定及处理程序，应明确规定常规检验结果以及特殊检验结果的报告方式及途径，但不要复杂化，以免贻误对患者的及时诊治及处理。

二、临床沟通

临床实验室与临床的沟通涉及检验的全过程。良好的沟通对于提高医疗质量，防范医疗事故的发生等有重要的作用。

1. 沟通内容 检验过程的各个方面均可作为沟通的内容，如检验前过程的沟通主要围绕检验项目选择和标本的采集，检验后的沟通主要是临床对检验质量的反馈信息等。

2. 沟通方式 最常用的沟通方式就是电话联系，或召开检验 - 临床沟通会，或是全院性的工作会议，举办检验医学专题讲座，编印检验信息发放到临床科室，检验人员参与临床查房或会诊，通过医院信息管理系统在网上进行实验室与临床的信息交流等。临床实验室与临床沟通交流的方式方法可以多种多样，不同实验室应根据医院实际情况，选择适合本院的方法和途径，加强与临床的联系。

3. 反馈意见的处理 在沟通服务中有时候会收到临床医护人员、患者及患者家属对临床实验室的服务不满意时的反馈信息或投诉。反馈意见的主要内容包括服务态度和服务质量等的问题。对于收到的反馈意见和投诉要认真对待,积极解决。反馈意见是临床实验室识别不符合的重要途径之一。对于识别到的不符合,实验室须采取纠正或预防措施,在整改的过程中不断完善各项检验制度,提高检验质量和改进服务态度,减少意见和投诉的发生。

第四节 检验后样品管理

临床实验室对检测完毕的样品进行规定期限的保留,以备医生、患者对检验结果有疑惑时进行复查核对,超过保存期限的样品须及时处理。实验室须建立检验后样品管理制度。

一、样品储存目的与原则

检验后样品储存的最主要目的是必要时的复查和标本的核对追溯。检验结果影响因素多,当检验结果报告发出后,可能会受到来自患者及临床医护的质疑,此时,对样品的核对、复检是释疑的一个重要手段。此外,样品保存也有利于科研工作开展回顾性调查。

检验后样品储存的原则:①须建立样品储存的规章制度,专人专管,敏感或重要样品可加锁重点保管(如建立双人双锁保管制度);②在样品储存前要进行必要的收集和处理,如分离血清、添加防腐剂等;③应做好样品标识并有规律存放,将样品的原始标识一并保存;④对保存样品要定期清除,以减少不必要的资源消耗。

二、样品储存条件与制度

临床检验标本最常见的是以血液、尿液、粪便为主,不同检验后样品的保存因保存价值、保存条件等不同而各有差别。常规尿液及粪便检测样品因保存价值不大很少保存。检验后血液样品保存最常见,因检验项目内容的不同,其保存条件、保存时间也各不相同。细胞形态学分析的骨髓样品、各种积液细胞涂片样品及染色体检查样品等,则需要以档案片的形式长期保存。

不同分析物其稳定性是不同的,且保证稳定性的储存条件也是不同的。通常大多数血液样品放置 2~8℃冷藏冰箱(或冷库)保存,临床生化、临床免疫检验项目的样品保存一般为 7 天左右,抗原、抗体的样品可保存较长时间,必要时可根据样品需要处理后(如分离血清等)冷冻(如 -20℃)保存;激素类测定 3 天内相对稳定;凝血因子、血细胞、尿液、脑脊液、胸腹水等因不稳定一般不作长期保存。组织学检验、基因检验、儿科检验的样品可保留更长的时间。

样品储存管理要求:实验室应建立检验后样品的储存管理制度,应根据样品稳定性和储存条件的不同以及相应各级管理部门的制度和管理要求,设立不同检验后样品的储存时间,按规范进行检验后样品的储存,对保存样品根据储存时间定期清除。一般情况下检验报告发出后的样品至少应保留 48 小时,以备复查。如果有条件可以在 LIS 中建立样品保存信息管理模块,结合物联系统等进行自动化样品管理及监控、销毁等。

三、废弃样品处理

临床实验室检验的样品具有生物危害因子。因此,处理检验样品及容器、检验过程中接触这些样品的材料等,要符合国家、地区和地方的相关法律或条例的要求。根据《医疗卫生机构医疗废物管理办法》及《医疗废物管理条例》等相关规定,建立临床实验室医疗废弃物处理制度,对临床实验室的废弃样品等进行规范处理,保证检验质量,防止污染,保护环境,保护工作人员的身体健康。有关医疗废弃物处理方法可参见本书第三章的相应内容。

四、临床样品科研使用管理

在医学领域，科研工作需要依赖大量的样本数据来进行分析和验证。检验样品蕴含着珍贵的信息和潜在的研究价值，因此临床检验样品（包括检验后样品）的合理利用非常重要。合理保存和再利用样品可以减少重复采样，节约资源成本，缩短研究周期，对医学科研具有重要意义。

对于临床样品科研使用需要符合相关的法律法规，特别是关于人类遗传资源利用的要求，尤其须关注伦理审查和知情同意。因临床检验样品的特殊性，特别是拟用来进行科学研究的样品混杂在大量检验样品中，如将其用于科研，因重新获得患者知情同意的难度较大，研究者如果能够充分做到对患者信息以及隐私的保护，经伦理委员会讨论，在权衡风险收益比之后，可以给出免知情同意的意见。当然，如果检验后样品要进行比较敏感的遗传疾病研究或者基因检测，或者留存的剩余样品是来源于一些特殊群体或弱势群体，比如儿童、孕妇或者精神障碍者，这种情况下，即使是检验后留存的样品，也需要谨慎考虑科研应用的知情同意要求。

实验室须建立临床样品科研使用管理制度，明确样品保存和科研使用的责任和流程，按规范对临床检验样品进行科学研究再利用，更好地发挥检验样品资源的价值。

本章小结

临床实验室检验后过程是指标本检测后检验报告单发出到临床应用这一过程，主要包括报告格式、检验报告、检验咨询、临床沟通、检验后样品管理等。检验后质量管理是临床实验室全程质量控制的最后一道关口，直接关系着患者能否得到正确、及时的诊断和治疗。实验室须制订并执行检验报告审核管理制度，保证发出的检验结果完整、正确、及时和有效，注意检验结果异常报告的标识；建立检验报告发放制度，保护患者的隐私以及做好检验结果查询工作；实验室工作人员应科学、正确地进行检验结果的解释，及时做好咨询服务及临床沟通工作；实验室还须注意检验后样品的管理要求，废弃样品的处理要按照临床实验室生物安全管理制度执行。

（王忠永　孙美艳）

第十三章　风险管理

1. 风险管理的定义和意义是什么?
2. 风险管理的过程包括哪些关键步骤?
3. 在实施风险管理过程中,常用的风险管理工具有哪些,它们的作用是什么?
4. 实验室安全风险管理主要包括哪些内容?
5. 实验室质量风险管理是什么?
6. 风险管理如何帮助实验室降低安全与质量风险?

本章将探索风险管理在医学实验室中的应用,从风险的识别到评估,从控制到监控。本章不仅会介绍风险管理的工具和原则,还会讨论如何将这些原则融入实验室的日常运作中,使之成为提升服务质量和工作效率的有力支撑,为实验室的质量管理提供坚实的基础。

第一节　概　述

一、医学实验室的风险管理

医学实验室的风险管理(risk management)是指医学实验室通过评审其工作过程,识别、评估、应对和监控可能影响检验结果的不确定因素,优化过程以减少或消除已识别的风险,并记录所采取的决策和措施的系统性管理方法。

风险管理是一个经策划的、通过结构化框架实施的系统性过程,需要融入医学实验室的日常组织、运行和管理中,如图 13-1 所示。

二、风险管理的原则与应用标准

《风险管理指南》(GB/T 24353—2022)中指出,有效的风险管理需要满足以下原则:整合、结构化和全面性、定制化、包容性、动态性、最佳可用信息、人和文化因素、持续改进。

各项原则的具体解释见表 13-1。

2024 年 6 月 1 日开始实施的国家标准《医学实验室——风险管理在医学实验室的应用》(GB/T 43278—2023)中强调医学实验室需要建立一个清晰的流程,用以识别和评估与检验相关的潜在风险。此外,实验室还应该制订相应的措施来控制这些风险,并定期检查这些措施的有效性,确保风险管理流程的持续改进和适应性。该过程应包括以下因素:风险管理计划、风险分析、风险评价、风险控制、风险管理评审以及风险监控。

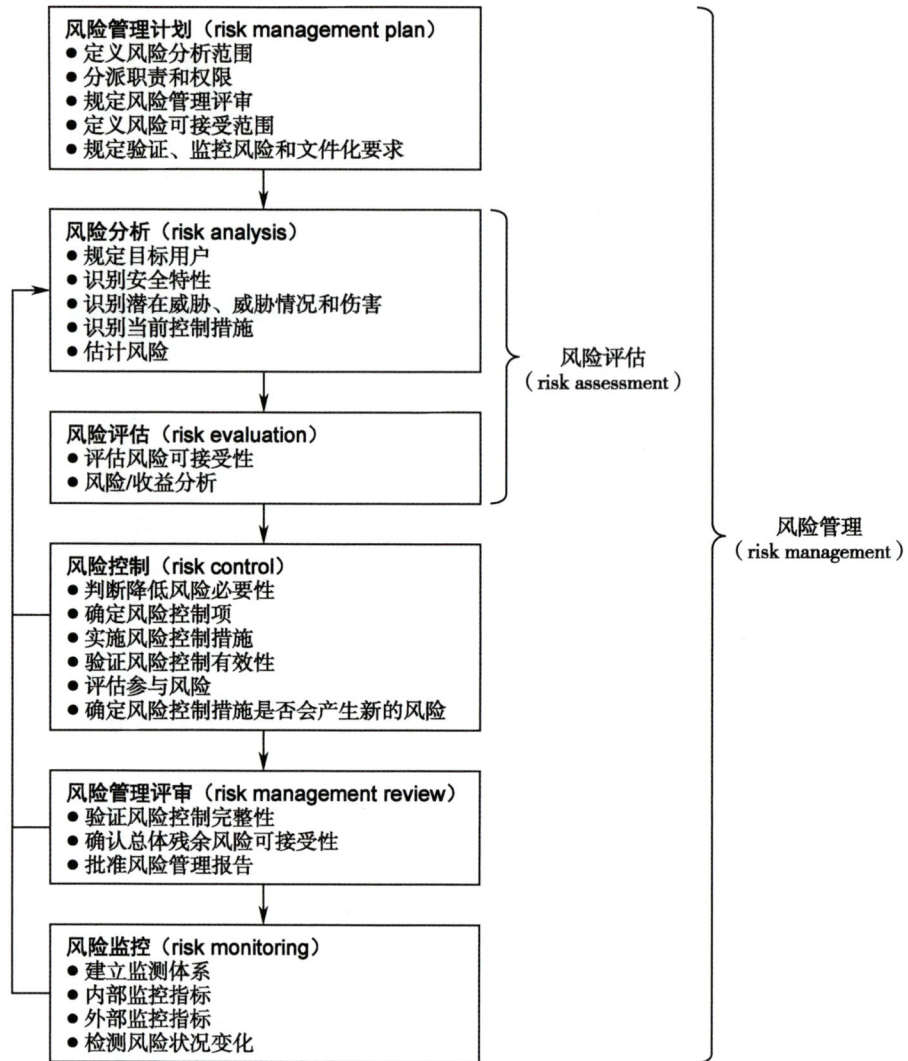

图 13-1　风险管理过程示意图（ISO 22367:2020）

表 13-1　《风险管理指南》（GB/T 24353—2022）中风险管理原则及其内容

风险管理原则	风险管理原则内容
整合	风险管理是组织所有活动的有机组成部分，应融入组织其他管理活动及制度中，推动风险管理的落实
结构化和全面性	采用结构化和全面性的方法开展风险管理，有助于获得一致和可比较的结果
定制化	组织根据自身目标所对应的内外部环境，定制、设计风险管理框架和过程
包容性	相关方适当、及时地参与，可以使他们的知识、观点和认知得到充分考虑，增强组织的风险意识，并促进风险管理信息的充分沟通
动态性	风险管理以适当、及时的方式预测、发现、确认和应对组织内外部环境变化所带来的风险变化和事件
最佳可用信息	风险管理的信息输入基于历史信息、当前信息和未来预期，考虑与这些信息和预期相关的限制条件和不确定性，信息应及时、清晰
人和文化因素	人的行为和文化在各个层级和阶段显著影响着风险管理的各个方面
持续改进	通过不断学习和实践，持续改进风险管理，提升风险管理框架和过程的适宜性、充分性和有效性

注：参考《风险管理指南》（GB/T 24353—2022）解读和应用指导材料。

第二节　风险管理的过程及工具

一、风险管理计划

（一）风险管理计划范围

实验室管理层应确定风险管理计划的范围。风险管理过程涵盖医学实验室服务的全部范围，即检验前、检验中和检验后过程。

风险管理计划范围的制订应考虑的因素包括但不限于以下方面。

（1）相关质量规范。

（2）医学决定水平和危急值。

（3）患者群体。

（4）测量系统的可靠性和不确定度。

（5）性能特征（精密度、偏倚、特异性等）。

（6）检验前与患者的接触（例如静脉穿刺）。

（7）检验结果的临床用途（例如筛查、诊断、确认试验）。

（二）风险管理计划内容

每个风险管理计划至少应包括以下方面。

（1）对检验和服务、涉及的体外诊断产品（in vitro diagnostic，IVD）医疗器械以及计划范围内所有相关检验前、中、后环节的描述。

（2）职责和权限的分配。

（3）风险管理活动评审的要求。

（4）基于实验室确定可接受风险政策的单项风险和总风险的可接受性标准。

（5）风险控制措施验证和监控活动。

（三）风险管理计划修订

如果发生能影响风险评估的重大变化，应更新计划。应对计划的变更进行记录，包括以下方面。

（1）实验室设施或公用设施改造。

（2）引入新的政策、程序或工作说明书。

（3）添加、购买或引进新设备，包括实验室信息系统。

（4）引进新的检验或服务，或改变服务水平。

（5）变更供应商。

（6）开发室内检验项目。

（7）修改现有的检验程序。

（8）可能影响用户或患者安全相关特性的任何其他变化。

（四）风险管理文件

实验室应对计划范围内的每项检验程序、服务，或一组相关检验、服务，建立并维持风险管理文件。风险管理文件可以是任何形式或类型的介质。

二、风险分析

风险分析是医学实验室安全管理的关键环节，帮助识别和评估潜在风险。

（一）风险识别

风险识别（risk identification）是临床实验室发现、确认和描述风险的过程，以便确定可能影响组织或管理体系目标实现的事件或情况。一旦风险被识别，组织需要评估现有控制措施的有效性。

1. 识别风险的方法

（1）基于证据的方法：通过检查已有证据和数据，识别潜在风险，例如采用检查表和对历史数据的审查。

（2）系统性的团队方法：利用团队的专业知识和经验，系统地识别风险，例如专家团队提出结构化的风险识别清单。

（3）归纳推理技术：对风险进行深入分析和推理，识别可能的根本原因和影响，例如故障树分析等。

医学实验室可以采用各种支持性技术来提高风险识别工作的准确性和完整性，例如风险矩阵和因果分析等。无论采用何种技术，在整个风险识别过程中，应考虑人员或实验室因素导致的偏差，并将其纳入风险识别的考量范围内。

2. 识别风险源及事件

（1）分析前：①患者身份认证不正确；②诊断信息不正确或丢失；③错误理解医嘱；④患者准备不正确；⑤采集容器或防腐剂选择错误；⑥采集容器标签错误；⑦标本混合方式不正确；⑧采集时间不准确；⑨运输条件或时间不准确。

（2）分析中：①质控结果存在差异；②过程不一致；③设备或试剂错误使用；④完成时间（周转时间）延长。

注：时间延长可能发生在实验室周期中的任何阶段。

（3）分析后：①结果不正确；②结果传送不正确；③报告含糊不清；④将结果与错误的患者匹配；⑤报告分发对象错误；⑥丢失解释结果局限性的信息。

3. 识别风险发生的原因

（1）潜在错误或已发生的错误。

（2）认知错误或非认知错误。

（3）责任可能由实验室内部或外部承担，或是无法确定的责任归属。

4. 识别风险以提高风险的可预防性 将不可预防的错误逐渐转变为可以高度预防的错误。

5. 识别风险导致的潜在后果

（1）对患者及医护人员无影响或影响微小。

（2）导致治疗或诊断延迟。

（3）导致不适当的治疗或诊断。

（二）风险评估

风险评估（risk assessment）是临床实验室评估风险大小以及确定是否可接受的全过程。在风险分析过程中，需要识别风险来源、风险事件的后果，并评估现有风险控制措施及其有效性。通过综合考虑风险的可能性和后果严重程度来确定风险水平。

评估要点包括以下三点。

1. 识别风险的来源和事件造成的后果。

2. 评估影响后果和风险发生概率的因素。

3. 评估已有风险控制措施的有效性。

风险评估帮助深入理解风险，决定是否需要采取风险控制措施，并选择最合适的处理策略。对于复杂情况，风险可能是由一系列事件叠加或特定事件触发的，需要分析系统各组成部分的重要性和潜在薄弱环节,可能需要同时采用多种评估方法以确定相应的保护和补救措施。

三、风险评价

风险评价(risk evaluation)是临床实验室将风险分析的结果与预先设定的风险准则进行比较,以确定风险的等级,并据此指导未来的行动。在明确决策依据时,需要根据准则来确定风险是否需要应对以及应对的优先次序。对于新识别的风险,应制订相应的风险准则以便进行评价。

最简单的风险评价结果仅将风险分为两种:可接受与不可接受的。这样的处理方式虽然简单易行,但其结果通常难以反映出风险估计时的不确定性因素,而且两类风险界限的准确界定也绝非易事。

另一种方法是将风险划分为三个等级段。对于每个识别出的危险情况,实验室应采用风险可接受标准来决定是否需要降低风险。高风险是指无论活动能带来什么利益,风险等级都是无法容忍的,必须不惜代价进行风险应对;中风险是指要考虑实施风险应对的成本与收益,并权衡机遇与潜在结果;低风险是指风险等级微不足道,或者风险很小,无须采取风险应对措施。

风险评价的结果应满足风险应对的需要,如果不足以支持决策,则需要进一步分析。风险评价是一个持续的过程,应在整个系统、组织、设备或活动的生命周期内进行记录,并在出现重要新信息或环境变化时进行更新。

四、风险控制

风险控制旨在通过特定措施,将风险降至可接受水平。降低风险通常有三种途径:①降低高风险事件的发生频率;②降低差错事件的严重程度;③提高不良事件的可识别度。实验室应采取包括室内质量控制、室间质量评价和人员培训在内的多种措施完善质量管理体系。

统计质量控制(statistical quality control,SQC)是风险管理下的一个特定领域,专注于通过统计方法控制和改进流程质量。结合风险管理和SQC,可以更全面地识别和控制风险,提高质量管理水平。个性化质量控制计划(individualized quality control plan,IQCP)是一种基于风险管理的实验室质量控制方法,它利用SQC工具来优化质控流程,减少医疗风险。IQCP可以视为风险管理和SQC结合在实验室质量管理中的具体应用。实施IQCP包括评估风险、制订质量控制计划和评估质量控制效果三个关键步骤。

五、风险管理评审

在实验室准备报告检验结果之前,需要对整个风险管理过程进行彻底的评审。风险管理评审的内容包括:①确保风险管理计划已经得到妥善执行,每一步都按照既定计划进行;②确认已经识别了所有潜在的风险情况,并且对这些风险进行了适当的评估和管理;③评估当前剩余的风险是否处于可接受的水平,以确保检验结果的安全性和可靠性;④检查是否使用了正确的方法来收集必要的信息,以监控和管理这些风险。

全面风险管理评审的结果应在风险管理报告中记录,并由实验室管理层批准通过。风险管理评审确保所有的风险都得到了妥善的处理,从而尽可能地提高检验报告的准确性。实验室的风险管理评审是提升工作质量、确保检验结果可信度的重要手段。

六、风险监控

风险监控是一种持续的过程,它监督风险的发展,并根据实际情况调整应对策略。其目的在于：核对这些策略和措施的实际效果是否与预期相符；寻找改善和细化风险控制计划的机会，并获取反馈信息，以便未来的对策更加贴合实际；对新出现的风险或预先制订的策略或措施失效或性质随时间推移而变化的风险进行控制。

（一）风险监控的依据

1. 风险管理计划 持续更新，作为监控活动的基础。

2. 工作绩效信息 评估风险管理成效和质量目标实现。

3. 实际风险发展变化 监控风险实际情况，必要时调整策略。

4. 可用于风险控制的资源 优先管理重大风险，平衡风险与收益。

（二）风险监控的目标

1. 及早识别风险 识别和评估，发现风险特性。

2. 避免风险事件 采取主动措施，减少不必要损失。

3. 消除风险后果 减少风险事件的负面影响。

4. 吸取经验教训 总结经验，避免重复风险。

（三）风险监控的流程

1. 针对已识别的风险 执行并评估应对计划，必要时更新策略。

2. 针对新风险 采取纠正措施，更新识别与应对规划。

（四）风险监控的预期成果

1. 随机应变措施 针对消除风险事件而采取的未经事先计划的应对措施。须对其进行有效记录，并融入风险应对计划中。

2. 纠正措施 包括执行应急计划或随机应变措施，以应对风险事件的发生。

3. 检验流程的变更 若频繁执行应急计划或随机应变措施，则需要考虑对检验流程进行变更，以适应潜在风险。

4. 风险应对计划更新 风险事件发生后，须对其进行归档和重新评估。

5. 风险数据库 须整理、维护和分析风险管理过程中收集和使用的数据，建立风险数据库。利用该数据库，有助于风险管理人员积累经验，并不断完善风险管理工作。

6. 风险识别检查表更新 根据管理经验对检查表进行更新，为未来的风险管理提供依据。

在临床实验室中，风险监控特别关注检验的各个阶段，使用多种技术来确保实验室的工作符合预期，并建立预警系统来应对潜在风险。

七、风险管理工具

1. PDCA 循环 是一个全面的风险管理工具，它可以应用于风险管理的各个环节，包括识别、评价、管理和监控，可通过以下步骤来识别、分析、改进和控制风险。

（1）计划（plan）：在 PDCA 循环的"计划"阶段，组织需要识别潜在的风险和问题，这涉及对现状的分析和风险因素的辨识；还需要对识别出的风险进行评价，确定它们对组织目标的影响程度和可能性。

（2）执行（do）："执行"阶段涉及实施风险管理计划和控制措施，以管理已识别的风险。

（3）检查（check）："检查"阶段是监控和评估风险管理措施执行效果的过程，确保风险处于控制之下。

（4）措施（act）：在"措施"阶段，根据检查阶段的反馈，采取必要的改进措施，对风险管理计划进行调整，并开始新一轮的 PDCA 循环，实现持续的风险管理改进。

2. 六西格玛（six sigma，6σ） 是一种旨在通过识别和消除缺陷原因，减少过程变异，提高产品和服务质量的管理策略。它的核心是通过以下五个步骤实现改进：

（1）定义（define）：明确项目目标和改进机会。

（2）测量（measure）：收集关键数据和度量当前性能。

（3）分析（analyze）：通过数据分析确定问题根源。

（4）改进（improve）：开发并实施解决方案，优化流程。

（5）控制（control）：确保改进效果得以持续，控制过程不偏离目标。

六西格玛的终极目标是将缺陷率降低到每百万机会缺陷数（defects per million opportunities，DPMO）3.4 个以下，这相当于 3σ 水平的 20 倍改进，即 6σ 水平。在临床实验室中，应用六西格玛可以显著提高实验室的质量管理水平；通过 σ 值的变化，六西格玛可以简单、直接地评估改进措施的效果。

将风险管理与实验室质量管理体系整合，有助于临床实验室规避风险、持续改进，并建立起完善的质量控制计划（quality control plan，QCP）。这对于应对日益增长的医疗质量要求至关重要，是确保患者医疗安全和提高实验室质量管理水平的有效手段。

3. 精益管理（lean management） 作为一种风险管理工具，其核心在于识别并消除流程中的浪费，提高效率和质量，从而间接降低风险。以下是精益管理作为风险管理工具的几个关键方面。

（1）流程优化：通过精益管理，实验室可以识别并消除流程中的非增值步骤，从而减少错误和提高效率。

（2）标准化操作：实施标准化操作程序（SOP），以减少不同操作人员带来的差异，确保检测的一致性和准确性。

（3）可视化管理：使用可视化工具，如看板和流程图，帮助团队成员更好地理解项目的进展和状态，及时发现问题。

（4）持续改进：精益管理鼓励持续的改进活动，以识别和解决风险源头，提高系统的韧性。

（5）风险识别与评估：精益管理通过系统化的方法帮助实验室识别潜在的风险点。

（6）减少差错：通过精益管理减少业务流程中的缺陷和变异，提高过程能力和稳定性，从而降低差错率。

（7）提高资源利用率：优化资源配置和使用，减少浪费，提高空间和设备的利用率。

（8）提升员工参与度：通过精益管理，提高员工对风险管理的认识和参与度，鼓励员工提出改进建议。

（9）利用信息技术：结合现代信息技术，如实验室信息系统（LIS），实现更高效、规范的实验室管理。

（10）建立长效机制：精益管理需要持续计划和改进，建立起长效的改善机制，以实现持续的质量提升和风险控制。

第三节 医学实验室安全风险管理评估

一、实验室安全管理

医学实验室作为医疗诊断的重要场所，其安全管理是保障人员健康、确保工作顺利进行的根本。实验室安全的定义是通过一系列有效的管理措施，确保实验室环境能够免除不可接受的损害风险，从而实现实验室管理的重要目标。安全管理的核心在于通过风险管理的理念，系统地识别、评估、控制并管理实验室中的潜在风险。有效的安全管理措施能够预防事故发生,保护实验室人员及环境不受损害。这些措施的实施必须严格遵循国家和国际上的相关法规和标准,以确保实验室的安全水平符合规定的要求。安全管理的类型和范围广泛,包括但不限于以下关键领域:生物安全、信息安全、消防安全、水电气安全及理化安全等。

二、实验室生物安全

生物安全是医学实验室安全管理中的核心内容。首先,通过风险评估来识别和分析实验室中可能存在的生物危害,包括识别涉及的病原体和有害生物因子,以及它们对人员、环境和社区可能造成的风险。

根据国家标准,实验室根据生物安全防护水平被分为不同的安全等级;病原体也根据其危害程度进行分类。这有助于确定适当的安全措施和操作程序。

依据风险评估结果,制订和实施与生物材料相关的操作、检测和处理的标准操作规程,确保所有活动都旨在降低生物污染风险。为降低生物污染风险,采取有效的风险控制措施,包括但不限于使用生物安全柜、穿戴适当的个人防护装备(personal protective equipment,PPE)、安全处置废弃物等。

定期对实验室工作人员进行培训,确保他们掌握必要的生物安全知识和技能,以及实验室技术规范和操作规程。制订实验室感染应急处置预案,并对可能发生的生物安全事件进行模拟演练,确保快速、有效的响应。通过定期的安全检查和监督,确保实验室的生物安全措施得到有效执行,并根据检查结果进行必要的调整和改进。对风险管理全过程进行记录,包括风险评估报告、培训记录、事件和事故处理记录等,以追踪风险管理的有效性并促进持续改进。基于风险评估和监督结果,不断改进实验室的生物安全措施和风险管理策略,以应对新出现的风险和挑战。

三、实验室信息安全管理

实验室信息安全管理是确保实验室信息系统安全、稳定和高效运行的关键环节。面对日益复杂的信息安全威胁,实验室必须采取一系列措施来保护其宝贵的数据资源。

1. 信息系统实体安全 保护实验室信息系统的硬件和物理设施,防止非法访问和破坏。

2. 软件安全 确保所有软件都是经过验证的,定期更新以修补安全漏洞,避免恶意软件的侵害。

3. 网络安全 加强网络层面的安全措施,如使用防火墙、入侵检测系统等,以防止未授权访问和网络攻击。

4. 信息数据安全 采取加密、访问控制等手段,保护数据的完整性和可用性,防止数据泄露或被篡改。

5. 安全管理 建立健全安全管理制度,包括人员管理、权限控制、安全审计等,以提高整体的安全防护能力。

为提高数据安全,实验室需要制订与数据安全相关的措施,并确保这些措施得到强有力的执行。以下是一些关键步骤。

1. 提高管理层的认识 确保实验室管理层充分认识到信息安全的重要性,并为信息安全提供必要的资源和支持。

2. 提高员工的认识 通过培训和教育,提高实验室员工的信息安全意识,使他们了解潜在的安全风险以及如何采取预防措施。

3. 制订数据安全规则 明确数据的访问、使用、存储和传输规则,确保数据安全措施得到有效执行。

4. 保护数据机密性 采取技术和管理措施,防止敏感数据被未授权访问或泄露。

5. 隐私保护规定 制订隐私保护措施,保护个人隐私信息不被滥用或泄露,符合相关法律法规的要求。

通过这些措施,实验室可以建立起一套全面的信息安全管理体系,有效应对各种信息安全威胁,保障实验室的数据资产安全。

四、消防及其他实验室安全管理措施

除了生物安全和信息安全外,医学实验室还须关注消防安全、电气安全等其他重要方面。在消防安全方面,首先需要识别可能引发火灾的风险因素,如易燃化学品、高温设备等。通过定期的火灾风险评估,实验室能够了解当前的安全状况,并识别出需要改进的地方。

根据风险评估的结果,实验室应制订相应的预防措施,包括合理布局、配备必要的消防设备如灭火器、烟雾探测器和火灾报警系统。同时,制订紧急疏散计划并定期组织演练,确保在火灾发生时能够迅速有效地应对。

电气安全同样需要风险管理的介入。实验室应制订严格的电气安全操作规程,包括正确使用电气设备、定期检查电线和插座、避免过载等,从而降低电气火灾的风险。定期对电气设备进行维护和检查,确保所有设备均处于良好的工作状态,减少由设备故障引发的安全事故。

所有安全事故都应通过事故报告进行记录和分析,以便采取预防措施。这有助于实验室不断改进风险管理策略,提高安全管理水平。

第四节　实验室质量风险管理

一、实验室质量风险管理概念

实验室质量风险管理(quality risk management,QRM)指的是在实验室运作的各个阶段,识别、分析、评价和控制可能影响检验质量的潜在风险的过程。这包括但不限于标本采集、处理、分析以及结果的报告。质量风险管理可提高检验结果的准确性和可靠性,减少医疗差错,保护患者安全,并提升实验室的整体服务质量。

二、质量风险管理原则

质量风险管理原则为实验室提供了一套基本的指导思想和行动准则,确保风险管理过程的有效性和系统性。

在医学实验室的质量风险管理中,核心原则包括系统性原则、证据基础原则、合理性原则等。这些原则的遵循对于确保流程的严谨性和结果的可靠性至关重要。系统性原则要求风险管理必须全面考虑实验室的所有操作和流程,确保没有环节被忽视。证据基础原则确保风险管理决策建立在科学证据和数据之上,提高决策的准确性,最终目的是保护患者。合理性原则要求质量风险管理实施过程的深度、正式程度和文件化程度都应当与风险水平相适应。上述原则共同构成了质量风险管理的基石,为实验室提供了一套行之有效的指导准则。

三、质量风险管理工具

1. 风险识别工具

(1)预先危险性分析(preliminary hazard analysis,PHA)也称初始危险分析,是在每项生

产活动之前,特别是在设计的开始阶段,对系统存在的危险类别、出现条件、事故后果等进行概略地分析,尽可能评价出潜在的危险性。因此,该方法也是一份实现系统安全危害分析的初步或初始的计划,是在方案开发初期阶段或设计阶段之初完成的。

(2)故障模式和影响分析(failure mode and effects analysis,FMEA)是用于评估潜在故障模式及其对系统或产品的影响的分析方法。

(3)故障树分析(fault tree analysis,FTA)是用来识别并分析造成特定不良事件因素的技术。因果因素可通过归纳法进行识别,也可以按合乎逻辑的方式进行编排并用树形图进行表示,树形图描述了原因因素及其与重大事件的逻辑关系。

2. 风险评价工具

(1)风险矩阵(risk matrix):将风险的概率和影响进行矩阵化,以确定风险的优先级。风险矩阵以矩形网格的形式呈现,横轴代表风险的频率(发生的可能性),纵轴代表风险的危险性(影响的严重程度),如图 13-2。通过将各个风险事项定位在矩阵中的特定位置,可以帮助团队识别并优先处理高危和高频率发生的风险。在风险矩阵中,风险频率表示风险事件发生的可能性,通常以低、中、高等级别来描述。而风险危险性则表示风险事件发生后可能对项目或活动造成的影响程度,也通常以低、中、高等级别来描述。通过将风险的频率和危险性结合起来,团队可以更全面地评估每个风险事件,并决定是否采取及采取何种措施来降低或处理这些风险。

可能性等级	E	IV	III	II	I	I	I
	D	IV	III	III	II	I	I
	C	V	IV	III	II	II	I
	B	V	IV	III	III	II	I
	A	V	V	IV	III	II	II
		1	2	3	4	5	6
				结果等级			

图 13-2　风险矩阵示例

I. 最低等级风险;II. 较低等级风险;III. 中等等级风险;IV. 较高等级风险;V. 最高等级风险。

(2)风险评分卡(risk score card):对各种风险因素进行定性和定量评分,并根据评分确定风险的优先级,以便制订相应的风险应对策略。

3. 风险管理工具

(1)风险治理框架(risk governance framework):设计用于管理和监督风险管理过程的结构和机制,确保风险管理工作有条不紊地进行。

(2)风险控制计划(risk control plan):制订具体的控制措施和策略,以减轻或消除已识别的风险,确保实验室的运作安全可靠。

4. 风险监控工具

(1)关键绩效指标(key performance indicators,KPIs):使用定量和定性指标监测风险管理过程的有效性,及时发现并处理潜在问题。

(2)风险登记表(risk register):记录和跟踪所有已识别的风险,包括评估、应对和监控状态,为实验室团队提供清晰的风险信息。

在医学实验室中使用这些风险管理工具,团队可以更有效地管理潜在的风险,确保实验室的运作安全、高效,并符合质量标准。

四、质量保证与风险管理

在医学实验室中，质量保证（quality assurance，QA）是维护检验质量的基础，与风险管理共同构成了一个综合的保障体系。质量保证涉及一系列系统化的活动，确保实验室服务满足既定标准和患者需求。这些活动包括质量控制、设备校准、方法验证、人员培训和工作流程的标准化。质量保证措施为风险管理提供了坚实的基础，通过持续的质量监控，实验室能够及时发现并纠正潜在的风险因素，如设备性能下降或操作失误，从而预防或减少不良事件的发生。

此外，质量保证还包括内部审计和外部审核，这些审核是对实验室操作和记录的定期检查，确保所有流程都符合既定的质量标准和规程。内部审计帮助识别内部流程中的不足，而外部审核如 ISO 认证或专业机构的评估提供了独立的评价，有助于发现可能被忽视的风险点。持续监控关键性能指标为风险管理提供实时数据，而定期的人员培训则确保员工对风险意识和质量控制有深入理解。通过这些措施的实施，实验室能够减少变异性，提高检验的一致性，并最终提升患者医疗的质量。

本章小结

本章全面解析了医学实验室风险管理的结构，从核心理念到实践操作，覆盖了风险管理的各个关键步骤。风险管理是一个连贯、系统化的流程，它起始于潜在风险的识别，经过风险的评估与控制，最终实现持续的风险监控。每一环节都是确保实验室工作安全性和检验结果准确性不可或缺的部分。通过深入学习，揭示了风险管理在提高医疗服务质量、保障患者安全、优化实验室工作流程以及减少医疗差错方面发挥的关键作用。此外，本章还展示了质量保证与风险管理相结合的综合效应，这种整合不仅加强了实验室工作的标准化和规范化，而且通过不断地改进和合规性审查，为实验室质量管理奠定了坚实的基础。

（吕　虹）

推荐阅读

[1] 尚红，王毓三，申子瑜. 全国临床检验操作规程 [M]. 4 版. 北京：人民卫生出版社，2015.

[2] 王治国. 临床检验质量控制技术 [M]. 3 版. 北京：人民卫生出版社，2014.

[3] 王薇. 临床检验质量指标：室内质量控制和室间质量评价 [M]. 北京：人民卫生出版社，2020.

[4] 顾兵，郑明华，陈兴国. 检验与临床的沟通：案例分析 200 例 [M]. 北京：人民卫生出版社，2011.

[5] 中华人民共和国国家卫生健康委员会. 医疗机构临床实验室管理办法（卫医发〔2006〕73 号）. 2006.

[6] 中国合格评定国家认可委员会. 医学实验室质量和能力认可准则：CNAS-CL02:2023[S]. 2023.

[7] 中华人民共和国国家卫生健康委员会. 临床实验室生物安全指南：WS/T 442—2024[S]. 2024.

[8] 中华人民共和国国家卫生健康委员会. 临床化学检验常用项目分析质量标准：WS/T 403—2024[S]. 2024.

[9] 中华人民共和国国家卫生健康委员会. 临床血液检验常用项目分析质量标准：WS/T 406—2024[S]. 2024.

[10] 中华人民共和国国家卫生健康委员会. 定量检验程序分析性能验证指南：WS/T 408—2024[S]. 2024.

[11] 中华人民共和国国家卫生健康委员会. 临床定量检测方法分析总误差的评估：WS/T 409—2024[S]. 2024.

[12] 中华人民共和国国家卫生健康委员会. 静脉血液标本采集指南：WS/T 661—2020[S]. 2020.

[13] 国家市场监督管理总局，国家标准化管理委员会. 风险管理指南：GB/T 24353—2022[S]. 2022.

[14] 国家市场监督管理总局，国家标准化管理委员会. 医学实验室 风险管理在医学实验室的应用：GB/T 43278—2023[S]. 2023.

[15] 中华医学会检验医学分会临床生化检验学组，中国医学装备协会检验医学分会. 医疗机构临床质谱实验室建设共识 [J]. 中华检验医学杂志，2023，46（8）：783-791.

中英文名词对照索引